汽车空调及舒适安全系统检修

主　编　王树强
副主编　李　雪　王　毅
主　审　于星胜

北京理工大学出版社
BEIJING INSTITUTE OF TECHNOLOGY PRESS

内 容 简 介

本教材按照汽车空调及舒适安全系统常见故障维修作业分为四个项目，分别是汽车总线故障诊断与检修、汽车空调系统故障诊断与检修、车身舒适系统故障诊断与检修、汽车安全系统故障诊断与检修。教材采用项目任务模式，每个项目均以企业一线的典型故障案例作为引例，同时兼顾学生的学习与认知逻辑，增强学习项目的针对性和有效性。教材中所涉及的案例车型是德系车大众迈腾和美系车别克君威，以汽车的主流技术要点和故障检修方法为主要出发点，对汽车空调及舒适安全系统常见故障的分析、诊断与排除进行全方位的讲解。

本书可作为高职或本科院校汽车类相关专业的核心课程教材，也可作为汽车类相关专业培训用书，以及相关技术人员和中等职业院校授课的参考用书。

图书在版编目（CIP）数据

汽车空调及舒适安全系统检修／王树强主编.
北京：北京理工大学出版社，2025.1.
ISBN 978-7-5763-4661-9

Ⅰ. U472.41

中国国家版本馆 CIP 数据核字第 20258P8D98 号

责任编辑：多海鹏　　**文案编辑：**多海鹏
责任校对：周瑞红　　**责任印制：**李志强

出版发行／北京理工大学出版社有限责任公司
社　　址／北京市丰台区四合庄路 6 号
邮　　编／100070
电　　话／（010）68914026（教材售后服务热线）
　　　　　　（010）63726648（课件资源服务热线）
网　　址／http://www.bitpress.com.cn

版 印 次／2025 年 1 月第 1 版第 1 次印刷
印　　刷／河北盛世彩捷印刷有限公司
开　　本／787 mm×1092 mm　1/16
印　　张／14.25
字　　数／335 千字
定　　价／76.80 元

中国特色高水平高职学校项目建设成果系列教材
编审委员会

编 写 说 明

中国特色高水平高职学校和专业建设计划（简称"双高计划"）是我国教育部、财政部为建设一批引领改革、支撑发展、中国特色、世界水平的高等职业学校和骨干专业（群）的重大决策建设工程。哈尔滨职业技术大学（原哈尔滨职业技术学院）作为"双高计划"建设单位，对中国特色高水平高职学校建设项目进行顶层设计，编制了站位高端、理念领先的建设方案和任务书，并扎实地开展人才培养高地、特色专业群、高水平师资队伍与校企合作等项目建设，借鉴国际先进的教育教学理念，开发中国特色、国际标准的专业标准与规范，深入推动"三教"改革，组建模块化教学创新团队，落实课程思政建设要求，开展"课堂革命"，出版校企双元开发的"活页式"、工作手册式等新形态教材。为适应智能时代先进教学手段应用，学校加大优质在线资源的建设，丰富教材载体的内容与形式，为开发以工作过程为导向的优质特色教材奠定基础。按照教育部印发的《职业院校教材管理办法》要求，教材体现了如下编写理念：依据学校双高建设方案中教材建设规划、国家相关专业教学标准、专业相关职业标准及职业技能等级标准，服务学生成长成才和就业创业，以立德树人为根本任务，融入课程思政，对接相关产业发展需求，将企业应用的新技术、新工艺和新规范融入教材之中。教材编写遵循技术技能人才成长规律和学生认知特点，适应相关专业人才培养模式创新和优化课程体系的需要，注重以真实生产项目、典型工作任务、生产流程及典型工作案例等为载体开发教材内容体系，理论与实践有机融合，满足"做中学、做中教"的需要。

本系列教材是哈尔滨职业技术大学中国特色高水平高职学校项目建设的重要成果之一，也是哈尔滨职业技术大学教材改革和教法改革成效的集中体现。教材体例新颖，具有以下特色：

第一，创新教材编写机制。按照学校教材建设统一要求，遴选教学经验丰富、课程改革成效突出的专业教师担任主编，邀请相关企业作为联合建设单位，形成一批学校、行业、企业和教育领域高水平专业人才参与的开发团队，共同参与教材编写。

第二，创新教材总体结构设计。精准对接国家专业教学标准、职业标准、职业技能等级标准，确定教材内容体系，参照行业企业标准，有机融入新技术、新工艺、新规范，构建基于职业岗位工作需要的、体现真实工作任务与流程的内容体系。

第三，创新教材编写方式。与课程改革相配套，按照"工作过程系统化""项目＋任务式""任务驱动式""CDIO式"四类课程改革需要设计四种教材编写模式，创新"活页式"、工作手册式等新形态教材编写方式。

第四，创新教材内容载体与形式。依据专业教学标准和人才培养方案要求，在深入企业调研岗位工作任务和职业能力分析基础上，按照"做中学、做中教"的编写思路，以企业典型工作任务为载体进行教学内容设计，将企业真实工作任务、真实业务流程、真实生产过程纳入教材之中，并开发了与教学内容配套的教学资源，以满足教师线上线下混合式教学的需要。本套教材配套资源同时在相关平台上线，可随时下载相应资源，也可满足学生在线自主学习的需要。

第五，创新教材评价体系。从培养学生良好的职业道德、综合职业能力、创新创业能力出发，设计并构建评价体系，注重过程考核和学生、教师、企业、行业、社会参与的多元评价，充分体现"岗课赛证"融通，每部教材根据专业特点设计了综合评价标准。为确保教材质量，哈尔滨职业技术大学组建了中国特色高水平高职学校项目建设成果系列教材编审委员会。该委员会由职业教育专家组成，同时聘用企业技术专家指导。学校组织了专业与课程专题研究组，对教材编写持续进行培训、指导、回访等跟踪服务，建有常态化质量监控机制，能够为修订完善教材提供稳定支持，确保教材的质量。

本系列教材是在国家骨干高职院校教材开发的基础上，经过几轮修改，融入课程思政内容和课堂革命理念，既具教学积累之深厚，又具教学改革之创新，凝聚了校企合作编写团队的集体智慧。本套教材充分展示了课程改革成果，力争为更好地推进中国特色高水平高职学校和专业建设及课程改革做出积极贡献！

哈尔滨职业技术大学

中国特色高水平高职学校项目建设成果系列教材编审委员会

2025 年 1 月

前　言

近年来，随着国家经济飞速发展，国民生活水平有了很大提高，汽车作为常见的交通工具已经开进了家家户户，人们在享受着便捷的前提下对车辆的舒适性和安全性也有了更高的要求，各大汽车厂家在汽车舒适性和安全性上都加大了投入。汽车普及使我国汽车后市场对技术人才需求量增加，各类院校也纷纷开设了相关专业。为深入贯彻党的二十大精神，加快推进学科专业体系、教材教学体系建设，编者以三教改革为指导，在深入调研的基础上编写了本教材。

本教材共包括四个项目，分别是汽车总线故障诊断与检修、汽车空调系统故障诊断与检修、车身舒适系统故障诊断与检修、汽车安全系统故障诊断与检修，每个项目由若干任务组成，每个任务包括"任务描述""任务解析""知识链接""任务实施"四个部分。

本教材基于实际工作任务和学生认知逻辑，科学合理地进行架构设计，内容对接了《新能源汽车高电压系统评测与维修》"1+X"证书标准设计教材内容体系，以立德树人为根本设计课程思政内容，遵循汽车技术类专业国家专业教学标准和人才培养方案。

本教材开发团队由高校教师、企业专家合作共同组建，其中哈尔滨职业技术大学教师王树强任主编，哈尔滨职业技术大学教师李雪和哈尔滨职业技术大学教师王毅任副主编，具体编写分工如下：王树强编写项目1、项目3，李雪编写项目2，王毅编写项目4，黑龙江红光通克汽车销售服务有限公司的王磊和哈尔滨运通俊恩大众4S店售后服务部的苏大文参与本书的架构设计和内容选取，并提供必要的技术资料和宝贵的修改意见，王树强、李雪、王毅参与本书资源建设，于星胜担任全书的主审。

在编写本书的过程中，参考、引用了有关出版物和智慧职教等网络资源，在此表示感谢。由于水平有限，书中不妥之处在所难免，恳请读者批评指正。

编　者

目　　录

项目1　汽车总线故障诊断与检修 ·· 001

　　任务1　汽车总线类型的判定 ·· 002

　　任务2　汽车CAN总线系统故障检修 ···································· 030

项目2　汽车空调系统故障诊断与检修 ·································· 045

　　任务1　汽车空调制冷剂的回收与加注 ·································· 046

　　任务2　汽车自动空调故障检测与修复 ·································· 091

项目3　车身舒适系统故障诊断与检修 ·································· 110

　　任务1　汽车电控车窗系统故障检修 ···································· 111

　　任务2　汽车巡航控制系统故障检修 ···································· 135

　　任务3　汽车电控后视镜系统故障检修 ·································· 149

　　任务4　汽车电控座椅系统故障检修 ···································· 160

项目4　汽车安全系统故障诊断与检修 ·································· 173

　　任务1　安全气囊系统故障检修 ·· 174

　　任务2　汽车防盗系统故障检修 ·· 191

　　任务3　汽车中控门锁系统故障检修 ···································· 203

参考文献 ·· 217

1 项目

汽车总线故障诊断与检修

项目导入

一辆迈腾 B8 汽车起动发动机时，起动机可以带动发动机转动，但发动机无法起动，使用诊断仪检测时发现发动机控制单元无法通信。汽车上的通信网络有多种类型，维修人员需要先通过电路图等维修资料确认车辆上控制单元之间的通信方式，然后运用诊断仪、示波器、万用表等检测工具对网络系统进行故障检测和诊断，排除汽车网络系统故障。现需要对该车辆发动机控制单元通信系统进行检测。检测过程中需要记录并对故障波形进行分析，同时记录判定故障类型的关键测量数据值。

学习目标

【知识目标】

1. 能阐述汽车总线系统组成、网络协议及传输原理；
2. 能阐述总线所传输信息的构成；
3. 能够独立画出网关、网络拓扑图并阐述各种拓扑图的特点。

【能力目标】

1. 能够根据故障波形正确判断出车辆总线网络的种类和故障类型；
2. 能够独立查阅维修资料，分析制定车辆总线系统故障诊断流程；
3. 能够熟练利用检测仪器对车辆网络系统故障进行检测。

【素质目标】

1. 养成 5S 管理的工作规范意识；
2. 严格遵守安全操作规范，树立安全意识；

3. 提高网络素养和勇于创新的精神；

4. 养成团结同学、互帮互助的精神。

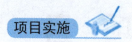

项目实施

任务 1　汽车总线类型的判定

任务描述

一辆迈腾 B8 汽车行驶 4 万 km，出现发动机无法起动故障，用诊断仪读取故障码，显示发动机控制单元无法通信，现需要对此故障车辆网络类型及连接情况进行确认。

任务解析

该任务主要考查学生是否会使用维修手册、电路图等技术资料，查询车辆电控系统网络布置类型，并在车上找出各控制单元的安装位置及确认各控制单元总线连接端子号，注明各控制单元之间采用哪种通信方式，并按要求填写任务记录单，为排除故障做好充分准备工作。教师在任务实施过程中应注重培养学生的团队协作能力。

知识链接

一、车载网络系统的作用

随着电控系统的日益复杂，以及对汽车内部具有控制功能电控单元相互之间通信能力要求的日益增长，采用点对点的链接会使车内线束增多，这样在考虑内部通信的可靠性、安全性以及重量方面都给汽车设计和制造带来了很大的困扰。因此，为了简化线路，提高各电控单元之间的通信速度，汽车制造商开发设计了新的总线系统，即车载网络系统。其把众多的电控单元连成网络，信号通过数据总线的形式进行传输，可以达到信息资源共享的目的，减少车内连线，实现数据的共享和快速交换，同时提高可靠性等，即在快速发展的计算机网络上实现了 CAN、LAN、LIN、MOST 等基础构造的汽车电子网络系统。

一辆汽车不管有多少块电控单元，不管信息容量有多大，每块电控单元都只需引出两条导线共同接在两个节点上，这两条导线就称作数据总线，如图 1-1-1 所示。以前各电控单元之间好比有许多人骑着自行车来来往往，现在是这些人乘坐公共汽车，由于公共汽车可以运输大量乘客，因此数据总线又常被称为 BUS 线。

车载网络系统的出现同时也提高了汽车综合控制的准确性，当电控单元共享输入信息时，就能对汽车进行更为复杂的控制。例如，发动机控制单元可以利用来自安全气囊控制单

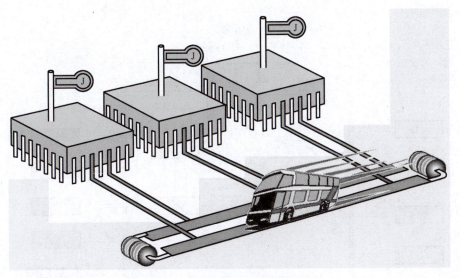

图 1-1-1　车载网络系统的数据总线

元的碰撞信号来决定燃油泵控制电路是否需要被切断。

使用车载网络系统具有以下优点：

（1）减少车身电器线束，布线简化，降低成本，对车辆轻量化有所优化。

（2）提高整车控制集成度，电控单元之间交流更加简单和快捷。

（3）传感器数目减少，提高信号传递的精度，同时实现信息资源共享。

（4）提高汽车总体运行的可靠性，维修方便。

（5）增大开发余地，各控制器可以把整车功能相对随意地分担，新的功能和新的技术可以通过软件进行更新。

图 1-1-2 和图 1-1-3 所示分别为相同节点的传统点对点通信方式和 CAN（Controller Area Network，控制器局域网）总线通信方式，从两幅图中可以直观地比较线束的变化（图 1-1-2 和图 1-1-3 中节点之间的连线仅表示节点间存在的信息交换，并不代表线束的多少）。

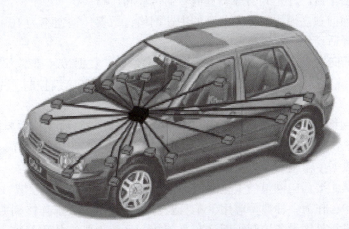

图 1-1-2　传统点对点通信方式

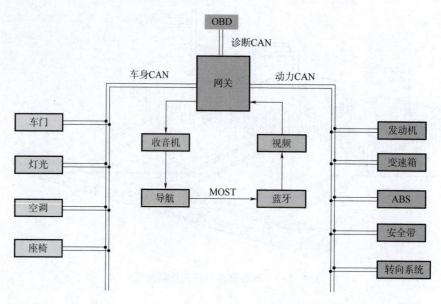

图1-1-3　CAN总线通信方式

二、车载网络总线的类型和协议标准

（一）汽车总线系统的类型

国际上众多知名汽车公司早在20世纪80年代就积极致力于汽车网络技术的研究及应用，迄今为止，已有多种网络标准，其侧重的功能有所不同。

为方便研究和设计应用，美国汽车工程师学会（Society of Automotive Engineers，SAE）按系统的复杂程度、信息量、必要的动作响应速度、可靠性要求等，将汽车数据多路传输网络划分为 A、B、C、D、E 五类。

（1）A 类是面向传感器/执行器控制的低速网络，数据传输速率通常小于 20 kb/s，主要用于后视镜、电动车窗、灯光照明等装置信号的传输和控制。

（2）B 类是面向独立模块间数据共享的中速网络，数据传输速率为 10~125 kb/s，主要应用于车身电子舒适模块、仪表显示等系统。

（3）C 类是面向高速、实时闭环控制的多路传输网络，数据传输速率为 125 kb/s~1 Mb/s，X-By-Wire 系统数据传输速率可达 10 Mb/s 以上，主要用于牵引控制、先进发动机控制、ABS 控制等系统。

（4）D 类是网络智能数据总线（Intelligent Data Bus，IDB）协议，主要面向信息、多媒体系统等，根据 SAE 分类，IDB-C 为低速、IDB-M 为高速、IDB-Wireless 为无线通信，D 类网络协议的数据传输速率为 250 kb/s~100 Mb/s。

（5）E 类网络主要面向乘员的安全系统，应用于车辆被动安全性领域。

目前的汽车中，作为一种典型应用，车身及舒适性控制模块都连接到 CAN 总线上，并借助于 LIN 总线进行外围设备控制，而汽车高速控制系统通常会使用高速 CAN 总线连接在一起。远程信息处理和多媒体连接需要高速互连，视频传输又需要同步数据流格式，这些都可由 DDB（Domestic Digital Bus）或 MOST（Media Oriented Systems Transport）协议来实现，无线通信则通过蓝牙技术加以实现。

在未来的 5 到 10 年里，TTP（Time Trigger Protocol）和 FlexRay 将使汽车发展成百分之百的电控系统，完全不需要后备机械系统的支持。但是，至今仍没有一个通信网络可以完全满足未来汽车的所有成本和性能要求。因此，汽车上仍将继续采用多种协议（包括 LIN、CAN 和 MOST 等），以实现未来汽车上的联网。

（二）总线系统标准、协议

1. A 类总线系统标准、协议

A 类的网络通信大部分采用 UART（Universal Asynchronous Receiver Transmitter）标准。UART 使用起来既简单又经济，但随着技术的发展，预计在今后几年，其在汽车通信系统中将会逐步被停止使用。丰田公司制定的一种通信协议——BEAN（Body Electronics Area Network），目前仍在其多种车型（克莱斯勒、雷克萨斯和普锐斯）中应用。

A 类目前首选的标准是 LIN。LIN 是用于汽车分布式电控系统的一种新型、低成本串行通信系统，它是一种基于 UART 数据格式、主从结构、单线 12 V 的总线通信系统，主要用于智能传感器和执行器的串行通信，而这正是 CAN 总线带宽和功能所不要求的部分。由于目前尚未建立低端多路通信的汽车标准，故 LIN 正试图发展成为低成本串行通信的行业标准。

LIN 的标准简化了，可以进一步降低汽车电子装置的开发、生产和服务费用。LIN 采用低成本的单线连接，传输速率最高可达 20 kb/s，对于低端的大多数应用对象来说，这个速度是可以接受的。它的媒体访问采用单主/多从的机制，不需要进行仲裁，在从节点中不需要晶体振荡器而能进行自同步，这极大地减少了硬件平台的成本。

在表 1-1-1 中给出了 LIN 总线以及其他各类典型汽车总线标准、协议特性和参数。

表 1-1-1　各类典型汽车总线标准、协议特性和参数

类型	诊断	安全	多媒体	X-by-Wire	A 类	B 类	C 类
名称	ISO 15765	Safety Bus	D2B（MOST）	FlexRay	LIN	ISO 11519-2	ISO 11898（SAE J1939）
所属机构	ISO	Delphi	Philips	BMW&DC	Motorola	ISO/SAE	ISO/TMC-ATA
用途	诊断	安全气囊	数据流控制	电传控制	智能传感器	控制、诊断	控制、诊断
介质	双绞线	双线	光纤	双线	单根线	双绞线	双绞线
位编码	NRZ	NRZ	Biphase	NRZ	NRZ	NRZ-5	NRZ-5
媒体访问	TESTER/SLAVE	主/从	TOKEN RING	FTDMA	主/从	竞争	竞争
错误检测	CRC	CRC	CRC	CRC	8 位 CS	CRC	CRC
数据长度/B	0~8	24~39	—	12	8	0~8	8
位速率	250 kb/s	500 kb/s	12 Mb/s（25 Mb/s）	5 Mb/s	20 kb/s	10~1 250 kb/s	1 Mb/s（250 kb/s）

续表

总线最大 长度/m	40	未定	无限制	无限制	40	40（典型）	40
最大 节点数	32	64	24	64	16	32	30（STP） 10（UTP）
成本	中	中	高	中	低	中	中

2. B 类总线系统标准、协议

B 类中的国际标准是 CAN 总线。CAN 总线是德国 Bosch 公司在 20 世纪 80 年代初，为现代汽车中众多的控制与测试仪器之间的数据交换而开发的一种串行数据通信协议。它是一种多主总线，通信介质可以是双绞线、同轴电缆或光导纤维，通信速率可达 1 Mb/s。CAN 总线通信接口中集成了 CAN 协议的物理层和数据链路层功能，可完成对通信数据的成侦处理，包括位填充、数据块编码、循环冗余检验、优先级判别等工作。CAN 协议的一个最大特点是废除了传统的站地址编码，而代之以对通信数据块进行编码，最多可标识 2 048（2.0A）个或 5 亿（2.0B）多个数据块。采用这种方法的优点是，可使网络内的节点个数在理论上受到限制。其数据段长度最多为 8 个字节，占用总线时间不会过长，从而保证了通信的实时性。CAN 协议采用 CRC 检验并可提供相应的错误处理功能，保证了数据通信的可靠性。

B 类标准采用的是 ISO 11898，传输速率在 100 kb/s 左右。对于欧洲的各大汽车公司，从 1992 年起一直采用 ISO 11898，其所使用的传输速率为 47.6~500 kb/s。

近 2 年来，基于 ISO 11519 容错的 CAN 总线标准在欧洲各种车型中开始得到广泛的使用，ISO 11519-2 的容错低速双线 CAN 总线接口标准在轿车中也得到普遍的应用，其物理层比 ISO 11898 要慢一些，同时成本也高一些，但是它的故障检测能力却非常突出。与此同时，以往广泛适用于美国车型的 JI850 正逐步被基于 CAN 总线的标准和协议所取代。

3. C 类总线系统标准、协议

高速总线系统主要用于和汽车安全相关的实时性要求比较高的汽车系统上，如动力系统等，所以其传输速率比较高。根据传统的 SAE 的分类，该部分属于 C 类总线标准，其传输速率通常为 125 kb/s~1 Mb/s，必须支持实时的、周期性的参数传输。目前，随着汽车网络技术的发展，未来将会使用到具有高速、实时传输特性的一些总线标准和协议，包括采用时间触发通信的 X-by-Wire 系统总线标准与用于安全气囊控制和通信的总线标准、协议。

在 C 类标准中，欧洲的汽车制造商基本上采用的都是高速通信的 CAN 总线标准 ISO 11898。而 J1939 是货车及其拖车、大客车、建筑设备以及农业设备使用的标准，是用来支持分布在车辆各个不同位置的电控单元之间实现实时闭环控制功能的高速通信标准，其数据传输速率为 250 kbit/s。GM 公司已开始在所有的车型上使用其专属的所谓 GM LAN 总线标准，它是一种基于 CAN 的传输速率在 500 kb/s 的通信标准。

ISO 11898 针对汽车（轿车）电控单元（ECU）之间，通信传输速率大于 125 kb/s（最高 1 Mb/s）时，对使用控制器局域网络构建数字信息交换的相关特性进行了详细的规定。

4. D 类总线系统标准、协议

汽车多媒体网络和协议属于 D 类总线系统，分为三种类型，分别是低速、高速和无线，对应 SAE 的分类相应为 IDB-C（Intelligent Data Bus-CAN）、IDB-M（Multimedia）和 IDB-Wireless，其数据传输速率为 250 kb/s~100 Mb/s。

（1）低速用于远程通信、诊断及通用信息传送，IDB-C 按 CAN 总线的格式以 250 kb/s 的位速率进行消息传送。由于其低成本的特性，IDB-C 有望成为汽车类产品的标准之一，并已经在 OEM 方式的车辆中推行。GM 公司等美国汽车制造商计划使用 POF（Plastic Optical Fiber），在车中安装以 IEEE1394 为基础的 IDB-1394；Toyota 等日本汽车制造商也将跟进采用 POF。由于消费者手中已经有许多 IEEE 1394 标准下的设备，并与 IDB-1394 相兼容，因此，IDB-1394 将随着 IDB 产品进入车辆的同时而成为普遍的标准。

（2）高速主要用于实时的音频和视频通信，如 MP3、DVD 和 CD 等的播放，所使用的传输介质是光纤，这一类里主要有 D2B、MOST 和 IEEE 1394。

D2B 是用于汽车多媒体和通信的分布式网络，通常使用光纤作为传输介质，可连接 CD 播放器、语音电控单元、电话和互联网。D2B 技术已应用于 Mercedes 公司 1999 年款的 S-Class 车型。Daimler-Chrysler 等公司与 BWM 公司一样使用 MOST，作为车辆内 LAN 的接口规格，用于连接车载导航器和无线设备等。其数据传输速率为 24 Mb/s，规格主要由德国 Oasis Silicon System 公司制定。

（3）在无线通信方面，采用 Blue Tooth 规范，它主要是面向下一代汽车的应用，如声音系统、信息通信等。目前，已经有一些公司研制出了基于 Blue Tooth 技术的处理器，如美国德州仪器公司（T）不久前宣布推出一款新型基于 ROM 的蓝牙基带处理器，可用于通信及娱乐或 PC 外设等方面。

（三）车载网络总线系统总体构成

车载总线系统主要由控制单元、数据总线、网络、架构、通信协议、网关等组成。

1. 控制单元

控制单元（ECU）是检测信号或进行信号处理的电子装置，简单的如温度传感器和压力传感器等。

2. 数据总线

数据总线（BUS）是控制单元间运行数据传递的通道，即所谓的信息"高速公路"。如果一个控制单元既可以通过总线发送数据，又可以从总线接收数据，则这样的数据总线就称为双向数据总线。汽车上的数据总线实际是一条导线或两条导线。

高速数据总线及网络容易产生电磁干扰，这种干扰会导致数据传输出错。数据总线有多种检错方法，如检测一段特定数据的长度，如果出错，数据将重新传输，这就会导致各系统的运行速度减慢。解决的方法有使用价格高、功能更强大、结构更复杂的控制单元。如可用双绞线（见图 1-1-4，即车载网络系统采用的双绞线数据总线），它的数据传递原理是基于两条线的电压差。图 1-1-4 中标示了所有进入发动机部位节点（控制单元和总线的连接点）的信息，需要时这些信息就会通过两条数据总线（M1 和 M2）从发动机控制单元节点传输出去。

数据总线的速度通常用波特率来表示，波特率是指每秒千字节数（kb/s）。

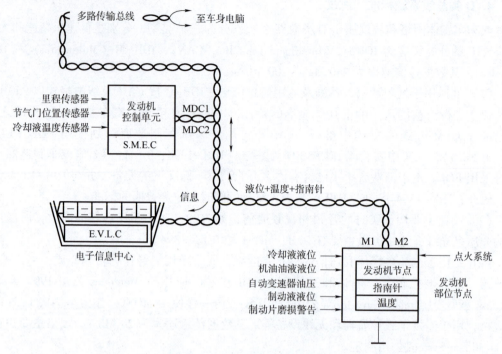

图 1-1-4　采用双绞线数据总线

波特（Baud）是指每秒钟信号的变化次数或者传输的字位数，得名于一位法国工程师的名字（Jean Baudot），CAN 总线的速度最大可达 1 Mb/s。

在并行通信中，传输速率是以每秒传送多少字节来表示的，而在串行通信中，传输速率在基波传输的情况下（不加调制，以其固有的频率传送）以每秒钟传送的位数（b/s）即波特率来表示。因此，1 波特 = 1 位/秒（b/s）。

最常用的标准波特率包括 110 波特、300 波特、1 000 波特、1 200 波特、2 400 波特、4 800 波特、9 600 波特和 19 200 波特。CRT 终端能处理 9 600 波特的传输，打印机终端速度较慢，点阵式打印机一般只能以 2 400 波特的速率来接收信号。

比特率指每秒可传输的二进制位数。

通信线上所传输的字符数据是按位传送的，1 个字符由若干位组成，因此，每秒钟所传输的字符数即字符速率。字符速率和波特率是两种概念，在串行通信中所说的传输速率是指波特率而不是指字符速率，在某异步串行通信中传送 1 个字符（包括 1 个起始位、8 个数据位、1 个偶校验位、2 个停止位），若传输速率是 1 200 波特，那么，每秒所能传送的字符数是 1 200/（1+8+1+2）= 100。

波特率和比特率的区别：

（1）波特率指信号每秒的变化次数；比特率指每秒可传输的二进制位数。

（2）在无调制的情况下，波特率精确等于比特率；在采用调相技术时，波特率不等于比特率。在汽车总线上一般不采用调相技术，因此波特率精确等于比特率，但它们是两种概念。在数字信道中，比特率是数字信号的传输速率，它用单位时间内传输的二进制代码的有效位数来表示，其单位为每秒比特数（b/s）、每秒千比特数（kb/s）或每秒兆比特数（Mb/s）。

数据总线幅宽会影响数据传输的速度，32 位的数据传输速率要比 8 位快 4 倍。传输速度快并不能说明一切，如通用公司在其新型车中的低速 OBD I 总线上采用了主/从架构，即货车的车身控制单元是主控制模块，其他 17 个模块分别在不同的物理位置上，这些模块具有许多控制功能，如蓄电池缺电保护、自动空调控制、灯光控制、座椅控制、防盗控制、刮水器控制、喷淋控制、座椅记忆控制、后视镜和门锁控制，还包括许多遥控的个性化调节装置。

3. 网络

局域网是在一个有限区域内连接的计算机网络，通过这个网络可实现这个系统内的信息资源共享。局域网的数据传输速度一般为 105 kb/s 左右，汽车上的总线传输系统（车载网络）即为一种局域网。

图 1-1-5 所示为帕萨特轿车的数据总线和连接到总线上的控制单元，数据总线连接到局域网上，构成整个车载网络。

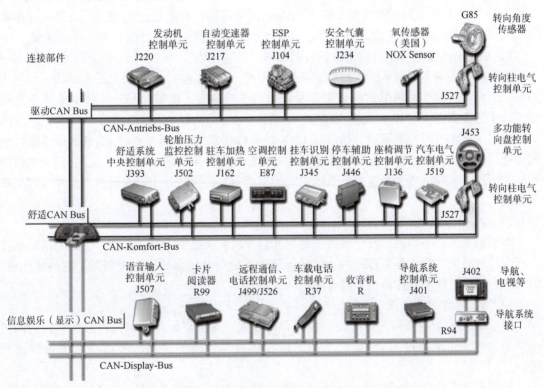

图 1-1-5　帕萨特车载网络系统

4. 架构

架构——信息高速公路（BUS）的配置，其输入和输出端规定了什么信息能进和什么信息能出。如果指挥交通需要"警察"（一种特殊功能的芯片），那么就要有"警局"，即模块的输入/输出端。架构通常包括 1~2 条线路，当采用双线时，数据的传输原理是基于两条线的电压差，若其中的 1 条线传输数据，则它对地有一个参考电压。

数据总线及网络架构的其他重要特征包括：能一起工作的模块数量；可扩展性，无须大的改动就可增加新的模块；互交信息的种类；数据传输速度；可靠性或容错性（抗故障性）

及数据交换的稳定与准确性；成本的高低；架构的特定通信协议。

5. 通信协议

通信协议犹如交通规则，包括"交通标志"的制定方法。通信协议的标准包含唤醒、访问和握手。唤醒、访问就是一个给信号的模块，这个模块为了节电而处于休眠状态。握手就是模块间的相互确认兼容并处于工作状态。

作为汽车维修人员，并不关心通信协议本身，而真正关心的是它对汽车维修诊断的影响。

为什么各汽车制造厂家都制定通信协议呢？通信协议制定的本质取决于车辆要传输多少数据、要用多少模块、数据总线的传输速度要有多快。此外，由于大多数通信协议（以及使用它们的数据总线和网络）都是专用的，因此，维修诊断时需要专门的软件。

6. 网关

按照汽车装配的不同，控制单元对总线系统性能的要求不同，即汽车上的总线系统各有不同。图1-1-6所示为迈腾轿车CAN数据总线网络连接，其共设定了动力系统总线（驱动总线）、舒适系统总线、信息系统总线、仪表系统总线和诊断系统总线5个不同的区域。

1）识别与改变不同总线网络的信号和速率

由于不同区域车载网络的速率和识别代号不同，因此，一个信号要从一个总线区域进入到另一个总线区域，必须把它的识别信号和速率进行改变，能够让另一个数据总线系统接受，这个任务由网关（Gateway）来完成。如图1-1-6所示，通过网关将不同系统联成网络，由于电压和电阻配置不同，所以在CAN动力数据总线和CAN舒适/信息数据总线之间无法进行耦合连接。另外，这两种数据总线的传输速率是不同的，这就决定了它们无法使用不同的信号，这样就需要在这两个系统之间能完成一个转换，这个转换过程也是通过网关来实现的。

2）改变信息优先级

如车辆发生相撞事故，安全气囊控制单元会发出负加速度传感器的信号，这个信号的优先级在动力系统总线中是非常高的，但转到舒适系统车载网络后，网关调低了它的优先级，因为它在舒适系统中的作用只是打开车门和灯。

3）网关可作为诊断接口

根据车辆的不同，网关可能安装在组合仪表内、车上供电控制单元内或在自己的网关控制单元内。由于通过CAN数据总线的所有信息都供网关使用，所以网关也用作诊断接口。

网关相当于站台，如图1-1-7所示，如在站台A到达一列快车（CAN驱动数据总线，500 kb/s），车上有数百名旅客，在站台B已经有一辆慢车（CAN舒适/信息数据总线，0 kb/s）在等待，有一些乘客就换到这辆慢车上，而站台B上有一些乘客要换乘快车继续旅行。

车站/站台的这种功能，即让旅客换车，以便通过速度不同的交通工具到达各自目的地的功能，与CAN驱动数据总线和CAN舒适/信息数据总线两系统网络的网关功能是相同的，网关的主要任务就是使两个速度不同的系统之间能进行信息交换。

（四）总线系统网络拓扑

拓扑的结构（Topology Structure，TS）是指网络节点的几何结构，即各个节点相互连接

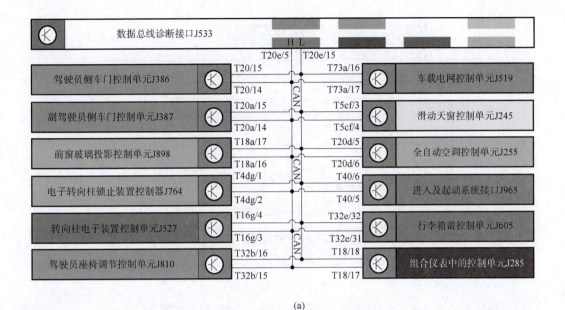

(a)

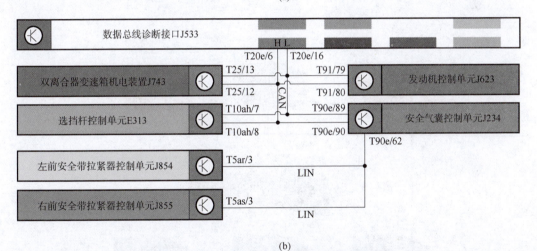

(b)

图 1-1-6 迈腾轿车 CAN 数据总线网络连接

（a）舒适 CAN 总线部分模块连接；（b）动力 CAN 总线部分模块连接

的方式，一般分为星型网络拓扑、环型网络拓扑和总线型网络拓扑结构。

1. 星型网络拓扑

  星型网络拓扑如图 1-1-8 所示，以 1 台中央处理器为中心，中央处理器使每台入网机器有 1 个物理连接链，其特点是结构简单，通信数据量较少，可以根据需要由中央处理器安排网络访问优先权或访问时间；缺点是中央处理器负载重，功能扩充困难，利用率低，当系统出现故障时容易影响中央处理器。由于汽车网络的应用目的之一就是简化线束，所以这种结构不可能成为整车网络的结构，但有可能在 1 个部件或总成上使用。

  目前使用的星型网络拓扑按传输媒介可分为两类：一类是由普通导线传输数据，它的传输速率较低、抗干扰能力较差，一般用于控制精度较低的设备，如宝马轿车上自动空调系统的伺服电动机；另一类是由光纤传输数据，此类网络目前正被一些高档轿车广泛应用，它的

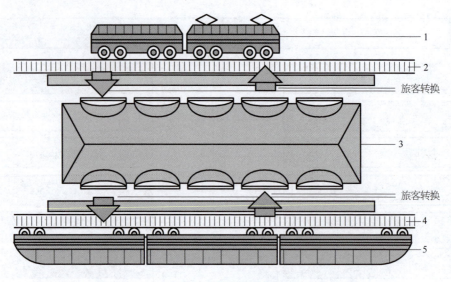

图 1-1-7　网关的功能

1—缆车；2—站台 B；3—车站（网关）；4—站台 A；5—快速列车

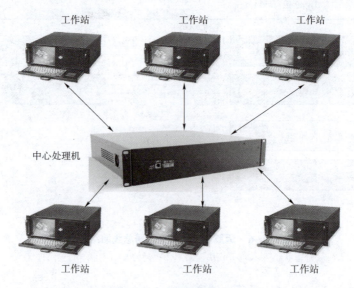

工作站　　工作站　　工作站

中心处理机

工作站　　工作站　　工作站

图 1-1-8　星型网络拓扑

传输速率较快，不会被电磁辐射等外界的干扰源干扰，可靠性强，信号衰减小，不存在短路接地。

2. 环型网络拓扑

图 1-1-9 所示为 MOST 总线环型网络拓扑结构。所谓环型拓扑，是指电控单元通过网络部件连到 1 个环型物理链路中，其优点是信息在网络中传输实时性好、传输数据量大及抗干扰能力强，每个节点只与其他 2 个节点有物理连接；缺点是 1 个节点故障可能影响整个网络，可靠性较差，网络扩充时要重新调整整个网络的排序，在增加功能时需添加电控单元，相对比较复杂。

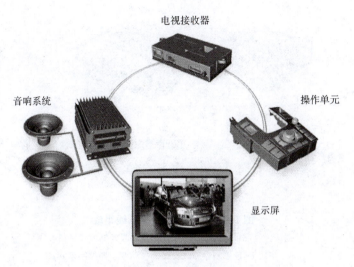

图 1-1-9　MOST 总线环型网络拓扑结构

3. 总线型网络拓扑

图 1-1-10 所示为总线型网络拓扑结构，所有的控制单元通过分接头接入一条载波传输线上，其特点是通信速率较高，分时访问优先权较靠前，网络长度和网络节点数会影响传输延时、电控单元驱动能力，所以适合传输距离较短、节点数不多的系统。汽车上的网络多采用这种结构，尤其是低端网络。

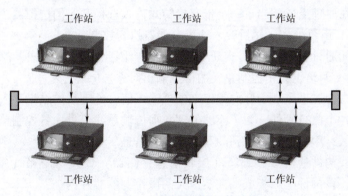

图 1-1-10　总线型网络拓扑结构

三、CAN 总线系统结构及传输原理

（一）CAN 数据总线系统的结构

CAN 数据总线包括控制单元（CPU）、控制器（Controller）、收发器（Transceiver）、数据传输终端电阻，如图 1-1-11 所示。

1. 控制单元

控制单元是 CAN 数据总线的主要计算器，其功用是将控制器传递来的信息进行运算，将运算数据传输给控制器。此外，其还具有故障记忆功能。

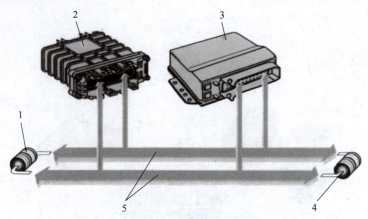

图 1-1-11 CAN 数据总线组成

1，4—数据传递终端；2—集成 CAN 控制器和收发器的发动机控制单元；
3—集成 CAN 控制器和收发器的自动变速器控制单元；
4—数据传递终端；5—数据传递线

2. 控制器

控制器是 CAN 通信的控制单元，主要作用是接收来自传感器的信号，形成要发送的指令，或将总线通过接收器传递信号进行转换传递给控制单元（CPU），再将控制单元传来的信号形成发送指令通过发送器传递总线，或直接驱动执行元件。图 1-1-12 所示为控制单元内部结构。控制单元接收到的传感器值（如发动机温度或转速）会被定期查询，并按顺序存入存储器，其在原理上就相当于一个带有旋转式输入选择开关的选择器，而存储器内的传感器数据会被 CPU 运算处理，然后存入输出存储器执行控制功能。

由于控制单元通过 CAN 控制器实现了网络传输，因此 CAN 网络成了控制单元的输入信息来源，同时 CAN 网络也成了控制单元的信息输出对象。

微控制器通常会按事先规定好的程序来处理输入值，处理后的结果存入相应的输出存储器内，然后到达各个执行元件。为了能够处理数据传输总线信息，各控制单元内还有一个数据传输总线存储区，用于容纳接收到的和要发送的信息。

数据传输总线构件通过接收邮箱（接收信息存储器）或发送邮箱（发送信息存储器）与控制单元相连，该构件一般集成在控制单元的微控制器芯片内。

3. 收发器

CAN 收发器由 CAN 发送器（Transmitter）和接收器（Receiver）组成，其作用是将 CAN 控制器提供的数据转换成 CAN 总线网络信号发送出去，同时，它也接收总线数据，并将数据传送到 CAN 控制器。其中发送器把数据传输总线构件连续的比特流（逻辑电平）转换成电压值（线路传输电平），这个电压值适合铜导线上的数据传输；接收器则把电压信号转换成连接的比特流，这种比特流适合 CPU 处理。

收发器通过 TX 线（发送导线）或 RX 线（接收导线）与数据传输总线构件相连，如图 1-1-13 所示，RX 线通过一个放大器直接与数据传输总线相连，始终监控总线信号。

发送器的特点是 TX 线与总线耦合，如图 1-1-14 所示，这个耦合过程是通过一个断路式集流器电路来实现的。因此，总线导线上就会出现两种状态：

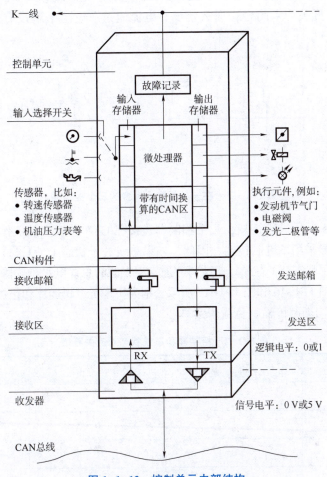

图 1-1-12 控制单元内部结构

（1）状态 1：截止状态，晶体管截止（开关打开）。

无源：总线电平 = 1，电阻高。

（2）状态 0：接通状态，晶体管导通（开关接通）。

有源：总线电平 = 0，电阻低。

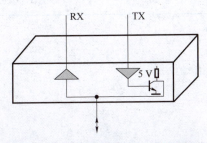

图 1-1-13 收发器与 TX 线的连接

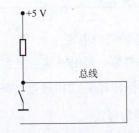

图 1-1-14 总线开关状态示意图

如图 1-1-15 所示，假设有三个控制器耦合在一根总线导线上，开关未闭合表示 1（无源），开关已闭合表示 0（有源），即控制器 C 有源，控制器 A 和 B 无源。工作过程如下：

汽车空调及舒适安全系统检修

（1）如果某一开关已闭合，电阻上就有电流流过，于是总线导线上的电压就为 0 V。

（2）如果所有开关均未闭合，那么就没有电流流过，电阻上就没有压降，于是总线导线上的电压就为 5 V。

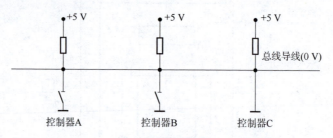

图 1-1-15　在一条总线上耦合的三个控制器

按照图 1-1-15 所示进行连接，三个控制器连接在 CAN 总线上的工作状态见表 1-1-2。

总线系统中信号采用二进制传输，因此，如果总线处于状态 1（无源），则此状态可以由某一个控制单元使用状态 0（有源）来改写。通常将无源的总线电平称为隐性的，有源的总线电平称为显性的。图 1-1-16 和图 1-1-17 所示分别为实现负逻辑运算和正逻辑运算的模型。

总线系统采用二进制传输，负逻辑运算。

表 1-1-2　控制器和总线状态对应关系表

控制器 A	控制器 B	控制器 C	总线状态
1	1	1	1（5 V）
1	1	0	0（0 V）
1	0	1	0（0 V）
1	0	0	0（0 V）
0	1	1	0（0 V）
0	1	0	0（0 V）
0	0	1	0（0 V）
0	0	0	0（0 V）

4. 数据传输终端电阻

数据传输终端一般由终端电阻组成，以防止信号反射。

（二）数据传输形式和数据传输原理

1. 数据传输形式

目前在汽车上应用的总线数据传输可以采用单线形式，也可以采用双线形式。原则上数据传输总线用一条导线就足以满足功能要求了，使用第二条导线传输信号只不过是与第一条导线上的传输信号形成镜像关系，这样可有效地抑制外部干扰。电控单元之间的所有信息都是通过两根数据线 CAN-H 和 CAN-L 来传输的，例如发动机和自动变速器控制单元之间的

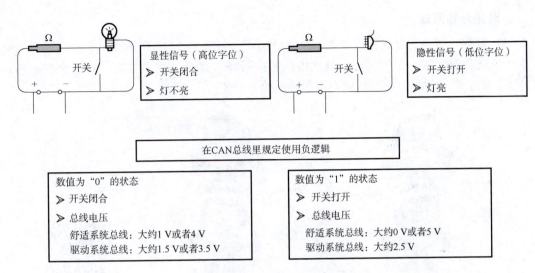

图 1-1-16   负逻辑运算模型

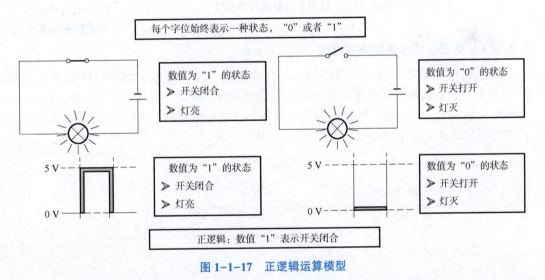

图 1-1-17   正逻辑运算模型

传输，如图 1-1-18 所示。对于在电控单元间进行大量的信息交换，CAN 数据总线也能完全胜任，如果需要增加额外信息，则只需修改软件即可。

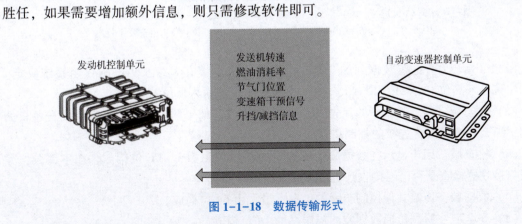

图 1-1-18   数据传输形式

2. 数据传输原理

CAN 数据总线中的数据传递就像一个电话会议，如图 1-1-19 所示。一个电话用户（电控单元）将数据"讲入"网络中，其他用户通过网络"接听"这个数据，对这个数据感兴趣的用户就会利用数据，而其他用户则选择忽略。

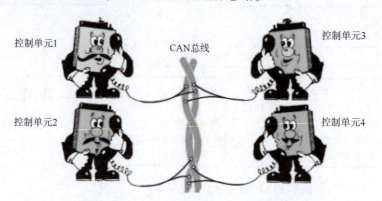

图 1-1-19　CAN 数据总线数据传输原理

CAN 数据总线
传递数据构成

3. CAN 数据总线传递数据的格式

CAN 数据总线传递的数据由多位构成。在数据中，位数的多少由数据域的大小决定。CAN 数据总线在极短的时间里于各控制单元间传递数据，如图 1-1-20 所示，通常可将其分为开始域、状态域、检查域、数据域、安全域、确认域和结束域 7 个部分，该数据构成形式在两条数据传输线上是一样的。

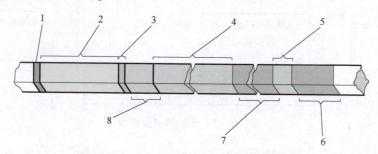

图 1-1-20　CAN 数据总线传输数据的格式

1—开始域（1 位）；2—状态域（11 位）；3—未用（1 位）；4—数据域（最大 64 位）；
5—确认域（2 位）；6—结束域（7 位）；7—安全域（16 位）；8—检查域（6 位）

（1）开始域：标志着数据列的开始，由 1 位构成。带有大约 5 V 电压（由系统决定）的 1 位被送入高位 CAN 线；带有大约 0 V 电压的 1 位被送入低位 CAN 线。

（2）状态域：判定数据中的优先权，由 11 位构成。如果两个控制单元都要发送各自的数据，那么具有较高优先权的控制单元优先发送。

（3）检查域：用于显示在数据域中所包含的信息项目数，由 6 位构成。在本部分，允许任何接收器检查是否已经接收到所传递过来的所有信息。

（4）数据域：传给其他控制单元的信息，最大由 64 位构成。

（5）安全域：检测传递数据中的错误，由 16 位构成。

（6）确认域：确认域由 2 位构成。在此，CAN 接收器信号通知 CAN 发送器，确认 CAN 接收器已经收到传输数据。若检查到错误，则 CAN 接收器立即通知 CAN 发送器，CAN 发送器再重新发送一次数据。

（7）结束域：结束域由 7 位构成，标志数据列的结束。此部分是显示错误并重复发送数据的最后一次机会。

4. 传递的信息

用于交换的数据称为信息，每个控制单元均可发送和接收信息。信息是以二进制值系列（0 和 1）来表示的，其中包含着要传递的物理量，例如，发动机转速为 1 800 r/min 可表示成 00010101，如图 1-1-21 所示，二进制数据流也称为比特流。

在发送过程中，二进制值先被转换成连续的比特流，该比特流通过 TX 线（发送线）到达收发器（放大器），收发器将比特流转化成相应的电压值，最后这些电压值按时间顺序依次被传送到数据传输总线的导线上。

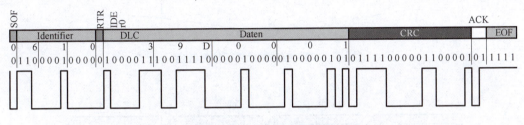

图 1-1-21　二进制数据流

SOF—帧起始；Identifier—标识符；RTR—运程发送请求；IDE—标识符扩展；DLC—数据长度代码；
Daten—数据；CRC—循环冗余校验；ACK—应答；EOF—帧结束

在接收过程中，这些电压值经收发器又转换成比特流，再经 RX 线（接收线）传递至控制单元，控制单元将这些二进制连续值转换成信息。例如，00010101 这个值又被转换成 1 800 r/min。

每个控制单元均可接收发送出的信息，人们把该原理称为广播，就像一个广播电台发送某个节目一样，每个连接的用户均可接收，但收或不收由接收用户决定。这种广播方式可以使得连接的所有控制单元总是处于相同的信息状态，如图 1-1-22 所示。

（三）CAN 数据总线的数据传递过程

CAN 数据总线并没有指定的数据接收者，数据在 CAN 数据总线传输过程中，可以被所有控制单元接收和计算。CAN 数据总线的数据传递过程如图 1-1-23 所示。

1. 提供数据

电控单元的微处理器向 CAN 控制器提供需要发送的数据。

2. 发送数据

CAN 收发器接收由 CAN 控制器传来的数据，转为 CAN 网络电信号并发送到 CAN 数据总线上。例如，发动机控制单元的信息发送过程如图 1-1-24 所示。

（1）转速传感器接收到转速值，该值以固定的周期到达微控制器的输入存储器内。由于该转速值还用于其他控制单元，如组合仪表，所以该值应通过数据传输总线来传递。

（2）该转速值被复制到发动机控制单元的发送存储器内。

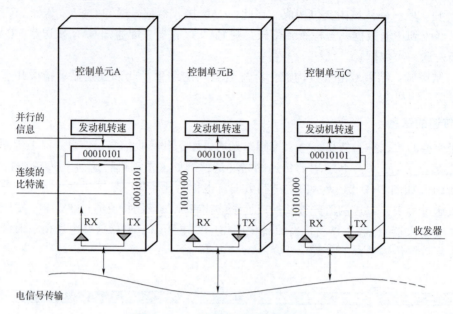

图 1-1-22　控制单元内部信息转换

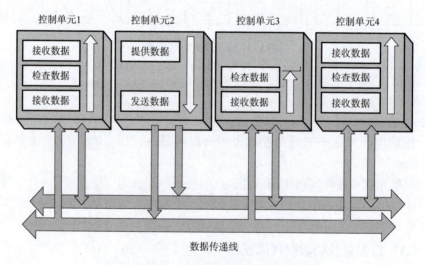

图 1-1-23　CAN 数据总线的数据传递过程

（3）该信息从发送存储器进入数据传输总线构件的发送邮箱内。如果发送邮箱内有一个实时值，那么该值会由发送特征位（举起的小旗示意有传输任务）显示出来，将发送任务委托给数据传输总线构件，发动机控制单元就完成了此过程中的任务。

（4）发动机转速值按协议被转换成数据传输总线的特殊格式。

（5）数据传输总线构件通过 RX 线来检查总线是否有源（是否正在交换信息），必要时会等待，直到总线空闲下来为止。如果总线空闲下来，则发动机信息就会被发送出去。

3. 接收数据

所有与 CAN 数据总线一起构成网络的电控单元转为接收器，从 CAN 数据总线上接收数据。

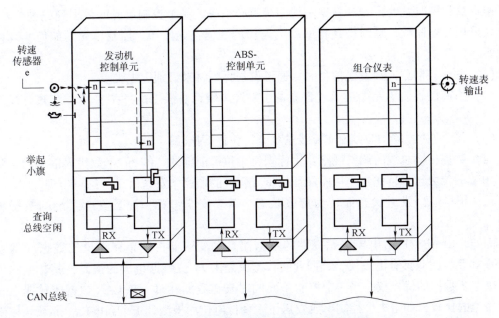

转速传感器 e

发动机控制单元

ABS-控制单元

组合仪表

转速表输出

举起小旗

查询总线空闲

RX　TX

RX　TX

RX　TX

CAN总线

图 1-1-24　发动机控制单元的信息发送过程

信息接收过程分为三步：第一步，接收信息；第二步，检查信息是否正确（在监控层）；第三步，检查信息是否可用（在接收层）。

1）接收信息

连接的所有装置都接收发动机控制单元发送的信息，该信息是通过 RX 线到达数据传输总线构件各自的接收区的。

2）检查信息是否正确

接收器接收发动机的所有信息，并且在相应的监控层检查这些信息是否正确，这样就可以识别出在某种情况下某一控制单元上出现的局部故障。连接的所有装置都接收发动机控制元发送的信息，可以通过监控层内的 CRC（循环冗余码校验，Cycling Redundancy Check）校验和数来确定是否有传递错误。在发送每个信息时，所有数据位均会产生并传递一个 16 位的校验码，接收器按同样的规则，即从所有已经接收到的数据位中计算出校验和数，随后将接收到的校验和数与计算出的校验和数进行比较，如果确定无传递错误，那么连接的所有装置会给发送器一个确认回答，这个回答就是所谓的"信息收到符号"（Acknowledge，ACK），它位于校验和数后。

3）检查信息是否可用

已接收到的正确信息会到达相关数据传输总线构件的接收区，在那里来决定该信息是否用于完成各控制单元的功能。如果不是，则该信息就被拒收；如果是，则该信息就会进入相应的接收邮箱。控制单元根据接收信号（升起的"接收小旗"）就会知道：现在有一个信息（如转速）在排队等待处理。组合仪表调出该信息并将相应的值复制到它的输入存储器内，至此，通过数据传输总线构件发送和接收信息的过程结束。在组合仪表内，转速信号经过微控制器处理后控制转速表显示相应的转速。

（四）CAN 总线的传输仲裁

如果多个电控单元要同时发送各自的数据列，那么数据总线上就必然会发生数据冲突。

为了避免这种情况发生，CAN 数据总线系统就必须决定哪个控制单元的数据列先进行发送，即总线采用传输仲裁，原则是具有最高优先权的数据首先发送。控制单元是如何实现仲裁的呢？

（1）每个控制单元在发送信息时，通过发送标识符来识别优先级。

（2）所有的控制单元都是通过各自的 RX 线来跟踪总线上的一举一动并获知总线的状态的。

（3）每个发射器将 TX 线和 RX 线的状态逐位进行比较。

（4）数据传输总线的调整规则：用标识符中位于前部的"0"的个数代表信息的重要程度，"0"的位数越多越优先，从而保证按重要程度的顺序来发送信息。越早出现"1"的控制单元，越早退出发送状态而转为接收状态。基于安全考虑，涉及安全系统的数据优先发送。

例如，由 ABS/EDL 电控单元提供的数据比自动变速器控制单元提供的数据（驾驶舒适）更重要，因此具有优先权。数据列的状态域是由 11 位数据组成的编码，其数据的组合形式决定了数据的优先权。当 3 个控制单元同时发送数据列时，在 CAN 数据传输线上进行一位一位的比较，如果 1 个控制单元发送了 1 个低电位而检测到 1 个高电位，那么该控制单元就停止发送数据列而转为接收器。

表 1-1-3 给出了 3 组不同数据列的优先权。例如，如图 1-1-25 所示，在数据列的状态域位 1，ABS/EDL 控制单元发送了 1 个高电位，发动机控制单元也发送了 1 个高电位，自动变速器控制单元发送了 1 个低电位而检测到 1 个高电位，那么自动变速器控制单元将失去优先权而转为接收器。在数据列的状态域位 2，ABS/EDL 控制单元发送了 1 个高电位，发动机控制单元发送了 1 个低电位并检测到 1 个高电位，那么发动机控制单元失去优先权而转为接收器。在数据列的状态域位 3，ABS/EDL 控制单元拥有最高优先权并接收分配的数据，该优先权保证其持续发送数据直至发送终了，ABS/EDL 控制单元结束发送数据后，其他控制单元再发送各自的数据。

表 1-1-3　不同数据列的优先权

优先权	数据报告	状态域形式
1	ABS/DEL	0110100000
2	发动机控制单元	01010000000
3	自动变速器控制单元	10001000000

四、LIN 总线

（一）LIN 总线的含义

LIN（Local Interconnect Network）也被称为局域网子系统，即 LIN 总线是 CAN 总线网络下的子系统。车上各个 LIN 总线系统之间的数据交换是由控制单元通过 CAN 数据总线实现的。相对于 CAN 总线而言，LIN 总线协议较为简单，对单片机的要求也不高，基本的串口就可以实现，因而成本较低。作为 CAN 总线的辅助总线，LIN 总线广泛应用于车门、车窗、车灯以及中控锁等车身控制领域。

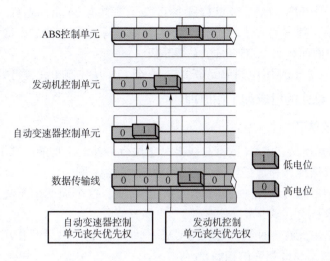

图 1-1-25　数据列优先权的判定

（二）LIN 总线传输特征

LIN 总线是一种低成本的串行通信网络，用于实现汽车中的分布式电子系统控制。LIN 总线的目标是为现有汽车网络（如 CAN 总线）提供辅助功能，因此，LIN 总线是一种辅助型的总线网络，在不需要 CAN 总线的带宽和多功能的场合，比如对于智能传感器和制动装置之间的通信使用，LIN 总线可大大节省成本。LIN 总线的主要特性如下：

（1）最大传输速率为 20 kb/s。

（2）低成本基于通用 UART 接口，几乎所有微控制器都具备 LIN 必需的硬件。

（3）只需要一根数据传输线。

（4）单主控制器/多从控制器设备模式无须仲裁机制，通过单主/多从的原则保证系统安全。奥迪空调系统的 LIN 总线子系统实物图如图 1-1-26 所示。

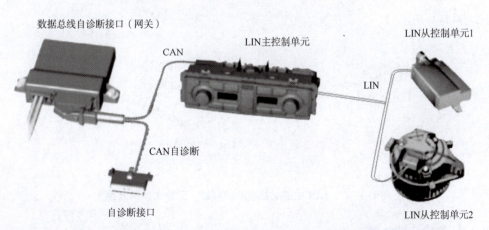

图 1-1-26　奥迪空调系统的 LIN 总线子系统实物图

（5）从节点不需要振荡器就能实现同步，节省了多从控制器部件的硬件成本。

（6）保证了信号传输的延迟时间。

（7）不需要改变 LIN 节点上的硬件和软件就可以在网络上增加节点。

（8）通常一个 LIN 网络上节点数目小于 12 个，共有 64 个标志符。

（9）单线制，基本色为紫色+标志色。LIN 总线系统是单线式，底色是紫色，配有标志色，该线的横截面面积为 0.35 mm，无须屏蔽。

（10）允许一个 LIN 主控制单元最多与 16 个 LIN 从控制单元进行数据交换。

（三）LIN 总线的组成和工作原理

1. LIN 主控单元

LIN 控制单元连接在 CAN 数据总线上，它执行 LIN 的主功能。其主要作用如下：

（1）监控数据传递和数据传递的速率，发送信息标题。

（2）该控制单元的软件内已经设定了一个周期，这个周期用于决定何时、将哪些信息发送到 LIN 数据总线上多少次。

（3）该控制单元在 LIN 数据总线与 CAN 总线之间起"翻译"作用，它是 LIN 总线系统中唯一与 CAN 数据总线相连的控制单元。

（4）通过 LIN 主控制单元进行 LIN 系统自诊断。

空调控制单元和天窗控制单元就是两个 LIN 主控制单元。前风窗加热器、鼓风机和两个温度传感器是空调控制单元（主控制单元）中的从控制单元，天窗控制电动机则是天窗控制单元（主控制单元）中的从控制单元，如图 1-1-27 所示。

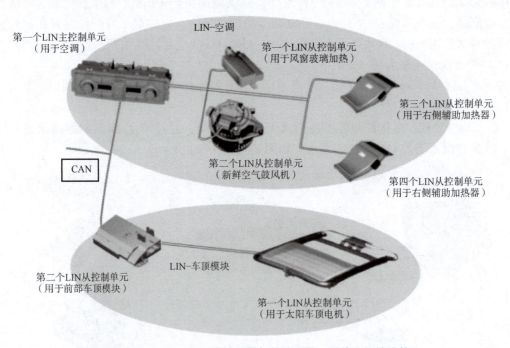

图 1-1-27　LIN 主控制器与从控制器、元件之间的连接

2. LIN 总线从控制器

在 LIN 数据总线系统内，单个的控制单元、传感器及执行元件都可看作 LIN 总线主控制单元的从控制单元。传感器内集成有一个电子装置，该装置对测量值进行分析，其数值是作为数字信号通过 LIN 总线传递的。有些传感器和执行元件只使用 LIN 主控制单元插口上的一个脚，LIN 执行元件都是智能型的电子或机电部件，这些部件通过 LIN 主控制单元的 LIN 数字信号接受任务。LIN 主制单元通过集成的传感器来获知执行元件的实际状态，然后就可以进行规定状态和实际状态的对比，获得相应的控制信号，进而控制执行元件的工作状态。LIN 从控制单元的特点如下：

（1）接收、传递或忽略与从主控制系统接收到的信息标题相关的数据。

（2）可以在通过一个"叫醒"信号时，唤醒主系统。

（3）对所接收数据的检查总量进行检查。

（4）对所发送数据的检查总量进行计算。

（5）与主系统的同步字节保持一致。

（6）只能按照主系统的要求同其他子系统进行数据交换。

3. 数据传递过程

一个 LIN 总线的子系统总是在主系统发送相应的信息标题要求时才向 LIN 总线发送数据，所发送的数据可供每个 LIN 数据总线控制单元接收，传递流程如图 1-1-28 所示。LIN-信息 1 表示主系统要求子系统 1 提供数据；LIN-信息 2 表示主系统要求子系统 2 提供数据；LIN-信息 3 表示主系统为子系统发送数据。

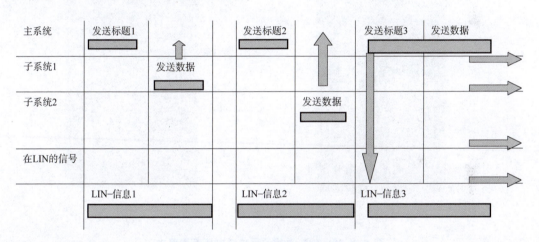

图 1-1-28　LIN 总线的数据传递流程

4. 信号

1）信号电平

隐性电平：如果无信息发送到 LIN 数据总线上，或者发送到 LIN 数据总线上的是一个隐性信号，那么数据总线导线上的电压就是蓄电池电压。

显性电平：为了将显性信号传到 LIN 数据总线上，则发送控制单元内的收发器将数据总线导线搭铁。

LIN 总线信号波形如图 1-1-29 所示。

2）信号传递安全性

在隐性电平和显性电平收发时，通过预先设定公差值来保证数据传输的稳定性。发送信号的电压必须满足隐性电平大于电源电压的 80%、显性电平小于电源电压的 20%，如图 1-1-30（a）所示；为了保证在有干扰辐射的情况下仍能收到有效的信号，允许接收的电压值范围宽一些，即隐性电平大于电源电压的 60%、显性电平小于电源电压的 40%，如图 1-1-30（b）所示，通过这种方式确保 LIN 总线信号传递的安全全性。

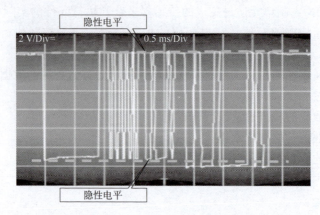

图 1-1-29　LIN 总线信号波形

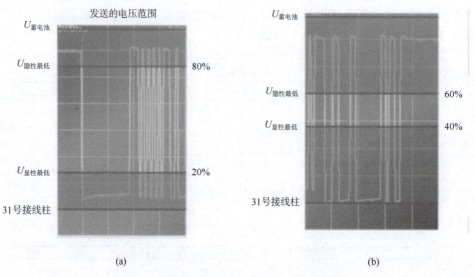

(a)　　　　　　　　　　　　　　　　(b)

图 1-1-30　LIN 总线信号传递电压范围要求

(a) 发送时电平范围；(b) 接收时电平范围

5. 信息格式

1）信息报文的格式

信息报文的格式如图 1-1-31 所示。

（1）同步暂停区。同步暂停区的长度至少为 13 位（二进制），以显性电平发送。这 13 位的长度是必需的，这样才能准确地通知所有的 LIN 控制单元有关信息的起始点的情况，其他的信息是以最长为 9 位（二进制）的显性电平来一个接一个传递的。同步暂停区会连同主波形（Low-Signal，低信号）一起被发送，并且明确地确定这是一个信息的开始。

（2）同步分界区。同步分界区会连同从属波形一起被发送（High-Signal，高信号），并且表明这是同步暂停的结束。同步分界区至少为 1 位，且为隐性。

（3）同步区。同步区由 0101010101 二进制位序构成，所有的 LIN 控制单元通过这个二进制位序来与 LIN 主控制单元进行匹配（同步）。所有控制单元同步，对于保证正确的数据

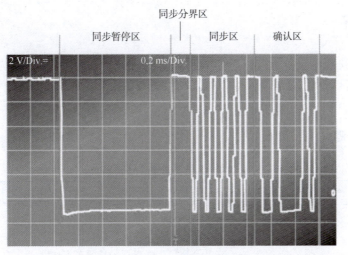

同步分界区

同步暂停区　　　　　同步区　　　确认区

图 1-1-31　信息报文的格式

交换是非常必要的。如果失去了同步性，那么接收到的信息中的某一数位值就会发生错误，该错误会导致数据传递错误。

（4）确认区。确认区的长度为 8 位，前 6 位是回应信息识别码和信息长度，回应数据区的个数在 0~8 个；后两位是校验位，用于检查数据传递是否有错误。当出现识别码传递错误时，校验位可防止与错误的信息进行适配。

2）信息内容的格式

在信息内容中，可确认领域中确定的数据领域个数会被传输。每个数据领域都以一个主导初始符开始，紧跟着要传输的数据字节，并以一个从属终止符结束，这样每个数据领域的长度为 10 个数位。其同样也适用于检查总量，即用于识别传输的错误。

6. 奥迪舒适系统 LIN 总线的应用

在奥迪防盗系统中 LIN 总线的应用如图 1-1-32 所示。

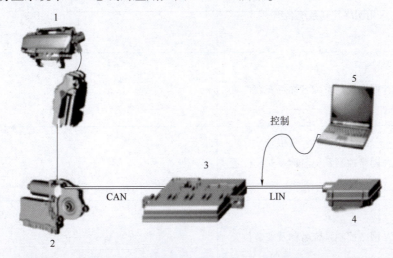

控制

CAN　　　　　LIN

图 1-1-32　奥迪防盗系统中 LIN 总线的应用

1—车门锁；2—车门控制单元；3—供电控制单元；4—行李箱开启控制单元；5—笔记本电脑

🌀 任务实施

由教师根据班级情况分组进行任务实施，请各组同学根据本任务学习内容，利用所提供的维修资料和检测设备、工具等资源完成以下工作任务，并按要求填写表 1-1-4 所示操作步骤工作记录表。

一、操作步骤

表 1-1-4　操作步骤工作记录表

步骤	工作项目	工作内容
1	准备工作	☐ 正确安装挡块 ☐ 正确安装座套、转向盘套、翼子板布 ☐ 降下驾驶员侧车窗玻璃 ☐ 正确进行蓄电池电压检查 ☐ 正确进行机油液位检查 ☐ 正确进行冷却液液位检查
2	人员安全	☐ 发动机运行中进行测试时要注意发动机旋转部件 ☐ 操作过程中，不要对测试设备和车辆构成损坏 ☐ 测试过程中，不要对线束构成损伤 ☐ 不要佩戴尖锐饰物 ☐ 要穿安全鞋
3	维修资料的使用及操作规范	☐ 资料查询要快速、准确 ☐ 要能快速找到不同系统控制单元安装位置图 ☐ 资料查询软件功能要操作熟练 ☐ 拆装内饰板时要严格按照维修手册操作步骤进行
4	采用网络控制系统名称	
5	舒适 CAN 网络控制系统名称及安装位置	
6	动力 CAN 网络控制系统名称及安装位置	
7	诊断 CAN 网络控制系统名称及安装位置	

步骤	工作项目	工作内容
8	信息娱乐 CAN 网络控制系统 名称及安装位置	
9	5S 规范	□ 地面和工作台要干净、整洁 □ 工具、设备擦拭干净后回收并摆放整齐 □ 拆下的零部件要有序摆放 □ 同学之间不要出现肢体碰撞 □ 排故时不要出现现场组织混乱的情况

二、检查与评价

(一)自检

本组学生对任务操作过程中任务执行的操作规范性进行检查，检查操作过程中是否存在问题，分析讨论应如何避免并总结规范的操作方法。

(二)互检

组与组之间相互进行任务操作过程及结果检查，检查结果以小组汇报形式进行讨论，互评结果可作为教师评价的依据。

(三)任务评价

任务评价见表 1-1-5。

表 1-1-5　任务评价表

评分 项目	评分标准	自我评价			教师评价		
		优秀 (25分)	良好 (15分)	一般 (10分)	优秀 (25分)	良好 (15分)	一般 (10分)
知识 掌握	1. 能够找到汽车所有控制单元的安装位置； 2. 能够分清不同控制单元所连接网络的类型； 3. 能够正确识读维修手册和电路图						
实践 操作	1. 能够对车辆进行正确防护； 2. 能够正确拆除车辆内饰板； 3. 能够熟练使用各种拆装工具						
职业 素养	1. 能够通过查阅维修手册和电路图准确找到所需信息； 2. 能够与他人交流阐述相关内容； 3. 在工作组内服从分配、担当责任并能协同工作						
工作 规范	1. 清理及整理工量具、车辆，保持实训场地整洁； 2. 建立安全的操作环境； 3. 废物回收与环保处理； 4. 检查、完善工单						
总评	满分 100 分						

任务 2 汽车 CAN 总线系统故障检修

任务描述

一辆迈腾 B8 汽车行驶 4 万 km，出现发动机无法起动故障，用诊断仪读取故障码，显示发动机控制单元无法通信，现需要对此故障进行维修。

任务解析

该任务主要考查学生是否会检修由通信故障引起的发动机无法起动故障。首先学生可利用手中维修手册、电路图等技术资料，查询车辆有哪些电控系统采用网络控制，并在车上找出各控制单元的安装位置及总线连接端子号，注明各控制单元之间采用哪种通信方式。找到发动机控制单元 CAN 总线并利用示波器读取波形，分析故障波形并利用万用表等其他检测设备对故障进行排除，完整填写任务记录单。教师在任务实施过程中注重培养学生规范操作和团队协作的能力。

知识链接

一、汽车 CAN 总线网联类型

以迈腾轿车为例，该系统设定为 5 个不同的区域，分别为动力（驱动）系统、舒适系统、信息系统、仪表系统、诊断系统 5 个子局域网，如图 1-2-1 所示。5 个子局域网的传输速率见表 1-2-1，其中在 CAN 总线系统下还存在 LIN 总线系统，其传输速率为 20 kb/s，整个 CAN 总线系统传输速率最大可达 1 000 kb/s。

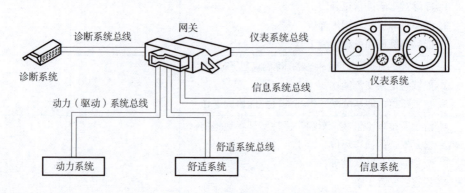

图 1-2-1 CAN 总线系统的子局域网

表 1-2-1　CAN 总线系统 5 个子局域网传输速率

序号	局域网总线	电源供电线（线号）	传输速率/(kb·s⁻¹)
1	动力（驱动）系统总线	15	500
2	仪表系统总线	15	500
3	诊断系统总线	30	500
4	舒适系统总线	30	100
5	信息系统总线	30	100

（一）动力系统 CAN 总线

动力系统 CAN 总线主要由发动机控制单元、ABS 控制单元、ESP 控制单元、自动变速器控制单元、安全气囊控制单元和组合仪表控制单元等组成。

1. 动力系统 CAN 总线信号波形

为了提高数据传递的可靠性，CAN 数据总线系统的两条导线（双绞线）分别用于不同的数据传送，这两条线分别称为 CAN-H 线和 CAN-L 线。

在显性状态和隐性状态之间进行转换时，CAN 总线上的电压变化如下：

（1）在静止状态时，CAN-H 线和 LIN-L 线上作用有相同的预先设定值，该值称为静电平。对于动力系统 CAN 总线来说，这个值大约为 2.5 V。静电平也称为隐性状态，因为连接的所有控制单元均可修改它。

（2）在显性状态时，CAN-H 线上的电压值会升高一个预定值（对动力系统 CAN 总线来说，这个值至少为 1 V），CAN-L 线上的电压值会降低一个同样值（对动力系统 CAN 总线来说，这个值至少为 1 V）。于是，在动力系统 CAN 总线上 CAN-H 线就处于激活状态，其电压不低于 3.5 V（2.5 V+1 V=3.5 V），而 CAN-L 线上的电压值最多可降至 1.5 V（2.5 V-1 V=1.5 V）。

因此，在隐性状态时，CAN-H 线与 CAN-L 线上的电压差为 0 V；在显性状态时，该差值最低为 2 V。

动力总线 CAN 网络由 15 号供电线激活，传输速率为 500 kb/s，是所有 CAN 总线中最高的，其采用终端电阻结构，中心电阻的值为 66 Ω。动力系统 CAN 总线数据线上的信号变化波形如图 1-2-2 所示。

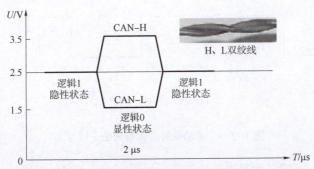

图 1-2-2　动力系统 CAN 总线数据线上的信号变化波形

2. 动力总线收发器内的 CAN-H 线和 CAN-L 线上的信号转换

控制单元是通过收发器连接到动力系统 CAN 总线上的，在这个收发器内有一个接收器，该接收器安装在接收一侧的差动信号放大器内，如图 1-2-3 所示。差动信号放大器用于处理来自 CAN-H 线和 CAN-L 线的信号，并负责将转换后的信号送至控制单元的 CAN 接收区。这个转换后的信号称为差动信号放大器的输出电压。差动信号放大器通过用 CAN-H 线上的电压减去 CAN-L 线上的电压，计算出输出电压差，采用这种方法可以消除静电平（对于动力系统 CAN 总线来说是 2.5 V）或其他任意重叠的电压（例如干扰）。

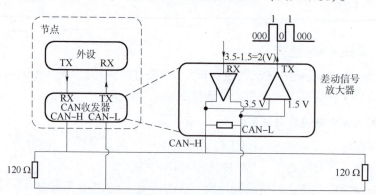

图 1-2-3　动力总线上的差动信号放大器

3. 动力系统 CAN 总线差动信号放大器内的干扰过滤

由于数据总线也要布置在发动机舱内，所以数据总线就要遭受各种干扰，即要考虑对地短路和蓄电池电压、点火装置的火花放电和静态放电。

对于 CAN-H 信号和 CAN-L 信号，其经过差动信号放大器处理后，可最大限度地消除干扰的影响，即使车上的供电电压有波动（如在起动发动机时），也不会影响各个控制单元数据传递的可靠性，如图 1-2-4 所示。

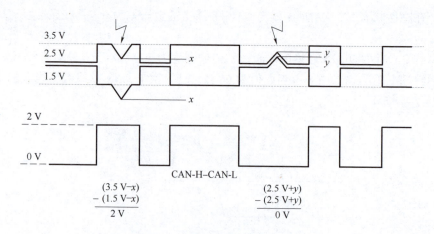

图 1-2-4　差动信号放大器内的干扰过滤

在图 1-2-4 中，可清楚地看到这种传递的效果。由于 CAN-H 线和 CAN-L 线是扭绞在一起的，所以干扰脉冲总是有规律地作用在两条线上。

由于差动信号放大器总是用 CAN-H 曲线上的电压（3.5 V-x）减去 CAN-L 曲线上的电压（1.5 V-x），因此在经过差动处理后，（3.5 V-x）-（1.5 V-x）= 2 V，差动信号中就不再有干扰脉冲了。控制单元判断的双线的电平及逻辑信号见表 1-2-2。

表 1-2-2　控制单元判断的双线的电平及逻辑信号

状态	CAN-H 电压/V	CAN-L 电压/V	逻辑信号	差动输出信号电压/V
隐性	2.5	2.5	1	2.5-2.5＝0<2
显性	3.5	1.5	0	3.5-1.5＝2

（二）舒适/信息系统 CAN 总线

舒适/信息系统 CAN 数据总线的联网控制单元包括自动空调控制单元、车门控制单元、舒适控制单元、收音机和导航显示控制单元。

舒适/信息系统 CAN 总线控制单元通过舒适/信息系统 CAN 数据总线的 CAN-H 线和 CAN-L 线来进行数据交换，如车门开/关、车内灯开/关、车辆位置（GPS）等。

由于舒适系统 CAN 数据总线和信息系统 CAN 数据总线使用同样的脉冲频率，所以它们可以共同使用一对导线，前提条件是相应的车上有这两种数据总线。

1. 舒适/信息系统 CAN 数据总线信号波形

为了使低速 CAN 总线抗干扰性强且电流消耗低，舒适/信息系统 CAN 数据总线与动力系统 CAN 数据总线相比做了一些改动。首先，由于使用了单独的驱动器（功率放大器），故这两个 CAN 信号就不再有彼此依赖的关系。与动力系统 CAN 总线不同，舒适/信息系统 CAN 总线的 CAN-H 线和 CAN-L 线不是通过电阻相连的，也就是说，CAN-H 线和 CAN-L 线不再彼此相互影响，而是彼此独立作为电压源来工作。在隐性状态（静电平）时，CAN-H 线信号为 0 V，在显性状态时≥4 V；对于 CAN-L 信号来说，隐性电平为 5 V，显性电平≤1 V，如图 1-2-5 所示。

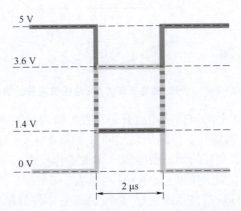

图 1-2-5　舒适/信息系统 CAN 总线信号电压变化

综上，在差动信号放大器内相减后，隐性电平为-5 V，显性电平为 3 V，那么隐性电平和显性电平之间的电压变化（电压提升）提高到≥7.2 V。在数字存储式示波器上显示的舒适/信息系统 CAN 总线波形图（静态）如图 1-2-6 所示。

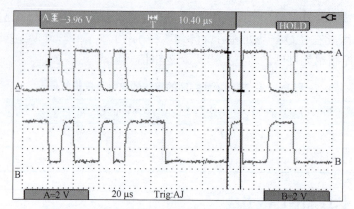

图 1-2-6 舒适/信息系统 CAN 总线波形图（静态）

2. 舒适/信息系统 CAN 总线的 CAN 收发器

舒适/信息系统 CAN 总线收发器的结构如图 1-2-7 所示，其工作原理与动力系统 CAN 总线收发器基本是一样的，只是输出的电压电平和出现故障时切换到 CAN-H 线或 CAN-L 线（单线工作模式）的方法不同。另外，CAN-H 线和 CAN-L 线之间的短路会被识别出来，并且在出现故障时会关闭 CAN-L 驱动器，在这种情况下，CAN-H 线和 CAN-L 线信号是相同的。

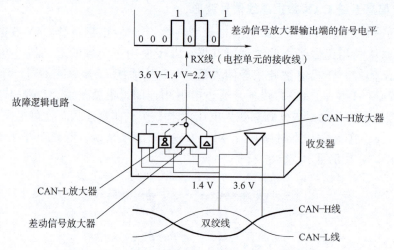

图 1-2-7 舒适/信息系统 CAN 总线收发器的结构

CAN-H 线和 CAN-L 线上的数据传递由安装在收发器内的故障逻辑电路监控，故障逻辑电路检验两条 CAN 总线上的信号，如果出现故障（如某条 CAN 导线断路），故障逻辑电路会识别出该故障，从而使用完好的那一条导线（单线工作模式）。

在正常的工作模式下，使用的是 CAN-H "减去" CAN-L 所得的信号（差动数据传递），这样就可将故障对舒适/信息系统 CAN 总线的两条导线的影响降至最低（与动力系统 CAN 总线是一样的）。控制单元判断双线的电平及逻辑信号见表 1-2-3。

表 1-2-3 控制单元判断双线的电平及逻辑信号

状态	CAN-H 电压/V	CAN-L 电压/V	逻辑信号	差动输出信号电压/V
隐性	0	5	1	0-5＝-5＜0
显性	3.6	1.4	0	3.6-1.4＝2.2＞2

3. 单线工作模式下的舒适/信息系统 CAN 总线

如果因断路、短路或与蓄电池电压相连而导致两条 CAN 导线中的一条不工作了，那么就会切换到单线工作模式。在单线工作模式下，舒适/信息系统 CAN 总线仍可工作，控制单元使用 CAN 总线不受单线工作模式的影响，并有一个专用的故障输出用于通知控制单元。图 1-2-8 所示为收发器工作在单线模式下，在示波器上显示的舒适/信息系统 CAN 总线波形图（静态）。

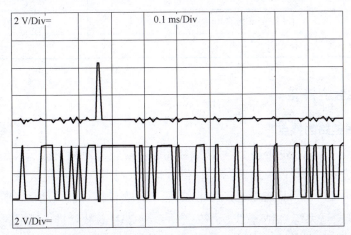

图 1-2-8　单线模式下收发器舒适/信息系统 CAN 总线波形图（静态）

（三）诊断 CAN 总线

诊断系统 CAN 总线用于诊断仪器和相应控制单元之间的信息交换，它与网关的连接被用来代替原来的 K 线或者 L 线的功能（废气处理控制器除外）。

诊断系统目前只能在 VAS5051、VAS5052 和 VAS6150 下工作，而不能适用于原来的诊断工具，如 VAG1552 等，诊断系统 CAN 总线通过网关转接到相应的 CAN 总线上，然后再连接相应的控制器进行数据交换。

随着诊断系统 CAN 总线的使用，大众集团将逐步淘汰控制器上的 K 线存储器而采用 CAN 总线作为诊断仪器和控制器之间的信息连接线，即虚拟 K 线。

当车辆使用诊断系统 CAN 总线结构后，VAS6150 等诊断仪器必须使用相对应的新型诊断线，否则无法读出相应的诊断信息。另外，车辆上的诊断接口也做出了相应的改动，如图 1-2-9 所示，诊断接口端子针脚的含义见表 1-2-4。

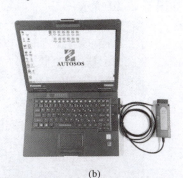

(a)　　　　　　　　　　　　　　(b)

图 1-2-9　诊断接口及诊断仪

（a）车辆诊断接口；（b）大众专用诊断仪 VAS6150

表 1-2-4　诊断接口端子针脚的含义

针脚号	对应的线束	针脚号	对应的线束
1	15 号线	7	K 线
4	搭铁	14	CAN-L 线
5	搭铁	15	L 线
6	CAN-H 线	16	30 号线
注：未注明的针脚号暂未使用			

二、CAN 总线的特点

1. CAN 总线链路的特点

（1）动力系统 CAN 总线通过 15 号接线柱切断，或经过短时无载运行后切断，而舒适系统 CAN 总线由 30 号接线柱供电且必须保持随时可用状态。

CAN 总线的主要特点

（2）为了尽可能降低对供电电网产生的负荷，在 15 号接线柱关闭后，若总线系统不再需要舒适系统 CAN 总线，那么舒适系统 CAN 总线就进入所谓的"休眠模式"。

（3）舒适/信息系统 CAN 总线在一条数据线短路或一条 CAN 总线断路时，可以用另一条线继续工作，这时会自动切换到单线工作模式。

（4）动力系统 CAN 总线的电信号与舒适/信息系统 CAN 总线的电信号是不同的。

2. CAN 总线的传输介质

CAN 总线都采用双绞线作为传输介质，但不同 CAN 网络下使用的双绞线颜色是不同的。CAN 总线的基色为橙色，在基色的基础可加上各种相应颜色，如动力系统 CAN 总线的 CAN-H 线是橙/黑色，舒适系统 CAN 总线 CAN-H 线是橙/绿色，信息系统 CAN 总线 CAN-H 线是橙/紫罗兰色，诊断系统 CAN 总线 CAN-H 线是橙/红色，仪表系统 CAN 总线 CAN-H 线是橙/蓝色；所有的 CAN-L 线都是橙/棕色。LIN 总线是紫/蓝色。

对于设备配置相对比较低端的车型，舒适系统 CAN 总线和动力系统 CAN 总线连接的控制单元相对较少，CAN 双绞线一般采用铰接式连接，即所有相同系统的 CAN-H 线集中铰接为一个中心接点，所有相同系统的 CAN-L 线集中铰接为一个中心接点，即节点，CAN 总线的连接节点如图 1-2-10 所示。

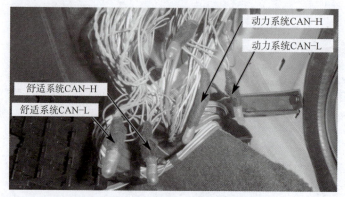

图 1-2-10　CAN 总线的连接节点

3. CAN 数据总线上的终端电阻

数据传输终端是一个终端电阻，作用是防止数据在导线终端产生反射波（反射波会破坏数据）。在动力系统中，数据传输终端接在 CAN-H 和 CAN-L 之间。标准 CAN 总线的两端一般接有两个终端电阻。大众车型将负载电阻分布在各个控制单元内，其中在发动机控制单元中装有中央终端电阻，其他控制单元安装大电阻。

在动系统中，CAN-H 线和 CAN-L 线之间的总电阻为 50～70 Ω。断开点火开关（断开15 号线），可以测量 CAN-H 线和 CAN-L 之间的电阻。舒适系统 CAN 总线和信息系统 CAN总线的特点是，控制单元的负载电阻不是在 CAN-H 和 CAN-L 线之间，而是在导线与搭铁之间。当电源电压断开时，CAN-L 线（舒适系统和信息系统）上的电阻也断开，因此不能测量电阻。大众车型中设置有两种终端电阻，即 66 Ω 和 2.6 kΩ。

三、迈腾车总线波形的检测

在迈腾车辆总线网络系统中包括动力系统 CAN 总线、舒适系统 CAN 总线、信息系统CAN 总线、诊断系统 CAN 总线和扩展 CAN 总线等几个网络。

（一）迈腾动力系统 CAN 总线波形及故障类型分析

1. 动力系统 CAN 总线正常波形

动力系统 CAN 总线正常波形如图 1-2-11 所示。CAN-H 高电平为 3.5 V，CAN-H 低电平为 2.5 V；CAN-L 高电平为 2.5 V，CAN-L 低电平为 1.5 V。

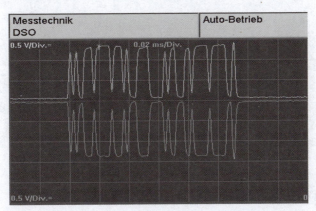

图 1-2-11　动力系统 CAN 总线正常波形

2. 动力系统 CAN 总线 CAN-H 断路故障波形

图 1-2-12 所示为动力系统 CAN 总线 CAN-H 断路故障波形分析过程：动力系统 CAN总线的 CAN-H 断路，但 CAN-H 和 CAN-L 相互绞在一起，相互感应产生叠加波形，比正常波形要高。所以在某动力控制单元中 CAN-H 断路时，会导致动力系统 CAN 总线波形中正常波形与不正常波形同时存在。

3. 动力系统 CAN 总线 CAN-L 断路故障波形

图 1-2-13 所示为动力系统 CAN 总线 CAN-L 断路故障波形分析过程：动力系统 CAN 总线的 CAN-L 断路，但 CAN-H 和 CAN-L 相互绞在一起，相互感应产生叠加波形，比正常波形要高。所以在某动力控制单元中 CAN-L 断路时，会导致动力系统 CAN 总线波形中正常波

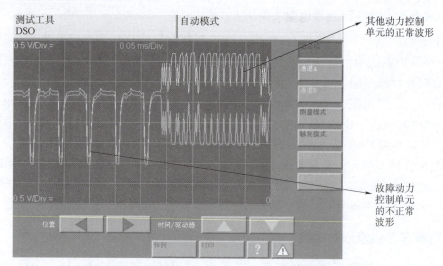

图 1-2-12　动力系统 CAN 总线 CAN-H 断路故障波形

形与不正常波形同时存在。

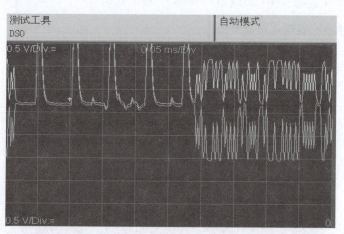

图 1-2-13　动力系统 CAN 总线 CAN-L 断路故障波形

4. 动力系统 CAN 总线 CAN-L 带电阻对地短路故障波形

图 1-2-14 所示为动力系统 CAN 总线 CAN-L 带电阻对地短路故障波形分析过程：动力系统 CAN 总线的 CAN-L 带电阻对地短路，但 CAN-H 和 CAN-L 相互绞在一起，相互感应 CAN-H 的整体电压会有降低，波形趋于正常；CAN-L 的波形幅值变平缓，串联的电阻越大波形越平缓，整体的电压也有所降低。

（二）迈腾舒适系统 CAN 总线波形及故障类型分析

1. 舒适系统 CAN 总线的正常波形

舒适系统 CAN 总线正常波形如图 1-2-15 所示。CAN-H 高电平为 3.6 V，CAN-H 低电平为 0 V；CAN-L 高电平为 5 V，CAN-L 低电平为 1.4 V。

2. 舒适系统 CAN 总线 CAN-H 对地短路故障波形

图 1-2-16 所示为舒适系统 CAN 总线 CAN-H 对地短路故障波形分析过程：舒适系统 CAN

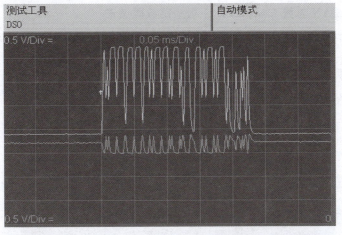

图 1-2-14　动力系统 CAN 总线 CAN-L 带电阻对地短路故障波形

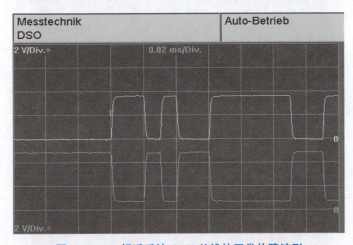

图 1-2-15　舒适系统 CAN 总线的正常故障波形

总线的 CAN-H 对地短路，舒适总线 CAN-H（黄线）为零电压（0 V），所以得出 CAN-H 对地短路。

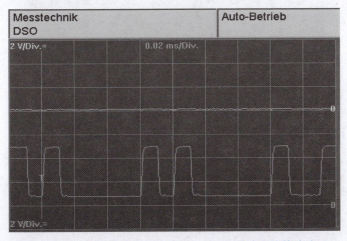

图 1-2-16　舒适系统 CAN 总线 CAN-H 对地短路故障波形

3. 舒适系统 CAN 总线 CAN-H 对正极短路故障波形

图 1-2-17 所示为舒适系统 CAN 总线 CAN-H 对正极短路故障波形分析过程：舒适系统 CAN 总线的 CAN-H 对正极短路，舒适总线CAN-H（黄线）为蓄电池电压（12 V），所以得出 CAN-H 对正极短路。

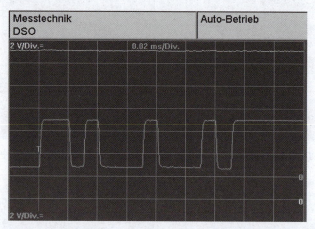

图 1-2-17 舒适系统 CAN 总线 CAN-H 对正极短路故障波形

4. 舒适系统 CAN 总线 CAN-L 对正极短路故障波形

图 1-2-18 所示为舒适系统 CAN 总线 CAN-L 对正极短路故障波形分析过程：舒适系统 CAN 总线的 CAN-L 对正极短路，舒适总线CAN-L（绿线）为蓄电池电压（12 V），所以得出 CAN-L 对正极短路。

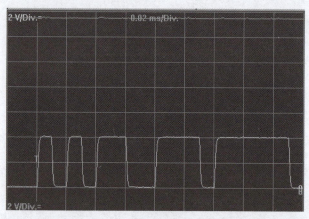

图 1-2-18 舒适系统 CAN 总线 CAN-L 对正极短路故障波形

5. 舒适系统 CAN 总线 CAN-L 对地短路故障波形

图 1-2-19 所示为舒适系统 CAN 总线 CAN-L 对地短路故障波形分析过程：舒适系统 CAN 总线的 CAN-L 对地短路，舒适总线 CAN-L（绿线）为零电压（0 V），所以得出 CAN-L 对地短路。

6. 舒适系统 CAN 总线 CAN-H 带电阻对地短路故障波形

图 1-2-20 所示为舒适系统 CAN 总线 CAN-H 带电阻对地短路故障波形分析过程：舒

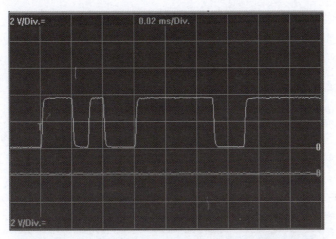

图 1-2-19　舒适系统 CAN 总线 CAN-L 对地短路故障波形

适系统 CAN 总线的 CAN-H 带电阻对地短路，舒适总线CAN-H（黄线）的波形形状正常，但是电压达不到其标准电压值，比标准电压低。这种波形是舒适 CAN-H 带电阻对地短路波形，即电阻越大，波形趋于正常；电阻越小，波形趋于平缓。

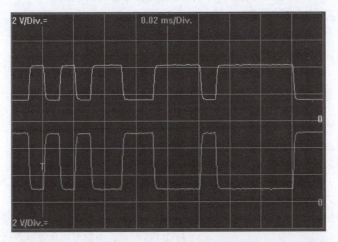

图 1-2-20　舒适系统 CAN 总线 CAN-H 带电阻对地短路故障波形

7. 舒适系统 CAN 总线 CAN-L 带电阻对正极短路故障波形

图 1-2-21 所示为舒适系统 CAN 总线 CAN-L 带电阻对正极短路故障波形分析过程：舒适系统 CAN 总线的 CAN-L 带电阻对地短路，舒适总线CAN-L（绿线）出现端电压（12 V），所以得出舒适 CAN-L 带电阻对正极短路。

任务实施

由教师根据班级情况分组进行任务实施。请各组同学根据本任务学习内容，利用提供的维修资料和检测设备、工具完成以下工作任务，并按要求完成表 1-2-5 所示汽车网络总线检测步骤工作记录表。

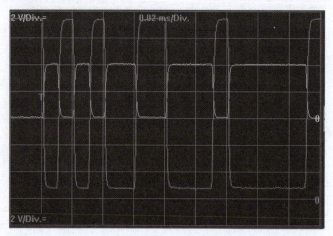

图 1-2-21　舒适系统 CAN 总线 CAN-L 带电阻对正极短路波形

一、操作步骤

表 1-2-5　汽车网络总线检测步骤工作记录表

步骤	工作项目	工作内容
1	准备工作	☐ 正确安装挡块 ☐ 正确安装翼子板布、座套、转向盘套 ☐ 降落驾驶员侧车窗玻璃 ☐ 正确进行蓄电池检查 ☐ 正确进行机油液位检查 ☐ 正确进行冷却液液位检查
2	人员安全	☐ 不要佩戴尖锐饰物 ☐ 要穿安全鞋 ☐ 发动机盖打开后支撑正确 ☐ 测试过程中，不要误操作造成发动机起动 ☐ 测试过程中，不要对线束造成损伤
3	设备的使用	☐ 要正确操作车辆，达到测试条件后才可以进行测试 ☐ 拆装工具、仪器、仪表和测试设备选择要合理 ☐ 要做好工具、仪器、仪表和测试设备准备工作后再进行测试 ☐ 要正确连接仪器、仪表和测试设备到车辆 ☐ 测试设备操作正确，读取测量值要准确 ☐ 每次测试完成后，测试设备要合理归位
4	发动机控制单元总线端子号确认	CAN-H：　　　号端子 CAN-L：　　　号端子
5	发动机控制单元 CAN-H 检测波形	
6	发动机控制单元 CAN-L 检测波形	

步骤	工作项目	工作内容
7	测量波形结果分析	
8	故障产生机理及排除方法	
9	5S 规范	☐ 地面和工作台要干净、整洁 ☐ 工具、设备擦拭干净后回收并摆放整齐 ☐ 起动车辆前要连接尾气排放装置 ☐ 同学之间不要出现肢体碰撞 ☐ 排故时不要出现现场组织混乱的情况

二、检查与评价

(一) 自检

本组学生对任务操作过程中任务执行的操作规范性进行检查，检查操作过程中是否存在问题，分析讨论应如何避免并总结规范的操作方法。

(二) 互检

组与组之间相互进行任务操作过程及结果检查，检查结果以小组汇报形式进行讨论，互评结果可作为教师评价的依据。

(三) 任务评价

任务评价见表 1-2-6。

表 1-2-6　任务评价

评分项目	评分标准	自我评价			教师评价		
		优秀 (25 分)	良好 (15 分)	一般 (10 分)	优秀 (25 分)	良好 (15 分)	一般 (10 分)
知识掌握	1. 能够识别故障波形中异常波形的位置； 2. 能够通过检测波形分清不同的总线类型； 3. 能够正确识读电路图						
实践操作	1. 能够使用示波器对车辆总线进行正确的测量； 2. 能够正确对检测的故障波形进行分析识别，并排除故障； 3. 能够熟练使用各种测量设备						
职业素养	1. 能够查阅维修手册或相关资料准确找到所需信息； 2. 能够与他人交流或分享相关知识内容； 3. 在工作组内服从分配、担当责任并能协同工作						

续表

评分项目	评分标准	自我评价			教师评价		
		优秀 (25分)	良好 (15分)	一般 (10分)	优秀 (25分)	良好 (15分)	一般 (10分)
工作规范	1. 清理及整理工量具、车辆，保持实训场地整洁； 2. 建立安全的操作环境； 3. 废物回收与环保处理； 4. 检查、完善工单						
总评	满分 100 分						

课后测评

一、填空题

1. 车载总线系统主要由控制单元、_____、_____、_____、通信协议、网关等组成。

2. 总线系统网络拓扑一般分为星形网络拓扑、_____、_____。

3. CAN 数据总线主要由控制单元、_____、_____、_____组成。

4. 在 CAN 总线系统结构中，CAN 收发器由_____和_____组成。

5. CAN 数据总线传递数据由开始域、_____、_____、_____、_____、_____、_____ 7 部分组成。

二、判断题

1. 车载网络中信息传输的优先级是以信息发送的先后决定的。　　　　　（　　）

2. 车上的网关可以安装在仪表内、车上供电控制单元内或在自己的网关控制单元内。

　　　　　（　　）

3. 控制单元没有故障记忆功能。　　　　　（　　）

4. CAN 数据总线传递数据中开始域标志着数据列的开始。　　　　　（　　）

5. CAN 数据信息接收过程分为检查信息是否正确和检查信息是否可用两步。（　　）

三、简答题

1. 车载网络系统的作用是什么？有哪些优点？

2. 波特率和比特率有什么区别？

3. 网关的作用是什么？

4. LIN 总线主要有什么特征？

2 项目

汽车空调系统故障诊断与检修

项目导入

王先生驾驶一辆迈腾轿车，行驶中出现空调功能故障无法制冷，需要维修人员先利用检测工具对其空调管路压力及制冷剂类型进行检查。结合该车型的汽车空调电路图，再利用检测工具对自动空调系统故障进行排除，并按要求记录所测量的数据和分析过程。

学习目标

【知识目标】

1. 能够说明汽车空调的基本组成、功能和特点；
2. 能够讲解汽车空调的组成；
3. 能够用相关热力学知识解释汽车空调基本工作原理；
4. 能够正确选用并正确使用制冷剂和冷冻机油；
5. 能够正确认识汽车空调的主要零部件并能在汽车上指认空调主要部件的位置；
6. 能够阐述汽车空调制冷系统的组成及制冷循环工作原理；
7. 能够阐述汽车空调压缩机的类型，以及不同类型空调压缩机的结构、特征、作用与工作过程；
8. 能够阐述汽车空调制冷系统其他部件的结构与工作过程；
9. 能够正确分析和判断汽车空调制冷系统各部件的工作状态。

【能力目标】

1. 能够正确使用和维护汽车空调；
2. 能够正确认识并使用汽车空调维修常用工具及设备；
3. 能够正确完成汽车空调制冷系统维护作业；

4. 能够正确完成汽车空调制冷剂的回收与回注工作；

5. 能够根据空调制冷系统的故障现象判断汽车空调制冷系统的故障原因，并能进行维修工作。

【素质目标】

1. 养成学生良好的职业道德与安全、环保意识；

2. 养成学生良好的标准化、规范化和科学化等职业素养，包括严格遵守 6S 管理、相关工艺规程和检验标准；

3. 养成学生严谨认真的工作态度、精益求精的工匠精神；

4. 养成学生的安全意识和吃苦耐劳的精神。

项目实施

任务1　汽车空调制冷剂的回收与加注

🌀 任务描述

夏天到了，天气炎热，客户发现打开空调后车内有异味，并且空调制冷效果不理想，现送修，希望对车辆空调系统进行保养，同时检查汽车空调系统工作效率是否正常。

🌀 任务解析

该任务主要考查学生是否会利用检测设备对空调系统性能进行检测，利用制冷剂充注回收一体机对空调系统制冷剂进行重新添加。学生需要先利用维修手册和电路图在汽车上确认空调制冷系统位置，进行检测与制冷剂充注工作，并完成任务实施表。教师在实施过程中要注重养成学生的标准化操作意识、安全意识和环保意识。

🌀 知识链接

一、汽车空调的基本组成及其功能

汽车安装空调系统的目的是调节车内空气的温度、湿度，改善车内空气的流动情况，并提高空气的清洁度。完善的汽车空调系统一般由制冷系统、采暖系统、通风系统、电气控制系统四大部分组成，严格来说，还应包括空气净化系统。高级轿车装备包括炭罐、空气滤清器和静电除尘式净化器等一套较完整的空气净化系统，而在普通型轿车中，空气净化的任务则由蒸发器直接完成。

（一）制冷系统

制冷系统由压缩机、冷凝器、储液干燥器、膨胀阀、蒸发器、冷凝器散热风扇和鼓风机等组成，如图 2-1-1 所示。

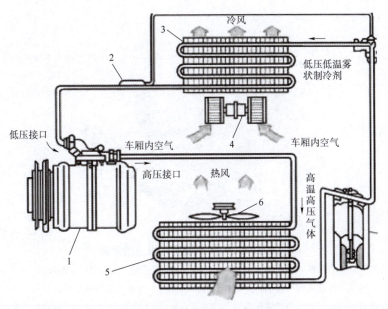

图 2-1-1 汽车空调制冷系统

1—压缩机；2—感温包；3—蒸发器；4—鼓风机；5—冷凝器；6—冷凝器散热风扇

（二）暖风系统

暖风系统由加热器、节温器、热敏开关、水管等组成，如图 2-1-2 所示。

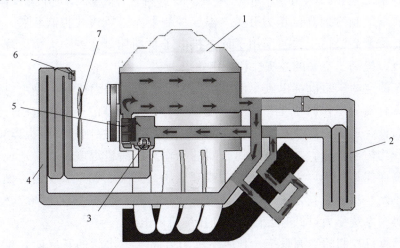

图 2-1-2 水暖式暖风系统

1—发动机；2—加热器；3—水阀；4—节温器；5—水泵；6—热敏开关；7—冷却风扇

（三）通风系统

通风系统由进气模式风门、鼓风机、混合气模式风门、气流模式风门和导风管等组成。汽车室内或室外未经调节的空气，经鼓风机作用送至蒸发器或加热器，此时已被调节成冷空气或暖空气的空气流，根据风门模式伺服电动机的开启角度而流向相应的出风口，如图 2-1-3 所示。

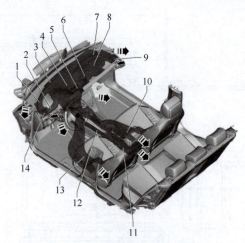

图 2-1-3　通风系统空气通道示意图

1—左侧侧面出风口和侧窗玻璃出风口空气通道；2—驾驶员侧脚部空间出风口；3—风窗玻璃空气分配口；
4—间接通风空气通道；5—中部出风口；6—副驾驶员侧脚部空间出风口；
7—右侧侧面出风口和侧窗玻璃出风口空气通道；8—暖风装置和空调；9—右侧侧面出风口；
10—右侧乘员侧脚部空间出风口空气通道；11—后排座椅出风口后部空气通道；
12—后排座椅出风口前部空气通道；13—左侧乘员侧脚部空间出风口空气通道；14—左侧侧面出风口

（四）电气控制系统

电气控制系统包括点火开关、A/C 开关、电磁离合器、鼓风机开关及调速电阻器、各种温度传感器、制冷剂高低压力开关、温度控制器、送风模式控制装置、各种继电器等。近年来，许多高级轿车普遍采用了计算机电子自动控制系统，大幅度降低了人工调节的复杂程度，提高了空调的经济性和工作效果。

目前轿车的空调压缩机都以汽车发动机作为动力源，压缩机的启停由电磁离合器控制，而电磁离合器的工作时机是由各种温度、压力、转速等信号来决定的。为避免蒸发器表面温度过低，造成表面结霜，影响制冷效果，设有温度控制器（恒温器），即将蒸发器表面温度作为控制信号，控制电磁离合器的动作。压缩机温度过高会造成高压部分因压力异常升高而损坏，所以设有过热开关或高压压力开关。如果系统制冷剂不足，则润滑油也可能不足，压缩机在这种干摩擦情况下运转，容易损坏，因此系统必须设有低压压力开关，其在系统压力过低时会自动切断压缩机的电源。

对于由计算机控制的空调系统，其压缩机的启停（或水阀的开启度）可使空调系统处于最经济状态和所要求的各种冷暖状态。

为了解决汽车怠速、加速等运行工况时的动力匹配及散热器冷却问题，以往常常采用中止压缩机运行的方法，近年来比较多地采用提高怠速转速的方法。

（五）空气净化装置

空气净化装置用于去除车内空气中的尘埃、异味，使车内空气变得清洁，目前一般用于中高级轿车上。

二、汽车空调制冷的相关物理概念

(一)温度

温度是表示物体冷热程度的物理量。温度的标定方法有许多种，其中最常见的有以下三种。

1. 摄氏温标

摄氏温标以符号 t 表示，单位为 ℃。摄氏温标是取在标准大气压力下（760 mmHg，即 1.013 25×10⁵ Pa，$1\ Pa = 1\ N/m^2$），冰的熔点为 0 ℃，水的沸点为 100 ℃，把这两定点之间分成 100 等份，每一等份间隔为 1 ℃。

2. 华氏温标

华氏温标的单位为 ℉。它是取在标准大气压力下，冰的熔点为 32 ℉，水的沸点为 212 ℉，两定点之间分成 180 等份，每一等份间隔为 1 ℉。

3. 热力学温标

热力学温标也称绝对温标或开氏温标，以符号 T 表示，单位为 K，绝对零度为 -273.15 ℃。绝对温标的分度间隔与摄氏温标相同，即摄氏温差 1 ℃ 就是绝对温差 1 K。绝对零度是低温的极限，能够无限接近，但不可能达到。

摄氏温标、华氏温标、热力学温标之间的关系为

$$摄氏温标 = (华氏温标 - 32)/1.8$$
$$华氏温标 = 1.8 × 摄氏温标 + 32$$
$$绝对温标 = 摄氏温标 + 273.15$$

用以测量温度的仪表称为温度计。测试汽车空调的温度计有玻璃棒温度计、半导体点温计和热电偶温度计。

(二)压力与真空度

1. 压力单位

压力是指单位面积上所承受的均匀分布且垂直于该表面的力，在工程上又称压强。压力的法定计量单位是帕斯卡，单位符号为 Pa，物理意义是 1 m² 的面积上作用有 1 N 的力。由于此单位较小，故常用的单位是 kPa 和 MPa。

$$1\ MPa = 1\ 000\ Pa = 10^6\ Pa$$

在实际使用中还有几个常用的压强单位，如工程大气压（kgf/cm^2）、毫米汞柱（mmHg）、标准大气压（atm）及磅/平方英寸（psi）等，它们之间的换算关系见表 2-1-1。

表 2-1-1 几个常用压强单位之间的换算关系

单位	kPa	kgf/cm^2	mmHg	Psi	atm
kPa	1	0.102	7.50	0.145	$9.87×10^{-3}$
kgf/cm^2	9.81	1	$1.36×10^2$	14.2	0.98
mmHg	0.133	$1.36×10^{-3}$	1	$1.93×10^{-2}$	$1.32×10^{-3}$
psi	6.89	$7.03×10^{-2}$	51.72	1	$6.80×10^{-2}$
atm	101.325	1.03	760	15.97	1

2. 标准大气压

把在地球纬度 45°、温度为 0 ℃时，大气对海平面的压力称为标准大气压（atm），它相当于 101.325 kPa。

3. 真空与真空度

真空是指将低于标准大气压的气体状态与标准大气压下的气体状态相比较，单位体积中气体的分子数目减少了的一种现象，因此是一个相对概念。绝对真空是不存在的。

真空度用来表示实现真空的程度。由于真空程度越高，意味着单位体积中气体分子数减少得越多，也就是说压强随之减小得也越多，所以真空度是以气体压强大小来表示的，压强越低，表示真空度越高；反之，压强越高，表示真空度越低。若以汞柱高度来表示，则当压强高到 760 mmHg 时，则意味着真空"消失"了，若压强继续升高，即超过了标准大气压，则用"正压"来表示；相反，低于标准大气压，即真空状态的压强，则以"负压"来表示。

4. 绝对压力与表压力

实际运用中，压力的表示方法有三种，分别是绝对压力、表压力和真空度。

绝对压力表示作用于单位面积上压力的绝对值，指完全真空状态下测出的压力。

表压力是指通过压力表上指示读出的压力值，称为表压力值。它是将标准大气压作为零值，在此基础上进行压力计量的结果。表压力通常在观察系统运行状况时使用。

$$绝对压力 = 表压力 + 1 \text{ 个标准大气压}$$
$$真空度 = 1 \text{ 个标准大气压} - 绝对压力$$

为了与绝对压力相区别，常在表压力的具体数字后面加一个（G）字，如 10 kPa（G），真空度表示比标准大气压低多少的具体数量。

绝对压力、标准大气压力、表压力及真空度之间的关系如图 2-1-4 所示。

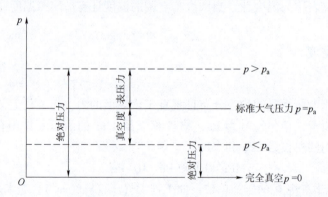

图 2-1-4　绝对压力、标准大气压力、表压力及真空度之间的关系

（三）汽化与凝结

液体转变为气体的过程称为汽化。单位质量的液体转变为气体需要的热量（单位为 J 或 kJ）称为这种物质的汽化热，不同的物质有不同的汽化热。

物质的汽化过程有两种，一种是蒸发，一种是沸腾。虽然这两种情况都是物质由液态变成气态的过程，但是两者的区别是明显的。一般来说，蒸发在任何压力、温度情况下都随时在进行着，而且只是局限在表面的液体转变为蒸汽。例如，把水洒在地面上，不久地面又会慢慢恢复干燥。而沸腾是在一定压力下只有达到与此压力相对应的一定温度时才能进行，而且在液体内部产生大量的蒸汽。例如，水烧开时水面在不断地翻滚，并且在水中产生大量的蒸汽泡。

凝结是汽化的相反过程，即当蒸汽在一定的压力下冷却到一定温度时，它就会由气态转变为液态。沸腾与凝结如图 2-1-5 所示。

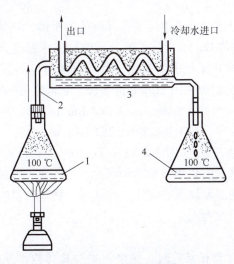

图 2-1-5　沸腾与凝结
1—水；2—饱和蒸气；3—冷凝器；4—冷凝水

汽车空调器中的制冷剂与水相同，也具有上述性质。在蒸发器中制冷剂不断吸收车厢内的热量而使液体变成蒸气，这时在蒸发器中所进行的是沸腾过程而不是蒸发过程，即当蒸发压力（即蒸发器内压力）一定时，制冷剂液体将在与该蒸发压力相对应的饱和温度下进行吸热后沸腾。

在汽车空调器中，制冷剂在冷凝器中的变化需经历一个凝结过程，即从压缩机排出的制冷剂蒸气进入冷凝器后被空气所冷却，并凝结成液体。在整个凝结过程中，尽管蒸气仍继续不断地被冷却，但温度始终维持不变（因为冷凝器内压力没有改变）。

（四）饱和温度和饱和压力

如果对制冷剂加热，则其中的一部分液体就会变成蒸气；反之，如果从制冷剂中取出热量，则其中的一部分蒸气又会变成液体（温度不改变）。在这种制冷剂液体和蒸气处于共存的状态时，液体和蒸气是可以彼此相互转换的。处于这种状态的制冷剂蒸气称为饱和蒸气，这种状态下的制冷剂液体称为饱和液体。在汽化过程中，由饱和液体和饱和蒸气组成的混合物称为湿饱和蒸气，简称湿蒸气。饱和蒸气的温度称为饱和温度，饱和蒸气的压力称为饱和压力。通常所说的沸点都是指液体在一个大气压下的饱和温度。不同液体在一个标准大气压下的正常沸点见表 2-1-2。

表 2-1-2　不同液体在一个标准大气压下的正常沸点

液体名称	沸点	液体名称	沸点/℃
水	100	R134a	-26.15
酒精	78	R142b	-9.25
氨	-33.34	R123	27.65

制冷剂的主要特征之一是沸点低，这样才能利用制冷剂液体在低温下汽化吸热来达到低温状态，同是还要求制冷剂在规定工作温度范围内，其饱和压力不要过高或过低。

（五）热量与热容

1. 热量

热是物质的一种能量形式，分子热运动所具有的能量即为热量。热量的工程制单位采用 kcal（英制单位采用英热单位 Btu）。1 kcal 热量是指 1 kg 水温度升高 1 ℃ 所需的热量。1 Btu 是指 1 lb（磅）水温度升高 1 °F 所需的热量。制冷量的单位一般采用 W 或者 kW（英制单位采用 Btu/h），在工程单位制中采用 kcal/h 为单位。它们之间的相互关系为

$$1 \text{ kcal/h} = 3.968 \text{ Btu/h}$$

$$1 \text{ Btu/h} = 0.252 \text{ kcal/h}$$

$$1 \text{ kW} = 860 \text{ kcal/h}$$

热的传递有热传导、热对流和热辐射三种形式。热传递，即温度不同的物体接触时，热量从温度较高的物体传递到温度较低的物体，或从同一物体内温度较高的部分传递到温度较低的部分，直到温度趋于一致为止。

1）热传导

当物体（固体）两点之间有温差时，热量将通过物体内部从高温点向低温点移动，这种现象就是热传导。一般来说，金属是热的良导体。一些非金属，如木材、石棉等物质导热能力极差，称为绝热材料。

2）热对流

气体和液体依其本身的流动使热量转移，这种热的传递方式称为热的对流。冷凝器就是利用空气对流进行冷却的。

3）热辐射

热辐射是指发热源直接向其周围的空间散发热量，通过辐射波将热量传递给其他物体的过程。热辐射和电波的传播类似，其特点是热量由热源表面以光（电磁波）的形式连续发射，以光速传播，可以不依靠其他物质。

2. 热容

把单位质量物质的温度升高 1 K 所需要的热量称为热容。热容大的物体有不易加热和不易冷却的性质。热容的单位为 J/K。

（六）显热与潜热

显热是指任何物质在吸热或放热过程中，只发生温度升高或降低的变化而形态不发生变化的这部分热量。潜热是指当单位质量的物质在吸热过程中，只是发生了形态变化，如液体变成气体，而温度不发生变化的这部分热量。由液体变成气体的潜热又称蒸发潜热，制冷循环中主要是利用制冷剂的蒸发潜热而实现制冷的。

以水的三态变化为例进行说明，冰加热后融化成水（固体→液体）；水加热，温度上升到 100 ℃ 时开始沸腾汽化（液体→气体），这时即使继续加热，温度也不再升高。在水未达到 100 ℃ 之前，所加的热能使温度上升，这种热能感觉出来，称为显热，能用温度计测出；达到 100 ℃ 以后，继续加的热用于使液体变成气体发生状态变化，这种热称为潜热，是不能用温度计测出的。潜热按物体状态变化不同，可分为以下几种：

（1）液化潜热：从气体变成液体时放出的热称为液化潜热。

（2）凝固潜热：从液体变成固体时放出的热称为凝固潜热。

（3）溶解潜热：从固体变成液体时吸收的热称为溶解潜热。

（4）蒸发潜热：从液体变成气体时吸收的热称为蒸发潜热。

（5）升华潜热：从固体变成气体时吸收的热称为升华潜热。

（七）节流

在流体通路中，通道突然缩小，液体压力便下降，如果此时产生气体，则总体积还要增大。这种变化只是状态的变化，与外界没有热和功的交换，因此流体的热量不变，这种状态变化称为节流，如图 2-1-6 所示。

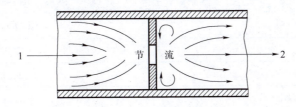

图 2-1-6　节流示意图
1—液体；2—气体

在空调制冷系统中，制冷剂在膨胀阀中的状态变化过程就是节流过程。制冷剂被膨胀阀节流后，如果压力下降到比饱和压力还低，部分液体将变成饱和蒸气，体积急剧增大。这时的蒸发潜热是由液体本身供给的，所以液体温度下降较大。

在汽车空调的应用中，由于蒸发压力越小，蒸发温度也就越低，所以需要把从冷凝器中流出来的中温高压液态制冷剂减压后送入蒸发箱，获得所需的蒸发温度。这个减压过程就是通过节流来实现的。所谓节流，就是一定压力的液体在管道内流动时，管道的某处内径突然明显变小，流体通过后，出现压力减小的现象。

（八）制冷能力与制冷负荷

1. 制冷能力

制冷机就是把热量不断地从低温物体转移给高温物体的装置。其制冷能力的大小是以单位时间内所能转移的热量来表示的，单位为 J/h。

2. 制冷负荷

为了把汽车内部的温度和湿度保持在一定的范围内，必须将来自车外太阳的辐射热和车内人体散发的热量排除到大气中去，这两种热量的总和称为制冷负荷。

由于汽车制冷负荷受到车身形状及外界大气温度、湿度、车速等客观条件和乘员数量的影响，故汽车空调系统的制冷负荷较大。

三、空调制冷剂与冷冻机油

（一）制冷剂

1. 制冷剂定义

在制冷系统中用于转换热量并循环流动的物质称为制冷剂。目前汽车空调系统中使用的制冷剂多为 R134a 制冷剂，其中字母"R"是 Refrigerant（制冷剂）的简称。世界各国都统一使用美国制冷工程师协会（ASRE）编制的制冷剂代号系统。制冷剂的种类很多，十分庞杂，简而言之，只要是能进行气液两相转换的物质，均可作为蒸发制冷系统的制冷剂，例如水（R718）、空气（R729）都算制冷剂。R134a 就是制冷剂标准代号系统中的制冷剂。

2. R134a 制冷剂的特性

R134a 制冷剂的分子式为 CH_2FXF_3，是卤代烃类制冷剂中的一种，其物理性质列于表 2-1-3 中。罐装 R134a 制冷剂的外形如图 2-1-7 所示。

表 2-1-3　R134a 制冷剂的物理性质

项目	R134a
分子式	CH_2FXF_3
相对分子质量	102.03
沸点/℃	−26.1
临界温度/℃	101.1
临界压力/MPa	4.065
饱和液体密度/$(kg \cdot m^{-2})$	1 206
0 ℃时的饱和蒸气压/kPa	293.14
0 ℃时的蒸发潜热/$(kJ \cdot kg^{-1})$	197.89
60 ℃时的饱和蒸气压/kPa	1 680.47
臭氧破坏潜能值（ODP 值）	0
全球变暖潜能值（CWP 值）	1 300
与矿物冷冻机油的融合性	不溶

图 2-1-7　罐装 R134a 制冷剂外形

R134a 制冷剂的主要特性如下：

1）热物理性

热物理性与 R12 制冷剂相近。R134a 制冷剂的热力学性能，包括相对分子质量、沸点、临界参数、饱和蒸气压和汽化热等，均与 R12 制冷剂相近，无色、无臭、不燃烧、不爆炸，基本无毒性。

2）热传导性

传热性能较好。R134a 制冷剂的传热性能优于 R12 制冷剂，当冷凝温度为 40~60 ℃、质量流量为 45~200 kg/s 时，R134a 制冷剂的蒸发和冷凝传热系数比 R12 制冷剂高 25% 以上。因此，在换热器表面积不变的条件下，可减小传热温差，降低传热损失；当制冷量或放热量相等时，可减小换热器的表面积。

3）与冷冻机油相容性

当用 R134a 制冷剂替代 R12 制冷剂后，原有的压缩机润滑油（简称压缩机油）必须更换，这是因为 R134a 制冷剂本身与矿物油是非相容的，故必须使用合成润滑油，如 PAG（聚醚类）润滑油等，否则系统将会被损坏。

4）分子大小

R134a 分子直径比 R12 制冷剂略小，易通过橡胶向外泄漏，也较易被分子筛吸收。

3. 使用制冷剂的注意事项

汽车空调制冷剂虽属于安全无毒的制冷剂，但在操作和使用时切不可粗心大意，必须注意下列事项：

1）检验罐装瓶

装制冷剂的钢瓶必须经过检验，以确保能承受规定的压力。装制冷剂的钢瓶应存放在阴凉、干燥、通风的库房中，防止受潮而腐蚀钢瓶，在运输过程中要严防振动和撞击。

2）储存环境

装有制冷剂的钢瓶不得受到太阳的直射，不得撞击。在充灌制冷剂时，对于装制冷剂的容器应在 40 ℃ 以下的温水中进行加热，切不可将其直接放在火上烘烤，否则将引起内储的制冷剂压力增大，导致容器发生爆炸。

3）避免接触皮肤

因制冷剂在大气环境下会急剧蒸发，故当其液体落到皮肤上时，会从皮肤上大量吸热而汽化，造成局部冻伤。尤其危险的是，当其进入眼球时，会冻结眼球中的水分，有可能造成失明。因此，在处理制冷剂时，应戴上眼镜和防护手套。若制冷剂触及眼睛，应尽快用冷水冲洗，不要用手或手帕揉眼，若有痛感，可用稀硼酸溶液或质量分数在 2% 以下的食盐水冲洗；若触及皮肤，应立即用大量清水冲洗，并涂敷凡士林，触及面积大时应立即到医院治疗。

4）要避开明火

制冷剂不会燃烧和爆炸，但与明火接触时会分解出对人体有害的气体（光气），所以卤素检漏灯的使用只能在已经过其他方法检漏后的最终阶段进行，这样比较安全。

5）注意通风良好

当制冷剂排到大气中超过一定量时，会使大气中的氧气浓度下降而使人窒息。因此，在检查和添加制冷剂或打开制冷系统管路时，要在通风良好的地方进行操作。

6）开罐后注意事项

当钢瓶中的制冷剂用完时，应立即关闭控制阀，以免漏入空气和水分。水能与系统中的酸、氧化物和其他杂质反应，形成金属盐，随着制冷剂和润滑油一起循环，加大运动机件的磨损并降低电器的绝缘性能。此外，水还能使冷冻机油老化。

4. 新型制冷剂

目前，汽车行业中普遍采用的制冷剂是 R134a，而它的全球变暖潜能值（GWP）高达 1 300，所以汽车空调中环保型制冷剂的研究正在紧张进行中。目前，世界各国和各地区对制冷剂的替代要求是不一样的。例如德国的 Bock Kaltemaschine 公司多年来一直在研制开发二氧化碳压缩机，并在 Mercedez-Benz 公共汽车上成功地应用了两台 Bock 压缩机。在日本，R410 成为主流制冷剂，包含 R410a 和 R407c 两种类型。在美国，R22 仍占主导地位。目前，美国的空调设备中，只有约 10% 使用了新型制冷剂 R410a。在欧洲，欧盟对 R134a 制冷剂的应用做出限定：从 2008 年开始，汽车空调系统中使用制冷剂的 GWP 最高不得超过 150，否则汽车不得销售使用。此外，规定中还制定了 R134a 的淘汰期限。目前，世界范围内的替代制冷剂方案有 CO_2、R1234yf、R152a 等。

（二）冷冻机油

1. 冷冻机油的作用

制冷机使用的润滑油称为冷冻机油，又称冷冻油，具有润滑、密封、冷却、降低压缩机噪声等作用。具体如下：

1）润滑作用

压缩机是高速运动的机器，轴承、活塞、活塞环、曲轴、连杆等机件表面需要润滑，以减少阻力和磨损、延长使用寿命、降低功耗、提高制冷系数、降低机械振动、减小压缩机噪声。

2）密封作用

汽车使用的压缩机传动轴需要用油封来密封，防止制冷剂泄漏。同时，活塞环上的润滑油不仅起减摩作用，而且起密封压缩机蒸气的作用。

注意：有润滑油，油封才起密封作用。

3）冷却作用

运动的摩擦表面会产生高温，需要用冷冻机油来冷却。冷冻机油冷却不足，会导致压缩机过热、排气压力过高、制冷系数降低，甚至烧坏压缩机。

2. 对冷冻机油的性能要求

冷冻机油在空调制冷系统中完全溶于制冷剂中，并随制冷剂一起在制冷系统中循环。因此，冷冻机油的温度有时会超过 120 ℃，而制冷剂的蒸发温度为−30～10 ℃，使冷冻机油工作在高温与低温交替的条件下。在选择冷冻机油时，必须注意空调压缩机内部冷冻机油所处的状态，如排气温度、排气压力和吸气温度等。

3. 与 R134a 匹配的冷却机油

冷冻机油（即压缩机油）在不同的空调系统中不能混用，目前 R134a 空调系统中使用的是代号为 PAG 及 ESTER 的冷冻机油。

4. 冷冻机油的使用注意事项

（1）必须严格使用原车空调压缩机所规定的冷冻机油，或换用具有同等性能的冷冻机油，不得使用其他机油代替，否则会损坏压缩机。

（2）冷冻机油吸收潮气的能力极强，在加注或更换冷冻机油时，操作必须迅速。当没有准备好，不能立刻加油时，不得打开油罐，在加注完后应立即将油罐的盖子封紧，不得有渗透现象。

（3）不能使用变质的冷冻机油。冷冻机油变质的原因是多方面的，归纳起来有以下几种：

①混入水分，并在氧气的作用下生成一种油酸性质的酸性物质，腐蚀金属零部件。这种油酸物质是絮状物质。

②高温氧化，当压缩温度过高时，油被氧化分解而炭化变黑。

③不同牌号的冷冻机油混合使用时，由于所加的氧化剂不同而产生化学反应，引起变质，破坏了各牌号冷冻机油的性能。

（4）冷冻机油是不制冷的，且会影响热交换器的换热效果，所以只允许加到规定的用量，绝不允许过量使用，以免降低制冷量。

（5）在排放制冷剂时要缓慢进行，以免冷冻机油和制冷剂一起喷出。

四、维修检测制冷系统的专用工具

（一）温度计

温度计是用于测量温度的仪器，主要有玻璃液体式温度计和压力式温度计两种，如图 2-1-8 所示。温度计主要用于检测空调热交换器进、出风口温差和车厢内的温度，在用于检查空调出风口的温度时（见图 2-1-9），将探头置于待测温处，就会在显示屏上以数字形式显示被测温度。在检查空调出风口温度时，除温度计外，还要同时使用湿度计，因为空调的性能与湿度有关。目前已有温度计配有双重 K 型热电偶探头，可同时测量并显示环境温度和空调系统出风口温度，即时显示温差。

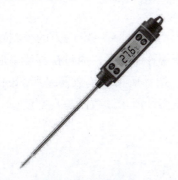

图 2-1-8　温度计

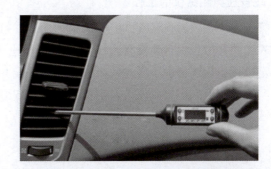

图 2-1-9　用温度计测量出风口温度

（二）风速计

风速计可以用于测量空调出风口的风速，从而为判断空调通风管道是否有堵塞、鼓风机工作是否正常等提供参考依据。风速计外观如图 2-1-10 所示。

（三）空调歧管压力测试仪

歧管压力测试仪也称歧管压力表，如图 2-1-11 所示，是维修汽车空调制冷系统必不可少的工具，它与制冷系统相接可以进行释放制冷剂、抽真空、加注制冷剂及诊断制冷系统故障等操作。

图 2-1-10　风速计外观

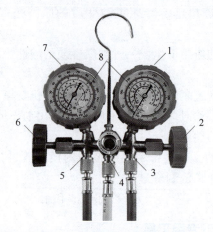

图2-1-11　歧管压力测试仪表头

1—高压表（红）；2—高压手阀（红）；3—高压侧软管（红）；4—维修用软管（黄）；

5—低压侧软管（蓝）；6—低压软管（蓝）；7—低压表（蓝）；8—表盘

1. 歧管压力测试仪的结构

歧管压力测试仪是由两个压力表（低压表和高压表）、两个手动阀（高压手动阀和低压手动阀）、三个软管接头（一个接低压工作阀，一个接高压工作阀，一个接制冷剂罐或真空泵吸入口）组成的，这些部件都装在表座上，形成一个压力计装置。

2. 歧管压力测试仪的工作原理

歧管压力测试仪为弹簧管式，其结构如图2-1-12所示。当具有一定压力的被测物质从接头进入弹簧管时，由于弹簧管内外压力差的作用，弹簧管膨胀变形，通过拉杆使扇形齿轮转过一定角度，从而带动小齿轮和指针也转过一定角度，指针所指的读数便是所测的压力。如果被测物质压力低于大气压力，则弹簧管收缩变形，压力计所示读数便是真空度。

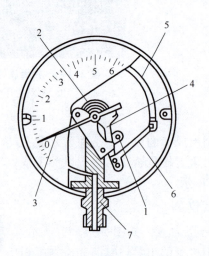

图2-1-12　弹簧管式压力测试仪

1—小齿轮；2—游丝；3—指针；4—扇形齿轮；5—弹簧管；6—拉杆；7—固定块

歧管压力测试仪有两个压力表，一个用于检测制冷系统高压侧的压力，另一个用于检测低压侧的压力。高压侧压力表测量范围从"0"开始，量程不得小于 2.11 MPa。低压侧压力表既能显示低压力，又能显示真空度，其压力从"0"开始，即从一个大气压的绝对压力开始，其正压力的单位为 1 b/in^2=6.895 kPa；从"0"值下降的真空度的单位为 inHg，1 inHg=3.378 kPa。由于低压表的"0"刻度上下两端的单位不相同，故读低压表时一定要加以注意。

两个压力表都装在阀体上，阀体的两端各有一个手动阀，下部有三个通路接口，通过两个手动阀和三根软管组合作用，可使歧管压力测试仪具有不同功能。

3. 歧管压力测试仪的功能

（1）检测制冷系统的高压端压力，如图 2-1-13（a）所示。当高压手动阀和低压手动阀同时关闭时，可对高压侧和低压侧进行压力检查。

（2）对制冷系统抽真空，如图 2-1-13（b）所示。当高压手动阀和低压手动阀同时全开时，全部管路接通，在中间接头接上真空泵，便可对系统进行抽真空。

（3）充注制冷剂或冷冻机油，如图 2-1-13（c）所示。将高压手动阀关闭、低压手动阀打开，并将中间接头接到制冷剂钢瓶上或冷冻机油瓶上，则可向系统充注制冷剂或冷冻机油。

（4）制冷系统放空或排出制冷剂，如图 2-1-13（d）所示。将低压手动阀关闭、高压手动阀打开，则可使系统向外放空，排出制冷剂。

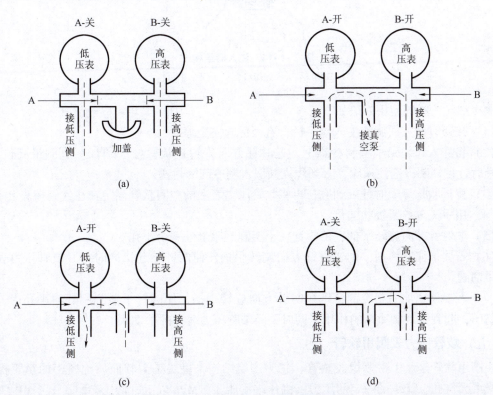

图 2-1-13 歧管压力测试仪的功能

（a）检测高压端压力；（b）抽真空；（c）充注制冷剂或冷冻机油；（d）放空或排出制冷剂

4. 使用时注意事项

（1）歧管压力测试仪属于精密仪表，必须细心维护，不得损坏，且要保持清洁。

（2）不使用时，要防止水或脏物进入软管。

（3）使用时要把管中的空气排出。

（4）压力表接头与软管连接时，只能用手拧紧，不能用工具拧紧。

（5）不同制冷剂系统不可使用同一个歧管压力表组。此外，不同制冷剂的维修管接头尺寸也不相同，操作时不要混淆。

（四）制冷剂注入阀

为了便于外出维修时携带，市场上有一种小容量罐装制冷剂（一般为 250 g），这种罐装制冷剂需要借助制冷剂注入阀来配套开罐，而且不同制冷剂的注入阀尺寸不相同，注入阀结构如图 2-1-14 所示。

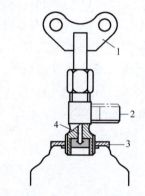

图 2-1-14　注入阀结构

1—蝴蝶阀；2—连接口；3—圆板；4—针

制冷剂注入阀的使用方法如下：

（1）按逆时针方向旋转注入阀手柄，直至针阀完全缩回。

（2）将注入阀装到小型制冷罐上，逆时针方向旋转板状螺母（圆板）直到最高位置，然后顺时针拧动制冷剂注入阀，直到注入阀嵌入制冷剂密封塞。

（3）将板状螺母顺时针旋到底，再将歧管压力表上的中间软管固定在注入阀接头上。

（4）用手充分拧紧板状螺母。

（5）顺时针方向旋转手柄，使阀针在小型制冷罐上开一个小孔。

（6）若要加注制冷剂，则逆时针方向旋转手柄，使阀针抬起，同时打开歧管压力表的相应手动阀。

（7）若要停止加注制冷剂，则顺时针方向旋转手柄，使阀针下落到刚开的小孔内，使小孔封闭，起到密封制冷剂的作用，同时关闭歧管压力表上的手动阀。

（五）歧管压力表阀用软管

表阀用软管是氯丁耐氟橡胶软管，它为多层结构，里层是柔软而质地紧密的氯丁橡胶层，光滑无气孔，能承受一定的压力（高压端耐压 3.5 MPa 以上，低压端耐压 1.6 MPa，破裂压力应高达 13.8 MPa）。

软管长度已标准化，最常用的长度为 0.914 m，其他长度为 0.61 m、1.22 m、1.52 m

等，它的上面有不同的颜色，以防接错。对于 R134a 系统用软管，低压软管用蓝底带黑色条纹，高压软管用红底带黑色条纹，中间软管用黄底或绿底带黑色条纹。

使用软管时应注意以下事项：

（1）与软管接头连接的螺母只能用手拧紧，不能用工具拧紧。

（2）使用时要把管内的空气排尽。

（3）不同制冷剂软管不能混用。

（4）高、低压软管不能混用，低压软管一定不能接入高压系统中。

（六）气门阀

气门阀也可以称为维修接口，安装在汽车空调制冷系统管路中，其外形与动作和轮胎上的气门阀类似，它只有两个功能，即开通和关闭，正常的工作位置是关闭，即保证空调管路的密封。此阀由软管一端接头或特殊软管接头上的销子顶开，只要软管或接头拧在气门阀上，压力表即可显示出系统压力；卸下软管接头时，则自动关闭系统接口。气门阀一般有两个，一个安装在高压管路中，一个安装在低压管路中，而且两个气门阀的接头尺寸不相同，这样有助于防止高、低侧接错。

使用气门阀时要注意以下两点：

（1）安装时，软管一端首先与表阀相连接，然后另一端才能与气门阀相连接。

（2）拆卸时，应先从气门阀上断开软管或接头，然后再从表座上断开另一端，否则会损失制冷剂或引起人身事故。

（七）真空泵

安装、检修空调制冷系统时，会有一定量的空气和水蒸气进入制冷系统中，这会使膨胀阀在制冷系统工作时发生冰堵，导致冷凝器压力升高，系统零部件被腐蚀。因此，对制冷系统完成检修后，在未加入制冷剂之前应对系统抽真空，而抽真空是否彻底将会影响系统的正常运行效果。

真空泵的作用就是对制冷系统抽真空，排除系统内的空气、水分。抽真空并不能把水抽出系统，而是产生真空后降低水的沸点，水在较低压力下沸腾，以蒸汽的形式将水从系统中抽出。汽车空调维修用小型真空泵实物如图 2-1-15 所示。

图 2-1-15　汽车空调维修用小型真空泵实物

（八）检漏设备

拆装或检修汽车空调制冷系统管道，更换零部件之后，需要对制冷系统进行制冷剂的泄漏检查。检查方法通常有以下几种：肥皂液检漏、着色剂检漏、荧光检漏法检漏、电子卤素检漏仪检漏。

1. 肥皂液检漏

肥皂液是修理厂最常用的检漏剂，把肥皂液涂在可能出现泄漏的部位，泄出的气体就会形成气泡。如果泄漏轻微，在泄漏的地方就会产生一个大气泡；如果泄漏严重，就会产生很多气泡，很容易被发现和鉴别。但是，有些不易涂抹或面积太大不能涂抹的部位，如压缩机前端盖、冷凝器处，就不方便用肥皂液检漏法进行检查，同时微小的泄漏也很难查出。因此，肥皂液检漏法只能用于粗检，在检漏过程中还要和其他检漏设备一起使用。

2. 着色剂检漏

用棉球蘸着制冷剂着色剂，这种着色剂与制冷剂接触时会变成红色。这种方法和肥皂液检漏法一样方便准确，但着色剂较贵，修理厂一般很少使用。

3. 荧光检漏法检漏

此种检查方法分为以下两个步骤进行：

（1）将特定的荧光剂加入待检测的系统，并且将空调系统运行片刻，以便荧光剂与系统中原有的载体充分混合并且在系统中充分循环。由于荧光剂具有两个特性，即渗透能力及堆聚性，故它会随原有的载体从系统中渗漏出来并且堆聚在漏点的周围。现阶段销售的大部分汽车在出厂时已经在空调制冷系统的制冷剂内添加了荧光剂。

（2）使用特定波长的紫外灯或紫外蓝光灯对系统外部进行照射，激励荧光剂发出荧光。荧光一般为黄绿色，这是人眼最为敏感的颜色，也可以佩戴配套眼镜进行观察，更为清晰。渗漏越严重，堆积的荧光物质就越多；检漏灯照射越强，则发出的荧光就越明亮。待修复渗漏处后，用专用荧光清洗剂将渗漏处的荧光清洗干净，然后运行系统使检漏剂随之循环，用荧光检漏灯再次检查该处，如果不出现荧光，则表明已修好。

4. 电子卤素检漏仪检漏

电子卤素检漏仪价格较高，灵敏度也较高。电子卤素检漏仪的外形如图 2-1-16 所示。

图 2-1-16　电子卤素检漏仪的外形

各种电子卤素检漏仪的使用方法不完全相同，一般使用方法如下：

（1）将电子检漏仪的电源开关打开。

（2）将开关拨至校验挡，确认指示灯和警铃正常。

（3）调整仪器灵敏度范围。

（4）将探头放至检测部位，如若移动，则以 2 cm/s 的速度沿受测管路或部位移动，如果泄漏量超过灵敏度范围，则警铃会发出声响。

一旦查出泄漏部位，探头应立即离开此部位，以免缩短仪器寿命及影响灵敏度。如果制冷系统的制冷剂大量泄漏或刚经过维修，周围空间有大量制冷气体，则应先吹净周围有制冷剂的空气，然后再进行检查，否则会影响检查的正确性，无法测出泄漏部位。

在使用电子卤素检漏仪时要注意以下事项：

（1）根据制冷系统的制冷剂种类，选择合适类型的电子检漏仪或开关的挡位。

（2）由于制冷剂的密度比空气大，故在电子检漏仪检测时，吸气管口应对准有可能泄漏部位的下方。

（3）探头比较容易损坏，损坏后应及时更换，否则会影响检测精度。

五、汽车空调制冷系统的工作原理

（一）物态变化

自然界中，物质的状态通常可分为固态、液态、气态，这三种状态在一定的条件下可相互转化并同时伴随着热量转移（产生吸热和放热现象），如图 2-1-17 所示。

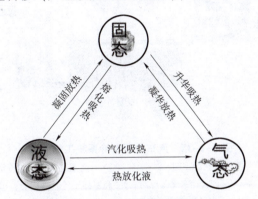

图 2-1-17　物态变化及能量转移

（二）制冷系统的工作原理

蒸气压缩式制冷装置是由压缩机、冷凝器、膨胀阀和蒸发器这四大部件加上一些辅助设备，用管道依次连接组成的。同样，汽车制冷系统也是由制冷四大部件及辅助设备和耐氟软管组成的，制冷剂在封闭的系统中循环流动。下面以图 2-1-18 所示的空调制冷为例说明其基本制冷原理。

1. 压缩过程

压缩机运转时，将蒸发器内产生的低压低温制冷剂气体吸入气缸，经过压缩后，使蒸气的压力和温度增高后排入冷凝器。

在冷凝器中高温高压的制冷剂蒸气与外面的空气进行热交换。

2. 冷凝过程

冷凝过程也是放热过程，在冷凝器中高温高压的制冷剂蒸气与外面的空气进行热交换，放出热量，使制冷剂冷凝成高压液体，然后流入干燥储液器，并过滤流出。根据节流的方式，可将制冷系统分为采用膨胀阀的制冷系统和采用节流膨胀管（简称节流管）的制冷系统。

3. 节流过程

经过膨胀阀的节流作用，制冷剂以低压的气液混合状态进入蒸发器。

4. 蒸发过程

在蒸发器中，低压制冷剂液体沸腾汽化，吸取车厢内空气的热量，然后又进入压缩机进行下一轮循环。这样，制冷剂便在封闭的系统内经过压缩、冷凝、节流和蒸发四个过程，完成了一个制冷循环。

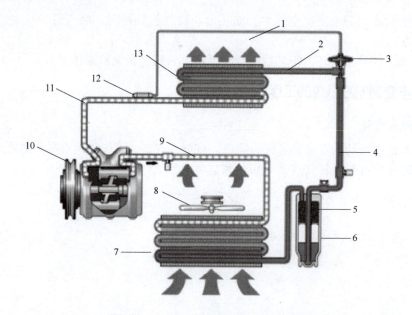

图 2-1-18　汽车空调制冷系统工作原理

1—冷风；2—低温低压雾状制冷剂；3—膨胀阀；4—高温高压液态制冷剂；5—干燥剂；
6—储液罐；7—冷凝器；8—冷却风扇；9—高温高压气态制冷剂；10—压缩机；
11—低温低压气态制冷剂；12—感温包；13—蒸发器

（三）汽车空调制冷系统的分类

1. 按制冷压缩机的驱动方式分类

按制冷压缩机的驱动方式分类，汽车空调装置可分为独立式、非独立式及电力驱动式三种类型。

1）独立式汽车空调装置

独立式汽车空调装置是指制冷压缩机由独立的辅助发动机驱动的汽车空调装置。这种汽车，除具有作为汽车动力源的主发动机之外，还具有驱动压缩机的辅助发动机。

优点：制冷量不受车速快慢的影响，制冷系统的运行工况容易稳定。

缺点：安装位置增大，汽车的质量、成本增加。当主、辅发动机类型分别是柴油机与汽油机时，还要增加辅助发动机的燃料箱，会增加系统维护保养的复杂性与困难性。

应用：这类汽车空调装置适用于大型客车，因为只有大型客车才有足够的空间安装它。其特别适合于经常处于低速运行，甚至经常处于怠速状态的城市公交车。

2）非独立式汽车空调装置

非独立式汽车空调装置是指制冷压缩机由汽车主发动机驱动，中间通过电磁离合器的吸合或脱离来控制压缩机运转的汽车空调装置。

优点：结构简单，降低了设备成本和质量，也减少了空间的占用以及发动机的维修工作量，噪声小。

缺点：汽车空调制冷系统的运行与汽车的运行将会相互影响。一方面，制冷压缩机的转速随发动机转速的提高而提高，压缩机功率消耗也随之增大，如果主发动机的功率不足反而会影响汽车的加速和爬坡能力，也可能导致发动机过热而熄火；另一方面，当汽车低速或怠速运行时，压缩机的转速减慢，制冷系统的制冷量将随压缩机转速的减慢而减少，车室温度就会达不到乘员的舒适度要求。

应用：除大客车外，汽车空调主要采用这种驱动方式。

3）电力驱动式汽车空调装置

电力驱动式汽车空调装置是指制冷压缩机由汽车电动机驱动的汽车空调装置。它一般由主发动机、非独立式空调组件、充电发电机以及将蓄电池提供的 12 V 或 24 V 直流电源进行滤波、整流并转换为 96 V、200 V 或 300 V 三相交流电功能的压缩机电源等部件所构成。

优点：由于用电力驱动，故压缩机可以采用全封闭或半封闭式的结构形式，从而减少整个制冷系统制冷剂的泄漏；压缩机安装位置所受到的限制较小；压缩机的排量可以随着车厢内温度、热负荷等参数的变化，通过相应地调整压缩机转速来控制，排除了车速变化的影响。

缺点：这种汽车空调装置的电气控制系统复杂。

应用：城市电车空调、轨道车空调多采用这种形式的汽车空调装置，还有在停车时空调处于工作状态且可以利用地面电源的雷达指挥车、营房车等特种车辆也都用这种形式的汽车空调装置。

2. 按汽车空调蒸发器布置方式分类

按汽车空调蒸发器布置方式分类，可分为顶置式、后置式、底置式、内置式空调机组等。

1）顶置式空调机组

顾名思义，顶置式空调机组是指蒸发器安装在车外顶部的汽车空调机组，一般这种空调机组的冷凝器也都安装在车外顶部，如图 2-1-19 所示。

图 2-1-19　汽车顶置式空调机组

顶置式空调机组的蒸发器、冷凝器的外壳可以是互相分离的，也可做成一个整体，在内部用隔板将蒸发器和冷凝器隔开。

一般顶置式空调机组常用于大进风和大功率的客车、房车和商用车等车型。

2）后置式汽车空调机组

后置式汽车空调机组的做法是：将车用空调机组除压缩机之外的蒸发器、膨胀阀、冷凝器、风机、干燥过滤器、储液器等全部设计成一个整体，安装在发动机后置的发动机舱上部，这样既不会破坏整车的造型，又便于进行机组的维修与保养。

此类空调与其他型式的空调相比，其压缩机与空调机组的连接管较短，蒸发器与冷凝器又直接连接在一起，接头少，安装简便，冷量损失小。对于车身较高的车辆，此类机组对于乘员数量并无多大影响，可将最后一排座椅的坐垫设置在机组的顶部；但对于车身较低的客车，后排座椅有时需要前移，以避让机组的安装。

此类机组的缺点是对车身后围的骨架设计要求较高。安装时，机组的蒸发器部分与车身间的密闭性要好，否则会吸入发动机舱废气，还可能使蒸发器翅片表面因结满烟尘污垢而无法正常工作。另外，此类空调的新风口也由于结构的原因很难设置，所以一般没有新风口。

3）底置式空调机组

目前市场上使用的底置式空调机组都是独立机组，所以也有的将其称为独立整体式空调机组。其实这类底置式空调机组还可以分为整体式和分体式两种。

底置式空调机组的蒸发器置于汽车中部地板下或后座地板下，通过竖风道将冷风送至车内横风道。这种布置方式制冷管路较短，制冷剂侧压力损失小，但送风管路较长，增加了送风阻力。

4）内置式空调机组

内置式空调机组是指蒸发器布置在车厢内部的机组，有内顶置式、仪表板式和立式等几种，其布置方式与车内座位排列有关。

（1）内顶置式空调机组的蒸发器布置在车内顶棚下，可分为前置、中置、侧置、后置几种，也可分为集中式和分散式两类。集中式是由一个长条形蒸发器配几个离心式风机做成一个整体式箱体结构；分散式则是由几个仪表板式蒸发器组合而成或分散在车顶内各处。

（2）仪表板式空调器的蒸发器布置在汽车仪表板中间或仪表板下方，又可分为整体仪表板式和组合式两类。轿车、卡车和小型面包车基本都采用这种形式。

（3）立式空调器是一种在车厢内前座靠背后面或乘员座位侧面安装直立式结构蒸发器的布置方式。这种布置方式一般只适用于车厢内高度尺寸较低、座位较少、车内布置紧凑的小型厢式车。

3. 按蒸发器的数量分类

按蒸发器的数量分，有单蒸发器系统和双蒸发器系统。双蒸发器系统可以共用一台压缩机，也可以采用各自独立的两个制冷系统。双蒸发器系统的节流降压机构，可采用同一类型的热力膨胀阀，也可分别采用短管节流机构和热力膨胀阀。三菱重工的双蒸发器系统还可以共用两台压缩机和一台冷凝器，这种系统可以节约动力消耗，当车室外温度下降时，可由一台压缩机自动运行。

4. 按送风方式分类

按送风方式分，有直吹式和风道式两种。

（1）直吹式就是经空调器处理后符合要求的空气，直接从空调器吹出。这种方式结构简单，风压损失小，但送风难以均匀，只在轿车和一般轻型客车中采用。

（2）风道式则将空调器处理后的空气通过风道送出。这种方式可把风送到需要的部位，容易取得较好的气流组织，提高乘员的热舒适性。其缺点是零件数较多，空调器出风的流动阻力增大，蒸发器风机的功率增大、能耗增加，而风机的风压增大后，又会加大风机的噪声。这种送风方式主要用于大、中型客车。

风道式又可分为两侧送风道和中央送风道两种。两侧风道布置在车顶转角处，一般不占用车内有效空间，对乘客行车影响不大，但要求车窗框离车顶有一定距离；中央送风道的优缺点正好与其相反，为不影响乘客行车，风道必须做得很扁，同时车厢顶要设计得较高一些。

5. 按结构形式分类

汽车空调按结构形式可分为整体式空调机组和分体式空调机组两种。

1）整体式空调机组

整体式空调机组是将空调装置的各个组件全部安装在一个专用机架上自成体系的一种车用空调机组。它由辅助发动机驱动，并用风管将冷风或热风送入车厢内。其特点是结构紧凑，可安装在地板下，不占用车室空间，整个制冷系统各个组件之间的连接管路短，这样制冷剂充注量较少，制冷剂流动阻力较小，其泄漏也容易控制。不过机组的高度要受到限制，而且由于集中安置，装置的质量大，故要考虑轴荷的分配要求。

2）分体式空调机组

分体式空调机组是指系统中压缩机、冷凝器、蒸发器等各自独立的总成，分散安装在汽车的适当部位。分散安装的方案有多种，可以是将冷凝器和蒸发器组合成一体而压缩机与驱动机构装在一起的组合式，也可以是将冷凝器、蒸发器分开安装在车顶、车后或车内的完全分散的形式。因此，分体式可以形成多品种、多规格的产品。目前大多数中、小型汽车，不论是独立式还是非独立式，空调机组都采用这种布置方式。其优点是安装灵活性大，有利于轴荷分配和气流组织，但往往会使管道增长、流动阻力损失增加。

六、汽车空调制冷系统的组成

（一）制冷系统组成

汽车空调制冷系统由蒸发器、压缩机、冷凝器、储液干燥器、膨胀阀（节流管）和管路等组成，各部件之间采用钢管（或铝管）和高压橡胶管连接成一个密闭系统，如图2-1-20所示。

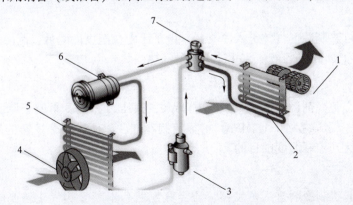

图 2-1-20　汽车制冷系统组成

1—鼓风机；2—蒸发器；3—储液干燥器；4—散热扇；5—冷凝器；6—压缩机；7—膨胀阀

空调的蒸发冷却装置一般布置在车室仪表台面板下，与仪表台面板组装成一体。冷凝器大多布置在车头散热器前面，并有单独风扇进行冷却，汽车正常行驶产生的行驶风对冷凝器起到很大的散热效果；汽车怠速行驶时，冷凝器风扇能加强其散热能力，使其冷凝压力不至于过高，否则会影响汽车空调的正常运行。

储液干燥器一般都安装在发动机舱内，其作用是在系统运行时，对制冷剂进行过滤、干燥吸湿和储存多余的制冷剂。现有很多储液干燥器已经与冷凝器集成为一体。

蒸发冷却机组是将离心风机装在蒸发器进风口处，属于压入式送风。膨胀阀和感温包都安装在机组里面，与机组连成一体，这样便于安装和维修。在蒸发器出口，感温包感受蒸发器出口温度后，能自动调节膨胀阀的开度，控制制冷剂的流量，以维持车室内一定的温度。

（二）汽车空调制冷系统工作过程

汽车空调制冷系统在工作时，制冷剂以不同的状态在这个密闭系统内循环流动，如图 2-1-21 所示。

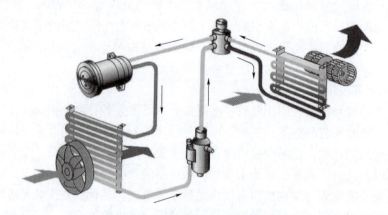

图 2-1-21　汽车空调制冷剂流动图

制冷剂每一循环流动包括压缩、冷凝、膨胀和蒸发四个基本过程。

1. 压缩过程

压缩机将吸入蒸发器出口处的低温低压（温度约为 0 ℃、气压约为 0.15 MPa）的制冷剂气体压缩成高温高压（温度为 70~80 ℃、气压约为 1.5 MPa）的气体排出压缩机。

2. 冷凝过程

高温高压的过热制冷剂气体进入冷凝器，由于压力及温度的降低，制冷剂气体冷凝成中温、压力为 1.0~1.2 MPa 的液体，并放出大量的热。

3. 膨胀过程

冷凝后的液态制冷剂经过膨胀阀后体积变大，其压力和温度急剧下降，变成低温低压（温度约为 -5 ℃、气压约为 0.15 MPa）的雾状制冷剂，以便进入蒸发器的是所需的气液混合制冷剂，从而达到控制温度的目的。

4. 蒸发过程

低温低压的雾状制冷剂进入蒸发器，流经蒸发器后不断吸热气化转变成低温低压（温度约为 0 ℃、气压约为 0.15 MPa）的气态制冷剂，吸收车内空气的热量，而从蒸发器流出的低温低压态制冷剂又被吸入压缩机，增压后泵入冷凝器，进行制冷循环。

制冷循环就是利用有限的制冷剂在封闭的制冷系统中，周而复始地将制冷剂压缩、冷凝、膨胀、蒸发，在蒸发器中吸热汽化，对车内空气进行制冷降温。

制冷剂在汽车空调制冷系统中的形态和压力的变化如下：

（1）汽车空调压缩机将制冷剂压缩，升高制冷剂的压力，使其达到饱和蒸气温度，并进入冷凝器进行降温液化。

（2）在冷凝器中，冷凝器风扇将制冷剂降温，使制冷剂温度达到饱和蒸气温度以下而液化，放出大量的液化潜热，并排入大气中。

（3）制冷剂经管道和干燥器，进入膨胀阀，膨胀阀将制冷剂节流—膨胀—降压，使制冷剂达到饱和蒸气压力，并进入蒸发器进行汽化。

（4）汽化的制冷剂在蒸发器中吸收大量的汽化潜热，将蒸发器周围的空气温度降低，低温空气在鼓风机的作用下循环流入驾驶室，以降低驾驶室的空气温度。

（5）蒸发器外表面温度降低，当低于空气中水蒸气的饱和蒸气温度时，水蒸气液化成水排出驾驶室，使驾驶室湿度降低，达到除湿效果。

（三）制冷系统主要零部件

1. 汽车空调用制冷压缩机的作用、结构原理及工作过程

1）汽车空调压缩机的作用

由制冷原理可知，要想降低温度，必须消耗动力。汽车空调压缩机就是发动机向制冷系统做功的部件，它的作用就像人的心脏一样。

汽车空调压缩机在制冷回路中主要有以下三个作用：

（1）抽吸作用。

有了压缩机的抽吸作用，才能使蒸发管内的压力降低，制冷剂才能在低温下沸腾，从而使系统向车厢内排出冷气。

（2）循环泵作用。

制冷剂在系统中需要不断地循环，压缩机就是制冷剂循环的动力来源（故也有人把其称为空调泵）。

（3）压缩作用。

压缩机吸入的是低温低压的制冷剂蒸气，只有经过压缩机的压缩，才能把低温低压的制冷剂蒸气转变为高温高压的制冷剂蒸气，制冷剂蒸气进入冷凝器后才能向外界排出热量。

2）活塞式压缩机的工作过程

活塞式压缩机对制冷剂蒸气的压缩是由活塞在气缸内改变工作容积来完成的。图 2-1-22 所示为活塞式压缩机工作的四个过程。

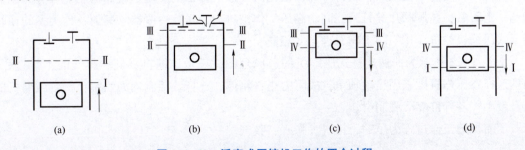

图 2-1-22 活塞式压缩机工作的四个过程

（1）压缩过程。当活塞处于最下端位置 I－I （称为下止点）时，气缸内充满了从蒸发器吸入的低压制冷剂气体，吸气过程结束。当活塞在曲柄连杆机构的带动下开始向上移动时，吸气阀关闭，气缸的工作容积逐渐减小，密闭在气缸内的蒸气的压力和温度因容积的减小而逐步升高。当活塞向上移动到位置 II－II 时，气缸内的蒸气压力升高到略高于排气管路中的压力，排气阀门便自动打开，开始排气。制冷剂气体在气缸内从进气时的低压升高到排气时的高压的过程称为压缩过程。

（2）排气过程。活塞继续向上运动，气缸内的蒸气压力不再升高，而是不断地经过排气阀向排气管输出，直到活塞运动到最高位置 III－III （称为上止点）时排气过程结束。蒸气从气缸向排气管输出的过程称为排气过程。

（3）膨胀过程。当活塞运动到上止点位置时，由于压缩机的结构及制造工艺等，活塞顶部与气阀座之间存在一定的间隙，该间隙所占的容积称为余隙容积。排气过程结束时，由于余隙的存在，在气缸余隙容积内有一定数量的高压蒸气。当活塞开始向下移动时，排气阀门关闭，但吸气管道内的低压蒸气不能立即进入气缸，而是残留在气缸内的高压蒸气因容积的增大而膨胀，使其压力下降，直至气缸内的压力下降到稍低于吸气管道中的压力为止。活塞位置由 III－III 移动到 IV－IV 的过程称为膨胀过程。

（4）吸气过程，当活塞运动到 IV－IV 位置时，进气阀门自动打开。活塞继续向下运动时，低压蒸气便不断地由蒸发器经吸气管和吸气阀进入气缸，直到活塞到达下止点 I－I 的位置为止。这一过程称为吸气过程。

完成吸气过程后，活塞又从下止点向上止点运动，重新开始压缩过程，如此循环往复。压缩机经过压缩、排气、膨胀和吸气四个过程，将蒸发器内的低压蒸气吸入，使其压力升高后排入冷凝器，起到抽吸、压缩和泵送制冷剂的作用。

3）曲柄连杆式压缩机结构及工作过程

曲柄连杆式压缩机属于传统的独立式压缩，早期的汽车空调机大多采用此种形式，现阶段主要应用于大客车上。其结构主要包括压缩机构（即曲柄连杆机构），进、排气阀，润滑机构和曲轴密封机构，转速可达 2 000 r/min。

曲柄连杆式压缩机借助于曲轴把旋转运动转换成上下往复运动，从而完成压缩制冷剂蒸气的作用。

压缩机的进、排气阀设置在阀门板上，由吸气阀片、排气阀片、阀门板和挡板组成。当活塞下降时，气缸内压力降低，从蒸发器来的低温低压气体推开低压阀门进入气缸；当活塞上升时，制冷剂蒸气被压缩，压力升高，低压阀片被气体压向关闭位置。当制冷气体的压力达到一定值后，高压阀片被打开，高温高压气体被排出，送往冷凝器。其他各种类型的往复活塞式压缩机的进、排气阀工作原理与此相同。

图 2-1-23 所示为曲柄连杆式压缩机构造原理图，表示压缩机吸气和排气的工作过程。曲柄连杆式压缩机因采用滚动轴承，故阻力小；箱体、连杆、活塞均为铝制，整台压缩机的质量较小；各部件靠飞溅润滑。

压缩机的工作过程为压缩、排气、膨胀、吸气。

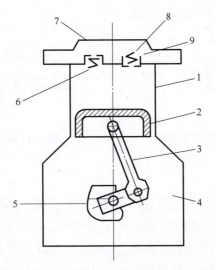

图 2-1-23　曲柄连杆式压缩机构造原理图

1—气缸；2—活塞；3—连杆；4—曲轴箱；5—曲轴；6—吸气阀；7—吸气腔；8—排气阀；9—排气腔

4）斜盘式压缩机的组成及工作过程

斜盘式压缩机是一种轴向活塞式压缩机，其主要部件是主轴和旋转斜盘。主轴被电磁离合器及带轮带动时，斜盘驱动活塞做轴向往复运动。其工作原理是带轮将主轴和斜盘传进来的旋转运动转化为活塞的往复运动。斜盘式压缩机及离合器如图 2-1-24 所示。

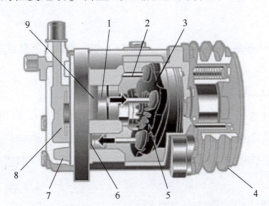

图 2-1-24　斜盘式压缩机及离合器

1—活塞；2—连杆；3—斜盘；4—离合器总成；5—凸轮转子；
6—高压制冷剂蒸气；7—气缸盖；8—进、排气阀；9—低压制冷剂蒸气

如图 2-1-25 所示的斜盘机构，活塞获得平行于旋转斜盘的往复运动，各气缸以压缩机主轴为中心布置，活塞运动方向与压缩机的主轴平行，以便活塞在气缸体中运动。活塞有双向作用式的，即活塞两端都有压缩空间；也有单作用式的，其所采用的是图 2-1-26 所示的摇斜板机构。当活塞制成双头活塞时，如果是轴向 6 缸，则 3 个气缸在压缩机前部，另外 3 个气缸在压缩机后部；如果是轴向 10 缸，则 5 个气缸在压缩机前部，另外 5 个气缸在压缩机后部。

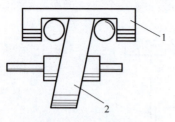

图 2-1-25　斜盘机构

1—活塞；2—旋转斜盘

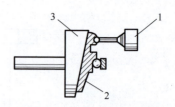

图 2-1-26　摇动斜板机构

1—活塞；2—摇动板；3—凸轮

双向作用斜盘式压缩机的活塞在斜盘四周为等距离布置，如图 2-1-27 所示。此外，也有的采用双头活塞在各自相对的气缸（一前一后）中滑动，即活塞的一头在前缸压缩时，活塞的另一头在后缸中吸入制冷剂蒸气；反向时，作用互相对调。各气缸均装有进、排气阀，另有一根排气管，用于连接前、后高压腔。双向作用斜盘式压缩机内部结构如图 2-1-28 所示。

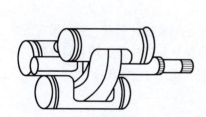

图 2-1-27　活塞在斜板上布置

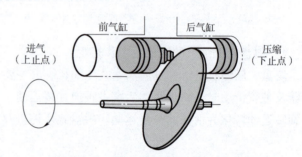

图 2-1-28　双向作用斜盘式压缩机内部结构

5）旋转式压缩机的结构及工作过程

旋转式压缩机是一种旋转容积式压缩机，其中包括旋叶式压缩机、滚动转子式压缩机、螺杆式压缩机、涡旋式压缩机。旋转式压缩机靠回转体旋转运动替代活塞式压缩机活塞的往复运动，以改变气缸的工作容积，从而将一定量的低压气态制冷剂进行压缩。

（1）旋叶式压缩机。

旋叶式压缩机的内部结构如图 2-1-29 所示。

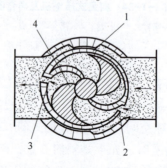

图 2-1-29　旋叶式压缩机的内部结构

1—转轮；2—进气口；3—出气口；4—旋叶

该压缩机的转子上有狭槽，转子由滚针轴承支承，在圆形气缸内偏心定位。四片滑片在转子的前倾狭槽内滑动。转子外表面和气缸壁之间有一条接触线，把吸、排气区隔离开。吸气时，转子转动使滑片外伸，同时离开接触线直到吸气容积增加到最大值，然后阀片开始收缩，随转子转动向接触线靠拢，以此压缩吸入的气体。压缩后的气体通过安装在接触线旁的弹片阀排出。

该压缩机无吸气阀，因为阀片能起到吸入和压缩制冷剂的作用。排气阀片盖在四个平排着的排气孔上。压缩腔内装有液体单向阀，以防产生"液击"现象。后壳内有一个油分离器，作用是把油与制冷剂气体分离，并安装了储油装置。润滑系统利用在油池和压缩室之间的压力差进行工作。当主轴转动时，油即进入叶槽，使转子面、滑叶面、滚针轴承和轴封上包覆一层油膜，再加上吸入的制冷剂蒸气中的油，使滑片与缸壁之间的缝隙中有油，以润滑滑片的运动。

旋叶式压缩机由缸体、转子、主轴、叶片、排气阀等零部件构成，前缸盖上有离合器和主轴的轴封，后端盖具有与前端盖上同轴的主轴支承凹槽，可使转轮、旋叶随主轴旋转。旋叶式压缩机的轴向剖面图如图2-1-30所示。

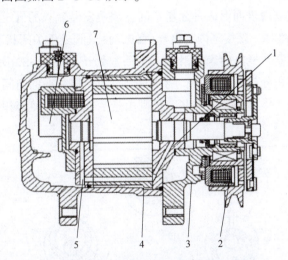

图2-1-30　旋叶式压缩机的轴向剖面图
1—主轴；2—离合器；3—前端盖；4—吸气孔；5—吸气槽；6—后端盖；7—转子

转轮同心轴承支承安装在机体的缸套中，旋叶偏心安装在转轮的内部，旋叶在容积腔中摆动，旋叶与转轮同步回旋；转轮旋转一圈，进行四次气体压缩工作。曲轴轴颈安装在摆动控制机构圆滑块的轴承座中，曲轴在转轮的带动下做回旋运动，圆滑块控制曲轴的自转；曲轴自转使旋叶的两片叶片在上气缸室与下气缸室中有规律地摆动，进行气体的压缩工作。

旋叶式压缩机按旋叶叶片结构分为转轮扇形旋叶式压缩机与转轮弧形旋叶式压缩机，其气缸形状可分为圆形和椭圆形，叶片有两片、三片、四片和五片等几种。

旋叶式压缩机的优点为体积小、质量轻、易损件少、运动机构简单、机械可靠性较高等；容积率高，旋叶式压缩机没有吸气阀，吸气损失小，并具有良好的密封性能；转子

图 2-1-31　旋叶式压缩机实物图

做旋转运动，无往复惯性力，旋转惯性力易平衡，所以其高速运转时平衡性好。旋叶式压缩机实物图如图 2-1-31 所示。

（2）滚动转子式压缩机。

滚动转子式压缩机主要由曲轴、气缸、电磁离合器、滚动活塞、排气阀、吸气口、刮片和弹簧组成。气缸固定在轴承座与端板之间，3 个弹簧将刮片顶在滚动活塞上。电磁离合器与安装滚动活塞的曲轴相连。滚动活塞偏心地套在曲轴上，由曲轴带动偏心轮在气缸内绕旋转中心转动，同时滚动活塞自身绕曲柄销转动。滑片在滑片槽内做往复运动，受到弹簧力作用。滑片端部与滚动活塞外圆接触。滚动转子式压缩机不设吸气阀，设有排气阀。制冷剂中润滑油由油气分离器分离，在壳底部积聚起来，靠压力差再注入各运动部件中。

滚动转子式压缩机的工作原理如图 2-1-32 所示。当滚动活塞处于图 2-1-32 所示 Ⅰ 位置时，活塞外表面与气缸内表面形成月牙形空间，从蒸发器流入的低压制冷剂蒸气经吸入口流入该空间（气室）。此时，该气室内为低压气体，排气阀处于关闭状态。

曲轴继续旋转，活塞在气缸内表面滑动，当活塞处于图 2-1-32 所示 Ⅱ 位置时，刮片、气缸及活塞将气缸内容积分成两个空间，刮片左侧与吸气口相通的空间为低压室，随活塞转动容积不断增大，吸入气体；刮片另一侧容积则由于活塞转动而使容积缩小、压力升高。

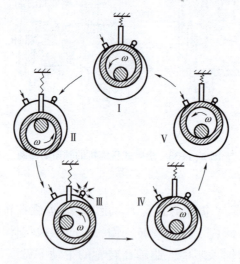

图 2-1-32　滚动转子式压缩机的工作原理

当滚动活塞位于图 2-1-32 所示 Ⅱ 位置时，刮片左侧容积扩大，吸入气体，而右侧容积继续缩小，压力升高。

当活塞位于图 2-1-32 所示 Ⅲ 时，吸气容积增大，吸入更多的气体。同时，压缩腔容积缩小而使气体压力高于排气阀外的气体压力，排气阀打开，高压气体自排气阀排入冷凝器中。

如此循环，周而复始。

滚动转子式压缩机具有质量轻、体积小、零部件少、效率高、可靠性好以及适宜于大批生产等优点。其加工精度要求高，但在大型化时难以保证其精度。其采用新型圆柱形排气阀，使排气口的余隙容积降低，排气口和排气阀处的压力降减小，从而增大了容积效率。另外，在高转速和大功率时，单缸压缩机的振动及磨损会随之加剧。

（3）螺杆式压缩机。

螺杆式压缩机的工作原理是利用一对互相啮合的螺杆转子的转动来实现对制冷剂蒸气的压缩和输送。

阴螺杆凹腔吸进制冷剂蒸气并充满凹型空间，如图 2-1-33（a）所示，此时，阳螺杆在阴螺杆的带动下，凸起部分嵌入阴螺杆的吸气螺齿头部，阴螺杆、阳螺杆和缸体构成一个封闭空间，并进入压缩过程，如图 2-1-33（b）所示。阴螺杆继续带动阳螺杆转动，阳螺杆啮合进阴螺杆的部分越来越多，则蒸气不断地被压缩，此时，阴螺杆再旋转，与排气口相通，压缩的制冷剂蒸气排出，随着螺杆的转动，阴、阳螺杆在排气口将所有气体排尽，如图 2-1-32（c）所示。此时，阴螺杆的凹齿又处于最大容积，一对凹、凸腔每旋转一周完成一个吸气、压缩、排气的循环。如果阴螺杆上有 6 条凹齿螺纹，并且由阴螺杆带动阳螺杆转动，那么阴螺杆转一周，则 6 条凹齿螺纹也转一周，即有 6 次循环过程，所以螺杆式压缩机的工作过程可以认为是连续、无脉冲的。

螺杆式压缩机实物图如图 2-1-34 所示。

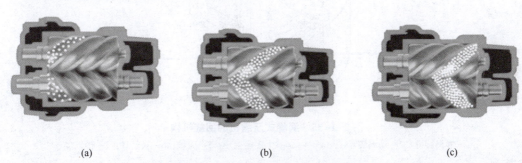

(a)   (b)   (c)

图 2-1-33　螺杆压缩机的工作原理图
（a）吸气过程；（b）压缩过程；（c）排气过程

图 2-1-34　螺杆式压缩机实物图

（4）涡旋式压缩机。

涡旋式压缩机是一种新型压缩机，主要适用于汽车空调，与往复式压缩机相比，具有密封性好、容积效率高、高速旋转性能好、噪声低、振动小、质量轻、体积小、结构简单等优点，被认为是一种先进的压缩机。涡旋式压缩机主要由静涡旋盘、动涡旋盘、机架、连接器和曲轴等组成。动涡旋盘上的叶片采用渐开线，与其啮合的静涡旋盘上应是包络线，因此动、静两个涡旋圈为一对渐开线曲线。

涡旋式压缩机的回旋机构如图 2-1-35 所示，其通过回旋机构产生回旋运动（而不是旋转运动）。当电磁离合器接通时，曲轴 5 转动，曲柄销驱动偏心套做回旋运动，传动轴承也做回旋，传动轴承上的动涡旋盘 2 也做回旋运动，即动涡旋盘中心绕固定涡旋盘回旋半径的圆做公转回旋。设置在偏心套上的平衡块可以平衡动涡旋盘的回旋离心力，因此在运行期间，涡旋盘压缩室的径向密封不取决于离心力，而主要取决于偏心套的回旋转矩。该转矩是由作用于偏心套的气体压力的切向分力和作用于曲轴销的动涡旋盘回旋驱动力所构成的力偶产生的。两离心力的轴向位置是错开的，为了保持压缩机的动平衡，曲轴和离合器设置了平衡块。

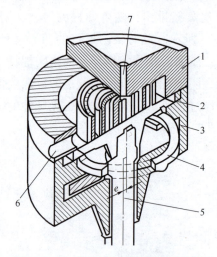

图 2-1-35　涡旋式压缩机的回旋机构
1—静涡旋盘；2—动涡旋盘；3—机体；4—十字连接环；5—曲轴；6—吸气口；7—排气口

动圈背面与前盖之间装有球形连接机构。球形连接机构有两个作用：一是起回旋止推轴承的作用，承受气体的轴向压力；二是防止动圈自转并能消除轴向偏移。

动涡旋盘和静涡旋盘在安装时存在 180° 的相位角，从而使两涡旋盘相互啮合形成一系列的月牙形容积。动涡旋盘由一个偏心距很小的曲轴带动，使之绕静涡旋盘的轴线转动。此外，在动涡旋盘背后有一连接机构，用来保证动涡旋盘和静涡旋盘之间的相对平动。在此运动过程中，制冷剂蒸气由涡旋盘的外边缘被吸入到月牙形工作容积中，工作容积逐渐向中心移动并减小，使制冷剂蒸气被压缩，最后经中心部位的排气口轴向排出，从而完成吸气、压缩和排气的整个周期。

涡旋式压缩机的工作原理如图 2-1-36 所示。

6）变容量压缩机的结构与工作过程

变容量压缩机可以根据设定的温度自动调节功率输出，其空调控制系统不采集蒸发器出风口的温度信号，而是根据空调管路内压力的变化信号控制压缩机的压缩比来自动调节出风口温度。

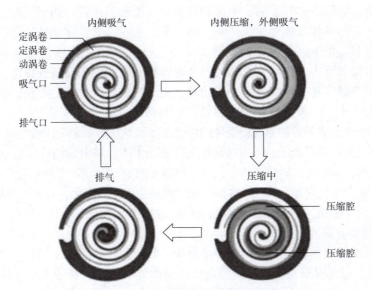

图 2-1-36 涡旋式压缩机的工作原理

在制冷的全过程中，压缩机始终是工作的，制冷强度的调节完全依靠装在压缩机内部的压力调节阀来控制。当空调管路内高压端的压力过高时，压力调节阀缩短压缩机内的活塞行程，以减小压缩比，这样就会降低制冷强度。当高压端压力下降到一定程度，低压端压力上升到一定程度时，压力调节阀则增大活塞行程，以提高制冷强度。

（1）变容量斜板式压缩机。

斜板式压缩机进行变容量的形式很多，但其原理基本相同，都是用电磁三通阀来改变余隙容积的大小，使排气量发生变化，从而使制冷量发生变化。

斜板式压缩机的 6 个缸都按图 2-1-37 所示安装成一个余隙容积变化阀，共同用一个电磁阀或两个电磁阀控制，此外，也可以由 3 个电磁阀控制 6 个气缸的排气量。

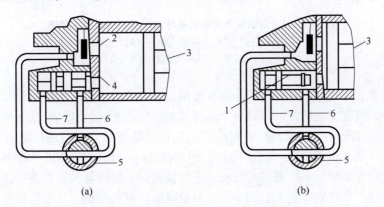

(a)   (b)

图 2-1-37 变容量斜板式压缩机结构示意图
（a）压缩机全负荷工作；（b）压缩机部分负荷工作
1—余隙容积变化阀；2—排气腔；3—活塞；4—阀口；5—三通电磁阀；6—回气管；7—工作管

当压缩机正常负荷工作时，电磁阀接通排气腔工作管，高压气体将余隙容积变化阀向右推，将阀口堵住，则压缩机按正常排气量工作，即按 100% 负载工作，如图 2-1-37（a）所示。

当需要降低压缩机的排气量时，电磁阀接通回气管和工作管。当吸气时，余隙容积变化阀首先将原来左端的高压气体通过工作管、回气管送到吸气缸；在活塞压缩时，气体推动余隙容积变化阀左移，留下一个空间，如图2-1-37（b）所示。当压缩完毕时，余隙容积变化阀内的气体被保留下来。当活塞右移时，余隙容积变化阀内的高压气体首先膨胀，这样就减少了气缸的吸气量和排气量，也减少了功耗。每个气缸减少排气的数量，视为设计余隙容积变化阀容积的大小，一般按减少75%设计，此时功耗可减少50%。

很明显，斜板式变容量控制是有级变化的，这点就远不及摇板式工作输气质量好。同时用一个电磁阀来控制6个缸也不合适，因为这样排气的波动太大，易引起制冷量的急剧变化。所以，最好用3个电磁阀，每个电磁阀控制2个气缸，根据车内的温度或者车外的温度来决定先变容2个气缸，再变容4个气缸或6个气缸，这样控制结构就会变得复杂化，且也不及摇板式简单。所以，从变容的结构、能耗、空调舒适性来说，摇板式的整体性能比其他往复式好得多。

（2）自动调节容量的旋叶式压缩机。

日本松下电器公司开发了一种每转排量为94 mL的两叶片节能压缩机，其横断面结构如图2-1-38所示。它可根据发动机转速的高低自动调节制冷量，转速低时，能够保持足够制冷；转速高时，能抑制制冷量过大，降低高速时的功耗，达到节能目的。其工作原理如下：

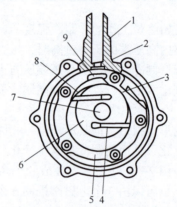

图2-1-38　自动调节能量的旋叶式压缩机械断面示意图

1—进气管；2—O形圈；3—排气阀；4—叶片；5—缸体；
6—转子；7—主轴；8—变容量槽；9—吸气孔

在气缸的吸气口处有一条吸气槽，当叶片刮过吸气口时，吸气过程应该结束，但由于开了一条吸气槽，故在气流惯性的作用下，继续通过吸气槽充气，提高充气效率，并且不影响下次气缸的吸气过程。吸气槽和叶片构成一个缺口，通过吸气槽压缩机进入气缸的气体流量，正比于缺口截面积和流入时间的乘积，即流量=k×面积×时间×叶片厚度，k为比例系数。低转速时，叶片刮过吸气槽的时间长、充气量增多、制冷量大；而高转速时，叶片刮过吸气槽的时间短、气缸充气量相对减少、制冷量减小、能耗降低。从工作原理可知，这种压缩机提高了充气效率，所以在相同制冷量的条件下，气缸容积可以减小30%，而质量降低20%。从整体来说，其不仅容量自动可调，而且是节能机型。

（3）电控可变排量压缩机。

电控可变排量压缩机式汽车空调系统根据环境温度、发动机转速、阳光辐射强度、车内温度、送风温度、送风风向及空调模式设定等参数，由汽车的控制模块或者计算机确定控制信号，再由外部（电磁）控制阀控制压缩机达到合适的排量，这样就可以根据当时的制冷负荷情况确定合适的吸气压力，达到节能的目的。

电控可变排量压缩机如图 2-1-39 所示，其工作原理与内部调节的可变排量压缩机相比的不同之处在于电控可变排量压缩机的控制主要依靠控制单元，用相应的传感器获得的信号作为输入信号，从而对压缩机的功率进行无级调节。

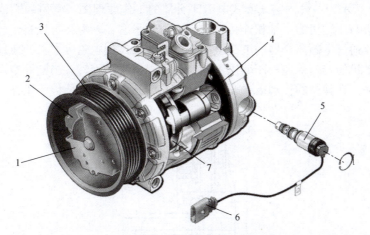

图 2-1-39　电控可变排量压缩机

1—压盘；2—橡胶成型元件；3—集成过载保护的皮带轮；
4—往复运动活塞；5—调节阀 N280；6—接 Climatronic 控制单元；7—斜盘

电控可变排量压缩机采用新结构带轮。传动带盘由带轮和随动轮组成，通过一个橡胶元件将带轮和随动轮有力地连接起来。当压缩机因损坏而卡住时，随动轮和带轮之间橡胶元件的传递力急剧增大，带轮在旋转方向上将橡胶元件挤压到卡住的随动轮上，橡胶元件发生变形，对随动轮作用的压力增大，随动轮随之产生变形，直至随动轮和带轮之间脱离连接，从而避免了带传动的损坏。

随动轮的变形量取决于橡胶元件的温度，橡胶元件的弹性取决于结构件的温度。橡胶元件和随动轮的形变避免了发动机带传动的损坏，同时防止了诸如水泵和发电机的损坏，起到了动力过载保护的作用。

电控可变排量压缩机的优点：压缩机持续运转，无接合冲击，提高了舒适性；通过调节蒸发器的温度使制冷量和热负荷及能量消耗优化匹配，减少了再加热过程，使出风口的温度、湿度恒定调节；由于排量可以降低到近 0%，消除了离合器的周期性离合干扰并减小了带轮质量，使质量减小 20%（500~800 g）；减少了压缩机的功率消耗和燃油消耗；新结构的带轮用于带传动和空调压缩机之间的力传递，消除了扭矩波动，同时起到过载保护的作用。

2. 电磁离合器

在非独立式汽车空调制冷系统中，压缩机是由汽车主发动机驱动的。为了使空调系统的开、停不影响发动机的工作，压缩机的主轴不是与发动机曲轴直接相连，而是通过电磁离合器把动力传递给压缩机的。电磁离合器是发动机和压缩机之间的一个动力传递机构，受空调 A/C 开关、温控器、空调放大器、压力开关等控制，在需要时接通或切断发动机与压缩机之间的动力传递。另外，当压缩机过载时，它还能起到一定的保护作用。因此，通过控制电磁离合器的接合与分离，即可接通与断开压缩机。

在汽车空调系统中，电磁离合器一般安装在压缩机前端面，成为压缩机总成的一部分，其主要由带轮、电磁线圈和压力板等主要部件组成。电磁离合器通常有两种形式：一种为旋转线圈式，电磁线圈与带轮一起转动；另一种是固定线圈式，电磁线圈不转动，只有带轮转动。其中固定线圈式电磁离合器应用较广泛。

图2-1-40所示为一种固定线圈式电磁离合器的工作原理图。电磁线圈固定在压缩机的外壳上，压力板与压缩机的主轴相连接，带轮通过轴承套在轴上，可以自由转动。当空调开关接通时，电流通过电磁离合器的电磁线圈，电磁线圈产生电磁吸力，使压缩机的压板与带轮结合，将发动机的转矩传递给压缩机主轴，使压缩机主轴旋转。当断开空调开关时，电磁线圈的吸力消失，在弹簧的作用下，压力板和带轮脱离，压缩机便停止工作。

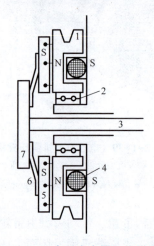

图2-1-40　电磁离合器工作原理图

1—带轮；2—轴承；3—压缩机主轴；4—线圈；5—压力板；6—弹簧片；7—驱动盘

3. 冷凝器

汽车空调制冷系统中的冷凝器和蒸发器统称为热交换器，制冷系统通过热交换器与外界的热量进行交换，达到制冷的目的。热交换器体积大，质量要占汽车空调装置总质量的50%～70%。热交换器不仅直接会影响制冷性能，而且会影响汽车空调的质量和体积。因此，采用高效的热交换器是极为重要的。

1）冷凝器的作用

冷凝器是一种由管子与散热片组合起来的热交换设备，其作用是对压缩机排出的高温、高压制冷剂蒸气，通过周围的空气把制冷剂的热量散发出去进行冷却，使其凝结为高压过冷制冷剂液体，即冷凝器顶部进入的是气态制冷剂，底部出来的是液态制冷剂。冷凝器的管片材料最早是全铜的，现在大部分是全铝的，少量有采用铜管铝片的。

汽车空调制冷系统的冷凝器属于风冷式，且受到空间、尺寸、质量、结构等多方面因素的限制，一般要求汽车空调冷凝器的换热效率高、质量小、抗振性好、冷凝空气阻力小、耐腐蚀性好。

2）冷凝器的结构

汽车空调系统冷凝器主要有管片式、管带式及鳍片式三种结构形式。

（1）管片式冷凝器。

管片式是传统的换热器形式，由厚度为0.1～0.2 mm的铝散热片套在圆管（铜管或铝管）上，用机械或液压的方法进行胀管，使散热片固定在管上，并与管壁紧贴，使热量能通过紧贴的管片进行传递，如图 2-1-41 所示。这种冷凝器结构比较简单，制造工艺简单、加工方便，是汽车空调中早期采用的一种冷凝器，但其散热效率较低，一般用在大、中型客车的制冷装置上。

图 2-1-41　管片式冷凝器示意图

（2）管带式冷凝器。

管带式冷凝器示意图如图 2-1-42 所示。管带式冷凝器是由盘成蛇形的多孔扁管夹入波浪形散热带（翅片），扁管宽度一般为 22 mm、32 mm、44 mm、48 mm，在夹具夹紧的状态下放入专用钎焊炉中整体钎焊而成。扁管和翅片均为铝材，钎焊技术难度较大，一般需用双面复合铝材及多孔扁管型材。其对材料的要求较高，尤其对扁管材料的延伸性、均匀性及壁厚的均匀性要求很严，否则在扁管处会出现裂缝或导致扁管的抗压能力降低。其在焊接后需用铬酸进行防氧化处理，并进行试漏。

与管片式相比，管带式结构扁管的水力半径小，在相同的截面积下，传热面积大，热阻小。管带式冷凝器的迎风面积大，尾迹区小，流动阻力小，因而传热效率高。一般来说，管带式冷凝器的传热效率比管片式冷凝器高 10% 左右。此外，其采用全铝材料，质量轻，零件数少，管子接头焊接点少。但铝焊接工艺复杂，焊接难度大且材料要求高，故一般用在小型汽车的制冷装置上。

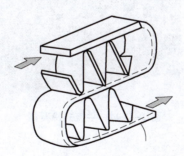

图 2-1-42　管带式冷凝器示意图

（3）鳍片式冷凝器。

目前较为先进的车用冷凝器是鳍片式冷凝器，它是在扁平的多通道散热管表面直接铣出鳍片状散热片，然后装配而成的。如图 2-1-43 所示，由于其散热管与散热片是一个整体，所以其抗震性能好，散热性能也有所提高，其管、片之间不需要复杂的焊接工艺，可以在常温下加工，所需加工能耗少，但需要专门的铣削设备，弯管也需采用专用夹具。

（4）平流式冷凝器。

平流式冷凝器是由管带式冷凝器演变而来的，其结构如图 2-1-44 所示。平流式冷凝器

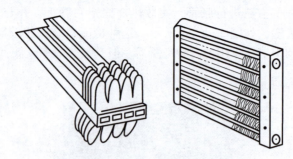

图 2-1-43 鳍处式冷凝器的组装

是由扁管和波浪形散热片组成，散热片（带）上同样开有百叶窗式条缝，但扁管不是弯成盘带式，而是每根截断的，每端各有一根集流管。

平流式冷凝器又分成两种：一种是集流管不分段，制冷剂流动方向一致，取名为单元平流式冷凝器；另一种取名为多元平流式冷凝器，它的集流管是分段的，中间由隔片隔开，起到分流和汇流的作用。平流式冷凝器每段的管子数不相等，进入冷凝器时制冷剂呈气态，比容最大时管子数也最多，而随着制冷剂逐渐冷凝成液体，其比容逐渐减小，所占容积逐渐减小，管子数也相应减少。这种变化的结构设计使冷凝器的有效容积得到最合理利用，使制冷剂的流动和换热情况更趋合理，在同样的迎风面积下，平流式结构比蛇形管带式的换热能力提高 10%~30%；空气侧阻力基本保持不变，甚至更小（因为厚度减小）；制冷剂侧流动阻力减到仅是蛇形管带式的 20%~30%。平流式冷凝器是制冷剂从 R12 转换成 R134a 最适宜的冷凝器替换机型。

图 2-1-44 平流式冷凝器

3）冷凝器的安装

冷凝器的质量重、体积大，是空调系统中最难布置的部件之一。如果布置及冷却措施不当，不仅会影响到汽车空调的性能，造成冷凝压力过高，而且会带来一系列的不安全因素。汽车空调大多布置在发动机散热水箱前端、进气栅格的后面，一般会在水箱后面加装两个风扇。在安装冷凝器时，应注意以下两点：

（1）连接冷凝器的管接头时，冷凝器的进口必须在顶部，冷凝器的出口必须在底部，这样能确保制冷剂蒸气通过凝结而被收集在冷凝器底部的出口。冷凝器的进、出顺序如果接反，会导致制冷系统压力升高，冷凝器胀裂的严重事故。

（2）在连接管接头前，不要长时间打开管接头的保护盖，以免潮气进入。

4. 蒸发器

蒸发器的作用是将膨胀阀或膨胀管流进来的低温低压液态制冷剂在蒸发器内沸腾汽化，吸收车内空气的热量，从而达到降低车内温度的目的。蒸发器的基本要求与冷凝器相同，因其置于车内，其防腐蚀性能没有冷凝器要求高，但车内空间有限，因此对其体积提出了更苛刻的要求。

蒸发器主要有管片式、管带式和层叠式3种结构。

1）管片式蒸发器

管片式蒸发器结构与管片式冷凝器基本相同，只是长度更短些、厚度更厚些、尺寸更紧凑，如图2-1-45所示。由于管片式蒸发器换热效率较管带式蒸发器低，故在前置式空调中用得越来越少。但是，由于膨胀阀与散热片之间的独特结构，散热片垂直排列，构成垂直方向的直线水流通道，冷凝水可以顺着散热片往下流，能很好地解决顶置式空调的排水问题，所以尽管其换热效率不如管带式高，但仍广泛应用于微型汽车顶置式空调中。

2）管带式蒸发器

管带式蒸发器结构与管带式冷凝器基本相同，只是长度更短些，厚度更厚些，扁管的孔数要多些，尺寸更紧凑，如图2-1-46所示。

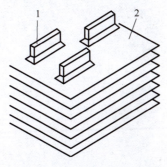

图2-1-45　管片式蒸发器
1—管子；2—管片

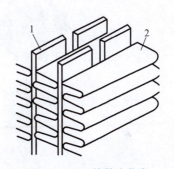

图2-1-46　管带式蒸发
1—管子；2—管带

3）层叠式蒸发器

层叠式蒸发器由两片冲压成复杂形状的铝板叠焊在一起，组成制冷剂通道，每两片通道之间夹有蛇形散热带，如图2-1-47所示。

层叠式蒸发器采用薄板冲压件，可冲出各种扰流花纹状制冷剂流道，把传统单边室结构改成双边室结构，克服了单边室结构由于U形腔形成的偏流而影响工质传热性能的缺点；上板与下板之间的连接方式由点结合改变成线结合，提高了结合的可靠性，同时增大了与翅片的接合面积，提高了空气侧的换热效率，其换热效率在目前蒸发器中最高，层叠式的换热效率可比管带式提高10%以上；另一方面，由于采用高性能翅片，故其通道具有最佳的液力半径及合理的结构，结构最为紧凑，使蒸发器的质量减轻，单位制冷能力比单边室减少15%以上。

此外，其具备优越的使用性，板的外侧呈直线通道，使冷凝水容易流走，提高了脱水性。同时，层叠式蒸发器表面经过特殊的工艺处理，使表面具有防腐、防臭和良好的亲水性。

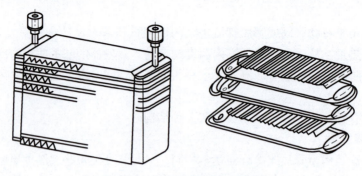

图 2-1-47　层叠式蒸发器示意图

5. 膨胀阀

1）膨胀阀的分类及作用

膨胀阀也称节流阀，是组成汽车空调制冷装置的主要部件，安装在蒸发器入口处，是汽车空调制冷系统高压与低压的分界点，如图 2-1-48 所示。

图 2-1-48　不同类型的膨胀阀

膨胀阀按照平衡方式不同，分内平衡式和外平衡式。外平衡式膨胀阀又分为 F 形和 H 形两种结构型式。在制冷系统中，膨胀阀具有两个作用：

（1）节流降压：使从冷凝器来的高温、高压液态制冷剂节流降压成为容易蒸发的低温、低压雾状物进入蒸发器，即分隔了制冷剂的高压侧与低压侧，但本质的液体状态没有变。

（2）调节流量：大多数汽车空调制冷系统在运行过程中，其冷负荷是变化的。当系统刚开始降温时，车内的温度较高，此时就要求将蒸发温度升高，使进入蒸发器的制冷剂流量增大；而当车内温度较低，待负荷需求量减小时，蒸发温度就应相应地降低，使进入蒸发器的流量减小。同时，若制冷剂进入蒸发器的流量太大，无法进行完全蒸发，流出的制冷剂为液态制冷剂，则可能进入压缩机产生液击。因以上原因，膨胀阀需要根据系统冷负荷需求量的变化而自动地调节其流量，使制冷系统能正常地工作。膨胀阀起着把进入蒸发器的流量自动调节到制冷循环所要求的合适程度的作用。

2）膨胀阀的结构

（1）热力膨胀阀：汽车空调系统用的感温式膨胀阀根据平衡力分为两种形式，即内平衡式热力膨胀阀和外平衡式热力膨胀阀。

内平衡式热力膨胀阀的结构如图2-1-49所示。

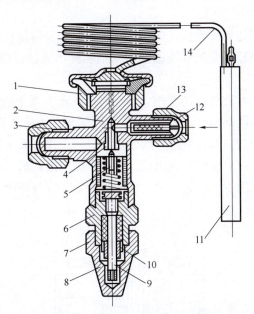

图2-1-49　内平衡式热力膨胀阀的结构

1—气箱座；2—阀体；3、13—螺母；4—阀座；5—阀针；6—调节杆座；7—填料；8—阀帽；
9—调节杆；10—填料压盖；11—感温包；12—过滤网；14—毛细管

内平衡式热力膨胀阀主要由针阀、膜片、调节螺钉、毛细管（连接感温包）等器件组成，有的在进口处还加设了过滤网。膨胀阀安装在蒸发器的进口管上，感温包安装在蒸发器的出口管上。膨胀阀自动调节制冷剂流量的功能是依靠感温包来实现的。膨胀阀的开度决定于膜片所处的位置，膜片所处的位置决定于膜片的受力情况。膨胀阀在工作时膜片所受的力有3个：膜片上方受感温包内饱和气体的压力p_r、下方受由蒸发器进口导入的制冷剂压力p_e和过热弹簧的压力p_a。当3个力处于平衡状态，即$p_r = p_e + p_a$时，阀门处于某一开度，制冷剂流量保持一定。温度不同，作用在膜片上方的压力p_r会发生变化，进而改变阀门的开度，从而调节制冷剂流量。当压缩机不转动时，膜片上下两侧的压力相等，在弹簧的作用下阀体将计量孔关闭，以防止制冷剂向压缩机倒流。在压缩机运转后，在制冷剂的压力下，膜片下方的作用力减小，计量孔开启，制冷剂开始循环。当温度发生变化时，膜片上方的压力p_r也随之变化，计量孔开启的程度也就发生相应的变化，从而达到调节制冷剂流量的目的。

在蒸发器的温度下降到0℃以下，吹出的冷风也在0~4℃时，恒温器便会自动切断离合器电磁线圈回路中的电流，压缩机就停止运行，这样便可防止蒸发器发生冻结，结果就会导致蒸发器温度回升。但当温度升高到恒温开关设定的温度时，恒温器便会自动接合，离合器的电磁线圈通电，压缩机又开始运行，蒸发器进行供冷。内平衡膨胀阀系统便是这样通过恒温器和内平衡膨胀阀的开度变化来控制蒸发器的温度，保证制冷系统正常工作的。

膨胀阀的压力弹簧也可以人工调整。当膨胀阀的出液量少，车厢内温度降不下来时，可通过调节螺钉将压力弹簧调软些；相反，则可将压力弹簧调硬些。

内平衡式制冷系统是目前应用最广泛的一种离合器制冷循环控制系统，丰田、尼桑等经济型轿车都应用这一系统。

（2）H 形热力膨胀阀的结构。

由于无论是内平衡式还是外平衡式的热力膨胀阀，均要由较长的毛细管间接感知蒸发器出口的温度，因此其控制精度受到环境温度和其他多种因素的影响，而 H 形热力膨胀阀可以很好地解决这个问题。

H 形热力膨胀阀是一种整体型膨胀阀，整个阀体在蒸发器上固定，其结构如图 2-1-50 所示。H 形热力膨胀阀是因其内部通路像字母 H 而得名。H 形热力膨胀阀有 4 个接口通往汽车空调系统，其中两个接口与标准膨胀阀的一样，一个接储液干燥器出口，另一个接蒸发器进口；另外两个接口，一个接蒸发器出口，另一个接压缩机进口。感温包和毛细管均由膜片下面的感温元件取代，感温元件处在进入压缩机的制冷剂气流中。

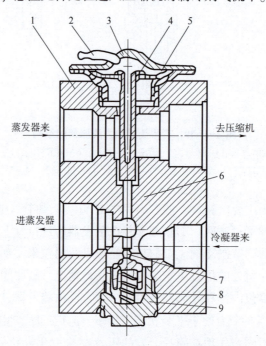

图 2-1-50　内平衡式热力膨胀阀工作原理

1—阀体；2—灌气管；3—动力头；4—顶杆（兼感温包）；

5—膜片；6—传动杆；7—球形阀；8—弹簧；9—弹簧座

H 形热力膨胀阀的工作过程：当汽车空调制冷系统刚刚开启或热负荷大时，感温元件内的制冷剂压力较大，膜片克服弹簧力和蒸发器出口处制冷剂的压力，推动顶杆和传动杆向下打开球阀，直到一平衡位置，这就增大了高压制冷剂进入蒸发器的流量；当汽车空调制冷系统热负荷小或者需要关闭时，感温元件内的制冷剂压力变小，弹簧力和蒸发器出口处制冷剂的压力之和大于感温元件的膜片压力，于是顶杆和传动杆向上移动，直到一平衡位置，以关小球阀开口，这样就减小了高压制冷剂进入蒸发器的流量。

H 形热力膨胀阀结构紧凑、性能可靠，符合汽车空调的需求，目前已被许多汽车厂家所采用。

6. 节流管

节流管是固定膨胀节流管的简称，是一种固定孔口的节流装置。节流管的两端都装有滤网，以防止系统堵塞。节流管直接安装在冷凝器出口和蒸发器入口的管路中，在其前端是高温高压的液态制冷剂，当制冷剂经过节流管之后，压力立刻下降，变成低压低温的制冷剂，所以节流管是制冷系统高压和低压的分界点。

节流管的构造很简单，即在一根工程塑料管的中间装置了一条节流用的铜管，铜管的内孔孔径为 4 mm，塑料管两端装有金属过滤网，塑料外表面用 O 形橡胶密封圈密封，一端插进蒸发器，另一端插进从冷凝器来的橡胶管，其结构如图 2-1-51 所示。由于节流管没有运动件，所以结构简单、不易损坏，唯有滤网会发生堵塞，这时只需要拆下节流管，换上一个新的即可。

注意：节流管采用不同的颜色来表示不同的管径，因此，在更换过程中注意替换件的颜色与故障件的颜色要一致。

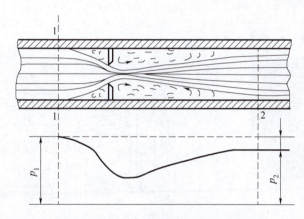

图 2-1-51 节流管工作压力变化图

节流管不能直接调节制冷剂流量，只能通过控制压缩机工作、停止来调节制冷系统中制冷剂的流量。节流管制冷系统中必须同时在蒸发器出口和压缩机进口之间安装一个气液分离器，实行气液分离，以防液击压缩机。节流管制冷系统用恒温器来控制离合器的电路，达到控制压缩机运行、控制蒸发器温度及防止其发生冰堵的目的。

7. 储液干燥器和集液器

储液干燥器与集液器都有过滤和干燥的功能，两者都是罐式装置，外形几乎相同。在膨胀阀制冷系统中，储液干燥器与膨胀阀一起安装在冷凝器出口和蒸发器入口之间；在节流阀制冷系统中，集液器与节流阀一起安装在蒸发器出口和压缩机的入口之间。

1）储液干燥器

（1）储液干燥器的作用。

在膨胀阀制冷系统中，储液干燥器使从冷凝器中来的高压制冷剂液体经过过滤、干燥后流向膨胀阀。储液干燥器的作用是临时储存从冷凝器流出的液态制冷剂，以便制冷负荷变动和系统中有微漏时，能及时补充和调整供给热力膨胀阀的液态制冷剂量，以保证制冷剂流动的连续性和稳定性。同时，可防止过多的液态制冷剂储存在冷凝器里，使冷凝器的传热面积减少而使散热效率降低，而且还可滤除制冷剂中的杂质，吸收制冷剂中的水分，以防止制冷系统管路脏堵和冰塞，保护设备部件不受侵蚀，从而保证制冷系统的正常工作。

（2）储液干燥器的结构。

储液干燥器简称储液器，主要由视液玻璃镜、安全熔塞和过滤器等组成，其结构如图 2-1-52 所示。

储液干燥器的外壳由钢材焊接或拉伸而成，在其内部装有中心吸管干燥剂和过滤网等。制冷剂在储液干燥器中的流动情况如图 2-1-52 中箭头所示。在储液干燥器上部出口端装有玻璃视液镜，用于观察制冷剂在工作时的流动状态，由此可判断制冷剂量是否合适以及制冷系统的基本工作情况。储液干燥器一般安装在冷凝器旁或其他通风良好的地方，这是为了便于连接和安装，且易于从顶部玻璃视液镜观察制冷剂的流动情况。

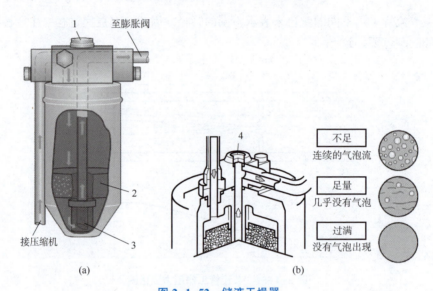

图 2-1-52　储液干燥器

1—玻璃视液镜；2—干燥剂；3—滤网；4—观察孔

对直立式储液干燥器而言，安装时一定要垂直，倾斜度不得超过 15°。在安装新的储液干燥器之前，不得过早将其进、出管口的包装打开，以免湿空气侵入储液干燥器和系统内部，使之失去除湿的作用。安装前一定要先分清储液干燥器的进、出口端，在储液干燥器的进、出口端一般都打有记号，如进口端用 IN、出口端用 OUT 表示，或直接打上箭头以表示进、出口端。如果进、出口相互接反，则会导致制冷剂量不足。

储液干燥器出口端旁边装有一只安全熔塞，也称易熔螺塞，是制冷系统的一种安全保护装置。其中心有轴向通孔，孔内装有焊锡之类的易熔材料，这些易熔材料的熔点一般为 85~95 ℃。当冷凝器因通风不良或冷气负荷过大而冷却不够时，冷凝器和储液干燥器内的制冷剂温度升高，当压力达到 3 MPa 左右、温度超过易熔材料的熔点时，安全熔塞中心孔内的易熔材料便会熔化，使制冷剂通过安全熔塞的中心孔逸出散发到大气中，从而可避免系统的其他部件因压力过高而被胀坏的危险。

2）集液器

集液器的主要功能包括储存多余制冷剂、去除多余水分、过滤杂质以及气液分离，从而保证流出的制冷剂为液体。这些功能共同作用，保证了汽车空调系统的正常运行和制冷效果。

集液器在汽车空调系统中扮演着至关重要的角色，其通常安装在冷凝器出口和节流机构入口之间。此外，集液器的设计和位置根据不同的系统布局会有所区别，以适应特定的系统需求。

🌀 任务实施

由教师根据班级情况分组进行任务实施。请各组同学根据本任务学习内容，利用所提供的维修资料和检测设备、工具等资源完成以下工作任务，并按要求填写表 2-1-4 所示操作步骤工作记录。

一、操作步骤

表 2-1-4　操作步骤工作记录表

步骤	工作项目	工作内容
1	准备工作	□ 正确进行蓄电池检查 □ 正确进行机油液位检查 □ 正确进行冷却液液位检查 □ 正确安装挡块 □ 正确安装翼子板布、座套、转向盘套
2	人员安全	□ 发动机盖打开后支撑正确 □ 测试过程中，不要误操作造成发动机起动 □ 不要佩戴尖锐饰物 □ 穿安全鞋 □ 操作过程中，不要对测试设备和车辆构成损坏 □ 测试过程中，不要对线束造成损伤
3	设备的使用	□ 工具、仪器、仪表和测试设备选择要合理 □ 要做好工具、仪器、仪表和测试设备准备工作后再进行测试 □ 要正确连接仪器、仪表和测试设备到车辆 □ 要正确操作车辆，达到测试条件后才可以进行测试 □ 测试设备操作正确，读取测量值要准确 □ 每次测试完成后，测试设备要合理归位
4	测量空调制冷系统压力	□ 选用歧管压力表 □ 正确连接软管到压力表头 □ 正确连接软管到高、低压维修口 □ 正确操作歧管压力测试仪，读取压力测试仪数值 □ 判断压力是否在正常范围内

续表

步骤	工作项目	工作内容
5	确认空调制冷剂是否泄漏	□ 选用正确的检漏方法 □ 运用正确的方法和步骤进行检漏 □ 选择电子卤素检漏仪 □ 打开开关 □ 调整电子卤素检漏仪的灵敏度 □ 将探头放在待测部位，距离被测部位 5 mm 左右，以 2 cm/s 的速度移动 □ 判断是否发生泄漏 □ 判断具体泄漏部位
6	制冷剂的补充	□ 正确选用制冷剂注入阀 □ 正确旋转使用制冷剂注入阀 □ 正确连接注入阀与歧管压力测试仪上的维修软管 □ 确认歧管压力测试仪上的手动阀处于关闭状态 □ 正确操作注入阀，使其插入制冷剂罐 □ 抽真空完毕后，关闭歧管的高、低压手动阀 □ 在打开注入阀开关后，让气体溢出几分钟，排出空气后拧紧螺母 □ 使歧管压力测试仪的高压手动阀至全开位置，将制冷剂罐倒立，使液体制冷剂从高压侧注入 □ 注入规定量的液态制冷剂后，关闭注入阀，关闭高压侧手动阀门 □ 注意安全，高压侧注入制冷剂时不得起动发动机
7	5S 规范	□ 地面和工作台要干净、整洁 □ 工具、设备擦拭干净后回收并摆放整齐 □ 起动车辆前要连接尾气排放装置 □ 同学之间不要出现肢体碰撞 □ 排故时不要出现现场组织混乱的情况

二、检查与评价

（一）自检

本组学生对任务操作过程中任务执行的操作规范性进行检查，检查操作过程中是否存在问题，分析讨论应如何避免并总结规范的操作方法。

（二）互检

组与组之间相互进行任务操作过程及结果检查，检查结果以小组汇报形式进行讨论，互评结果可作为教师评价的依据。

（三）任务评价

任务评价见表 2-1-5。

表 2-1-5　任务评价

评分项目	评分标准	自我评价			教师评价		
		优秀 (25分)	良好 (15分)	一般 (10分)	优秀 (25分)	良好 (15分)	一般 (10分)
知识掌握	1. 能够阐述汽车空调系统的整体结构； 2. 能够认识汽车空调制冷系统的整体结构并指出各部件的名称； 3. 能够正确认识汽车空调维修的专用工具						
实践操作	1. 能够对空调制冷系统的故障现象进行确认并分析故障原因； 2. 能够正确对空调制冷系统的故障进行排除； 3. 能够熟练使用各种检测设备						
职业素养	1. 能够查阅维修手册或相关资料准确找到所需信息； 2. 能够与他人交流或介绍相关内容； 3. 在工作组内服从分配、担当责任并能协同工作						
工作规范	1. 清理及整理工量具、车辆，保持实训场地整洁； 2. 建立安全的操作环境； 3. 废物回收与环保处理； 4. 检查、完善工单						
总评	满分100分						

任务2　汽车自动空调故障检测与修复

🌀 任务描述

王先生驾驶一辆2019年生产的迈腾轿车，行驶了45 000 km，出现了空调不制冷的现象，每个出风口都不能吹凉风；各挡位风量调节功能正常，该车配备自动空调系统。现需要同学们利用所学习的知识对车辆空调系统故障进行检修。

🌀 任务解析

该任务主要考查学生是否会使用检测工具对汽车空调系统故障进行检测和排除；找到故障点后是否可以利用拆装工具对汽车空调系统零部件进行更换，同时记录排除故障时主要的测量数据。教师在实施过程中要注重养成学生标准化操作、精益求精和吃苦耐劳的精神。

⚙ 知识链接

一、电控自动空调系统的控制面板

迈腾轿车电控自动空调系统的组成如图 2-2-1 所示，零件位置如图 2-2-2 所示。电控自动空调系统主要由通风、采暖、制冷、空气净化、操作和控制等部分组成，其中制冷系统、暖风系统和送风系统等与手动空调系统在结构上基本是相同的。电控自动空调系统是在手动控制空调系统的基础上增加了控制系统，控制系统由传感器、ECU、执行器组成；操作系统与送风系统是在手动空调系统的基础上增加了各种伺服电动机，并且操作系统有温度设定与选择开关。图 2-2-3 所示为迈腾轿车电控自动空调系统的组成。

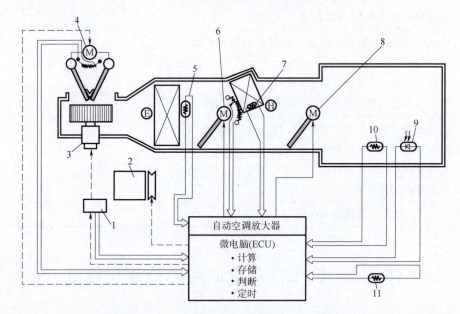

图 2-2-1　迈腾轿车电控自动空调系统的组成

1—功率晶体管；2—压缩机；3—鼓风机电动机；4—进气控制伺服电动机；5—蒸发器传感器；6—空气混合控制伺服电动机；
7—水温传感器；8—气流方式控制伺服电动机；9—太阳能传感器；10—车内温度传感器；11—车外温度传感器

如图 2-2-3 所示迈腾轿车电控自动空调系统按键说明：

1—座椅加热按钮：左侧座椅加热装置，有 3 挡可设，目前设定的挡位通过 LED 灯显示，当 LED 灯不亮时，则座椅加热装置被关闭。

2—上部空气分配按钮：设置激活时会亮起 LED 灯。

3—中部空气分配按钮：设置激活时会亮起 LED 灯。

4—下部空气分配按钮：设置激活时会亮起 LED 灯。

5—空气循环运转按钮：按下循环空气按钮切换到循环空气运行模式，并防止被污染的空气进入车内。

6—座椅加热按钮：右侧座椅加热装置，有 3 挡可设，目前设定的挡位通过 LED 灯显示，如果 LED 灯不亮，则座椅加热装置被关闭。

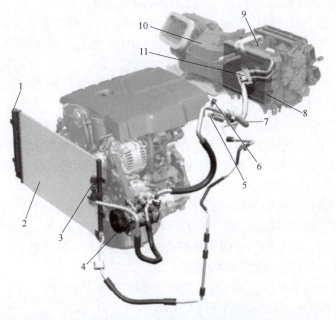

图 2-2-2 自动空调系统的零件位置

1—储液罐；2—冷凝器；3—制冷剂压力和温度传感器；4—压缩机；5、6—快速接头；
7—制冷剂管；8—蒸发器；9—空调器；10—空气进气箱；11—膨胀阀

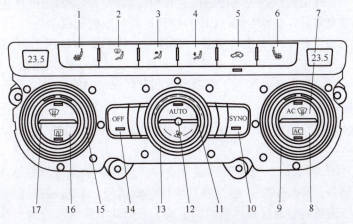

图 2-2-3 迈腾轿车电控自动空调系统的操作面板

7—强劲制冷功能按钮：迅速将车内温度降至设定温度。

8—"AC"按钮：通过操作按钮可以打开和关闭制冷运行模式，关闭"AC"按钮，可将空调压缩机的输出功率调到近乎为零；打开"AUTO"按钮，暖风和通风模式仍然通过电子调节运行。

9—右侧空调温度调节旋钮：将调节旋钮拧至所需要位置，设定的温度显示在空调操控面板右侧液晶显示屏上。

10—"SYNC"按钮：组合调节驾驶员侧和前排乘员侧的温度，如"SYNC"按钮里的指示灯点亮，则设定的驾驶员侧的温度也适用于前排乘员侧；如按压该按钮或操作前排乘员侧温度调节旋钮设定前排乘员侧的温度，则车内左右两侧的温度可分别调节，按钮里的指示灯熄灭。

11—"AUTO"功能按钮：在自动运行模式中，全自动空调将全自动保持所选的车内温度，为此系统自动控制出风温度、鼓风机转速和空气分配。当按下 AUTO 按钮时会亮起 LED 灯，再次按下该按钮，"AUTO"功能会在更高的转速下运行，第二盏 LED 灯会亮起。

12—车内温度传感器：检测车内的温度。

13—鼓风机转速调节旋钮：通过旋转旋钮改变鼓风机的转速挡。

14—"OFF"按钮：自动空调的开启和关闭。

15—左侧空调温度调节旋钮：将调节旋钮拧至所需位置，设定的温度显示在空调操控面板左侧液晶显示屏上。

16—后窗玻璃加热装置按钮：后窗玻璃加热装置保持接通状态 4～20 min（具体取决于车外温度），设置激活时会亮起 LED 灯。

17—风窗玻璃除霜按钮：按下按钮后，控制单元会调节设置，使后风窗玻璃升温将霜融化。

二、电控自动空调系统的工作原理

电控自动空调系统主要由温度控制、鼓风机转速控制、送风方式控制、进气模式控制、压缩机控制等组成，下面将介绍其工作原理。

（一）温度控制

温度控制的目的是使车内空气温度达到车内人员设定温度的要求，并保持稳定。如图 2-2-4 和图 2-2-5 所示，电控自动空调系统的温度控制系统，其基本组成包括车内的出风口温度传感器、车外阳光照射光电传感器、日照传感器、蒸发器温度传感器、冷却液温度传感器、设定温度电阻器、自动空调 ECU 和空气混合伺服电动机等。

ECU 根据设定温度和车内温度传感器、车外温度传感器和日照传感器等信号，自动调节混合门的位置。一般来说，车内温度越高、车外温度越高、阳光越强，混合门就越接近"全冷"位置，ECU 根据车内温度和车外温度控制空气混合门的位置。

（二）鼓风机转速控制

鼓风机转速控制的目的是调节降温或升温速度，稳定车内温度。鼓风机转速控制系统的控制电路如图 2-2-6 所示。

当按下"AUTO"按钮时，驾驶员用调节旋钮设定预定的温度，空调 ECU 根据输入信号（车内温度传感器、环境温度传感器和日照传感器信号）和温度设定发送调整信号，鼓风机根据调整信号主动调节通过鼓风电机的电流，进而调节鼓风机转速，若冷却液温度传感器检测到冷却液温度低于 40 ℃，则空调 ECU 便使鼓风机停止工作。

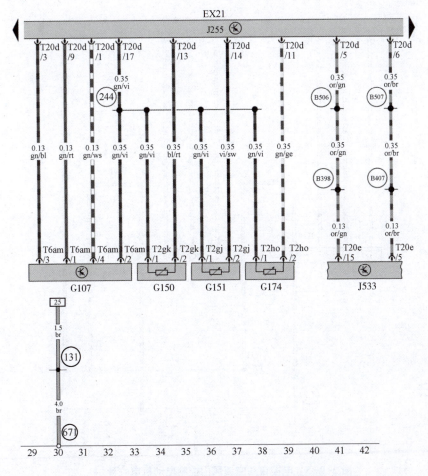

图 2-2-4 电控自动空调温度控制传感器及 ECU

EX21—暖风/空调操作；G107—日照传感器；G150—左侧出风口温度传感器；G151—右侧出风口温度传感器；
G174—后部出风口温度传感器；J255—全自动空调控制单元；J533—数据总线诊断接口；T2gj—2 芯插头连接，黑色；
T2gk—2 芯插头连接，黑色；T2ho—2 芯插头连接，黑色；T6am—6 芯插头连接，黑色；T20d—20 芯插头连接，黑色；
T20e—20 芯插头连接，红色；131—接地连接 2，在发动机舱导线束中；244—接地连接（传感器接地），
在全自动空调导线束中；671—前左纵梁上的接地点 1；B398—连接 2（舒适 CAN 总线，High），在主导线束中；
B407—连接 2（舒适 CAN 总线，Low），在主导线束中；B506—连接（舒适/便捷系统，High），在车内导线束中；
B507—连接（舒适/便捷系统，Low），在车内导线束中

（三）气流分配控制

气流方式控制的目的是调节送风方向，提高舒适性。气流方式控制系统主要由传感器、空调控制单元、气流方式控制伺服电动机和控制面板等组成。气流分配控制电路如图 2-2-7 所示。

（四）进气模式控制

进气模式控制的目的是调节进入车内的新鲜空气量，使车内空气温度和质量达到最佳，并根据空气质量传感器传来的信号，确定进气模式是车内循环还是车外循环。进气模式控制电路如图 2-2-8 所示。

该控制系统还有一种新鲜空气强制进气控制功能，当手动按下循环开关时，将进气方式强制转变为车外循环方式，以清除风窗玻璃上的雾气。除此之外，进气模式控制还可改变新

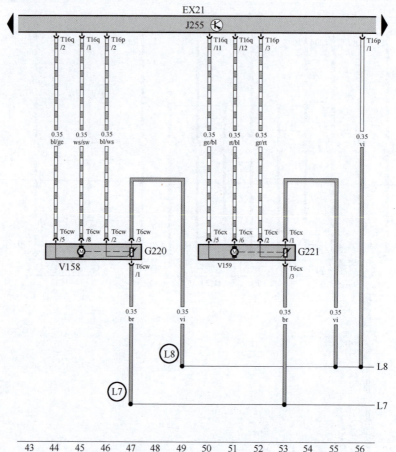

图 2-2-5　电控自动空调风门控制电动机电位计

EX21—暖风/空调操作；G220—左侧温度风门伺服电动机电位计；G221—右侧温度风门伺服电动机电位计；
J255—全自动空调控制单元；T6cw—6芯插头连接，蓝色；T6cx—6芯插头连接，蓝色；T16p—16芯插头连接，黑色；
T16q—16芯插头连接，棕色；V158—左侧温度风门伺服电动机；V159—右侧温度风门伺服电动机；
L7—连接3，在空调器导线束中；L8—连接4，在空调器导线束中

鲜空气与循环空气的混合比例。

（五）压缩机控制

1. 基本控制

ECU 根据车内温度、车外温度、蒸发器温度和设定温度等参数，自动控制压缩机的通断，调节蒸发器表面温度，并防止蒸发器表面结冰。

2. 低温保护

当车外环境温度低于某值（如 3 ℃或 8 ℃）时，压缩机停止工作，防止压缩机的损耗。

3. 高速控制

当发动机转速超过某转速时，压缩机停止工作，防止因压缩机转速过高而造成损坏。

4. 加速切断

当发动机处于急加速工况时，为了保证发动机有足够的动力，压缩机暂时停止工作。

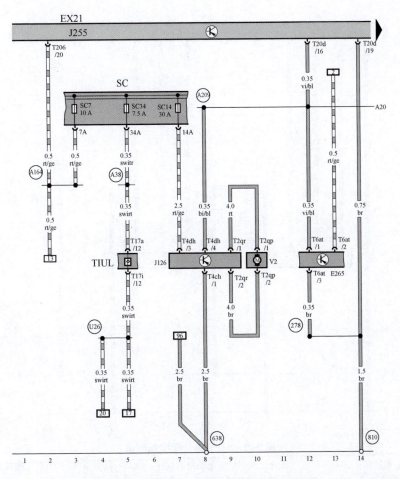

图 2-2-6 鼓风机转速控制系统的控制电路

EX21—暖风/空调操作；E265—后部空调操作和显示单元；J126—新鲜空气鼓风机控制单元；J255—全自动空调控制单元；
SC—熔断器架 C；SC7—熔断器架 C 上的熔断器 7；SC14—熔断器架 C 上的熔断器 14；SC34—熔断器架 C 上的熔断器 34；
T2qp—2 芯插头连接，黑色；T2qr—2 芯插头连接，黑色；T4dh—4 芯插头连接，黑色；T6at—6 芯插头连接，黑色；
T17a—17 芯插头连接，棕色；T17i—17 芯插头连接，棕色；T20d—20 芯插头连接，黑色；TIUL—车内的下部左侧连接位置；
V2—新鲜空气鼓风机；278—接地连接 4，在车内导线束中；638—右 A 柱上的接地点；810—中部仪表板左侧中央管处的接地点；
A38—正极连接 2（15a），在仪表板导线束中；A164—正极连接 2（30a），在仪表板导线束中；
A209—连接 1（LIN 总线），在仪表板导线束中；U26—连接（15），在变速箱开关导线束中

5. 高温控制

当发动机冷却液温度超过某值（如 109 ℃）时，压缩机停止工作，防止发动机冷却液温度进一步上升。

6. 打滑保护

当压缩机卡死导致传动带打滑时，压缩机停止工作，防止传动带负荷过大而断裂，进而影响水泵、发电机等的工作。

7. 低速控制

当发动机转速低于某转速（如 600 r/min）时，压缩机停止工作，防止发动机失速。

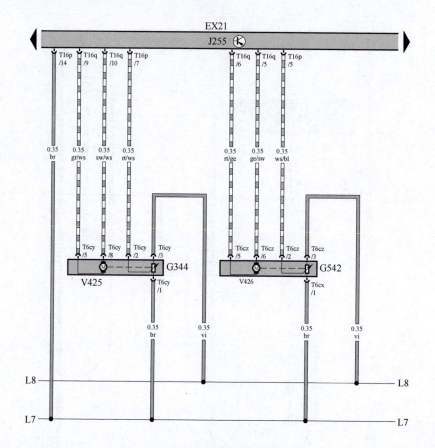

图 2-2-7　气流分配控制电路

EX21—暖风/空调操作；G642—前部气流分配风门伺服电动机电位计；G644—新鲜空气/车内空气循环/速滞压力风门
伺服电动机电位计；J255—全自动空调控制单元；T6cy—6 芯插头连接，蓝色；T6cz—6 芯插头连接，蓝色；
T16p—16 芯插头连接，黑色；T16q—16 芯插头连接，棕色；V425—新鲜空气/车内空气循环/速滞压力风门伺服电动机；
V426—前侧气流分配风门伺服电动机；L7—连接 3，在空调器导线束中；L8—连接 4，在空调器导线束中

8. 低压保护

当制冷系统压力低于某定值时，压缩机停止工作，防止压缩机在系统制冷剂不足的条件下工作，造成压缩机损坏。

9. 高压保护

当系统压力超过某值时，压缩机停工作，防止空调系统瘫痪。

10. 可变排量压缩机的控制

可变排量压缩机有全容量（100%）运转、半容量（50%）运转和压缩机停止 3 种工作模式。ECU 根据空调系统冷气负荷的大小，控制压缩机的排量变化，以减少能量的浪费。可变排量压缩机的控制系统主要有两种类型：一种是根据冷却液温度进行控制；另一种是根据蒸发器表面温度进行控制。

根据冷却液温度进行控制的方法是：当发动机冷却液温度过高时，ECU 根据冷却液温度传感器信号，控制压缩机按半容量模式运转，防止发动机过热；反之，当发动机冷却液低于某一值时，ECU 控制压缩机按全容量模式运转，以满足制冷需要。

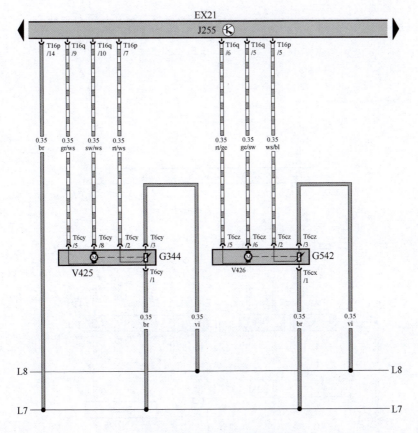

图 2-2-8　进气模式控制电路

EX21—暖风/空调操作；G642—前部气流分配风门伺服电动机电位计；G644—新鲜空气/车内空气循环/速滞压力风门
伺服电动机电位计；J255—全自动空调控制单元；T6cy—6 芯插头连接，蓝色；T6cz—6 芯插头连接，蓝色；
T16p—16 芯插头连接，黑色；T16q—16 芯插头连接，棕色；V425—新鲜空气/车内空气循环/速滞压力风门伺服电动机；
V426—前侧气流分配风门伺服电动机；L7—连接 3，在空调器导线束中；L8—连接 4，在空调器导线束中

　　根据蒸发器表面温度进行控制的方法是：当蒸发器温度大于某一值（40 ℃）时，ECU
控制压缩机按全容量模式运转，降低蒸发器温度；当蒸发器表面温度低于某一值（40 ℃）
时，ECU 控制压缩机按半容量模式运转，以降低能耗；当蒸发器温度低于 3 ℃时，ECU 控
制压缩机停止运转，防止损坏压缩机。空调压缩机控制电路图如 2-2-9 所示。

三、电控自动空调系统主要部件的结构与原理

（一）电控自动空调常用传感器

1. 车内温度传感器

　　车内温度传感器一般安装在仪表板下面，安装位置如图 2-2-10 所示，其作用是检测车
内空气温度，ECU 根据此信号控制出风口空气温度、鼓风机转速、气流方式和进气模式等。
空调制冷时，车内温度越高，混合门越向"冷"的方向移动，出风口的温度就越低，鼓风
机的转速就越高，以快速降温，此时进气门就处于内循环位置，以加快降温。

　　为使车内温度传感器能够更加准确、及时地测量车内平均温度，必须采用强制通风装置

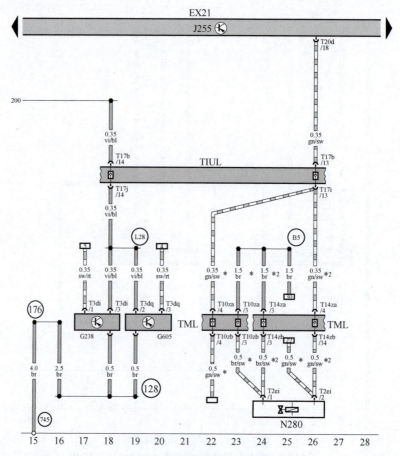

图 2-2-9　空调压缩机控制电路

EX21—暖风/空调操作；G238—空气质量传感器；G805—冷却液循环管路压力传感器；

J255—全自动空调控制单元；N280—空调压缩机调节阀；T2ei—2 芯插头连接，黑色；T3dq—3 芯插头连接；

T3dt—3 芯插头连接，棕色；T10za—10 芯插头连接；T10zb—10 芯插头连接；T14za—14 芯插头连接；

T14zb—14 芯插头连接；T17b—17 芯插头连接，红色；T17j—17 芯插头连接，红色；T20d—20 芯插头连接，黑色；

TIUL—车内的下部左侧连接位置；TML—发动机舱内左侧连接位置；85—接地连接 1，在发动机舱导线束中；

129—接地连接，在双喇叭导线束中；176—接地连接，在右侧大灯导线束中；745—接地点 3，在右前纵梁上；

A209—连接 1（LIN 总线），在仪表板导线束中；L28—连接，在发动机舱中的全自动空调导线束中；

*—仅用于带 1.8 L 发动机的汽车；*2—仅用于带 2.0 L 发动机的汽车

图 2-2-10　车内温度传感器的安装位置

将车内空气强制导向车内温度传感器。按强制导向气流方式不同，车内温度传感器可分为吸气器型车内温度传感器和电动机型车内温度传感器，两种传感器的结构分别如图 2-2-11 和图 2-2-12 所示。

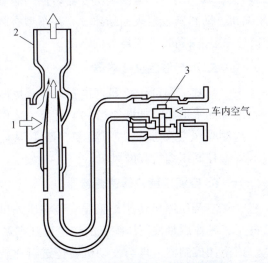 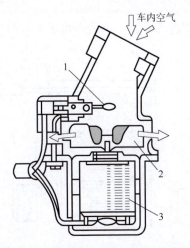

图 2-2-11　吸气器型车内温度传感器

1—暖气装置；2—吸气器；3—热敏电阻

图 2-2-12　电动机型车内温度传感器

1—热敏电阻；2—风扇；3—电动机

2. 车外温度传感器

车外温度传感器一般位于车的前部，安装位置如图 2-2-13 所示，作用是检测车外环境温度，ECU 根据车外温度传感器信号控制出风口空气温度、鼓风机转速、气流方式和进气模式等。空调制冷时，车外温度高，混合门就向"冷"的方向移动，出风口温度降低，鼓风机的转速就越高，以加快降温，此时进气门就处于内循环位置，以加快降温。

图 2-2-13　车外温度传感器的安装位置

3. 日照传感器

日照传感器安装在驾驶室仪表板上方容易接受阳光照射的位置，其作用是检测阳光强度，修正混合门的位置与鼓风机的转速。当阳光增强时，混合门移向"冷"侧，鼓风机转速提高；反之，当阳光减弱时，混合门移向"热"侧，鼓风机转速降低。

4. 空调蒸发器温度传感器

空调蒸发器温度传感器安装在蒸发器的表面，其作用：一是检测蒸发器表面的温度，修正混合门位置，调节车内温度；二是控制压缩机，防止蒸发器表面结冰。有些车型有两个蒸发器温度传感器，一个用来修正混合门位置，一个用来防止蒸发器表面结冰。

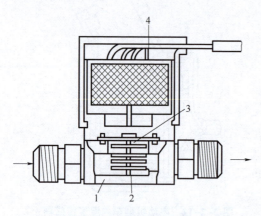

图 2-2-14　冷却液温度传感器
1—外壳；2—电极；3—玻璃环氧板；4—电路

5. 冷却液温度传感器

冷却液温度传感器直接安装在暖风散热器底部的水道上，如图 2-2-14 所示，其作用是检测暖风装置加热芯的温度，修正混合门位置，控制压缩机和鼓风机。

6. 空调压缩机转速传感器

空调压缩机转速传感器安装在压缩机壳体上，其作用是检测压缩机的转速送到空调 ECU 或空调控制器，再与发动机转速进行比较，判断压缩机传动带是否打滑或断裂。当压缩机传动带打滑或断裂时，空调电脑或空调控制器控制压缩机停转，防止损坏压缩机。

7. 静电式制冷剂流量传感器

静电式制冷剂流量传感器安装在储液罐和膨胀阀之间，安装位置如图 2-2-15 所示，作用是检测制冷剂流量。当制冷剂流量发生变化时，传感器以频率信号输入空调 ECU，空调 ECU 根据此信号判断制冷剂流量是否正常。当出现异常时，则利用监控系统进行报警。

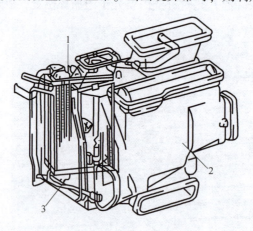

图 2-2-15　静电式制冷剂流量传感器安装位置
1—暖风芯；2—暖风装置；3—冷却液温度传感器

（二）电控自动空调执行器

电控自动空调系统的执行元件主要包括控制伺服电动机（伺服电动机）、风机及压缩机电磁离合器等。图 2-2-16 所示为由伺服电动机的安装位置，图 2-2-17 所示为由伺服电动机控制的各种风挡的位置。

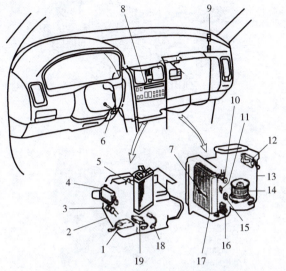

图 2-2-16　伺服电动机安装位置

1—最大冷却伺服电动机；2—取暖器组件；3—抽风机；4—方式伺服电动机；5—取暖器散热器；
6—室温传感器；7—蒸发器温度传感器；8—空调器控制部件；9—日照传感器；10—膨胀阀；
11—送风机电阻；12—进气伺服电动机部件；13—冷却和送风机组件；14—送风机电动机；15—继电器；
16—功率管；17—蒸发器；18—冷却液温度传感器；19—空气混合伺服电动机部件

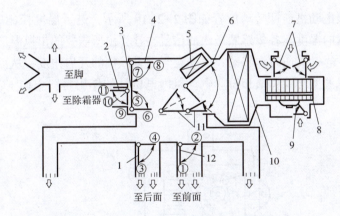

图 2-2-17　伺服电动机控制的各种风挡的位置

1—后通风风挡；2—除霜器风挡；3—通风口风挡；4—热风挡；
5—取暖器散热器；6—空气混合风挡；7—进气风挡；8—送风机电动机；
9—进气风挡；10—蒸发器；11—冷气最足风挡；12—中央通风口风挡

1. 进风控制伺服电动机

进风控制伺服电动机用于控制进风方式，其结构如图 2-2-18 所示。电动机的转子经连杆与进风窗风板相连，当驾驶人使用进风方式控制键选择"车外新鲜空气导入"或"车内空气循环"模式时，空调 ECU 即控制进风控制伺服电动机带动连杆顺时针或逆时针旋转，从而控制进风窗风板闭合或开启，达到改变进风方式的目的。该伺服电动机内装有一个电位计，其随电动机转子转动，并向空调 ECU 反馈电动机活动触点的位置情况。

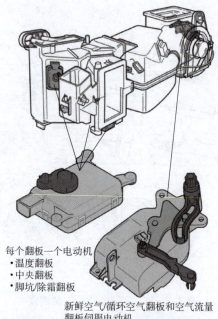

每个翻板一个电动机
• 温度翻板
• 中央翻板
• 脚坑/除霜翻板

新鲜空气/循环空气翻板和空气流量
翻板伺服电动机

图 2-2-18 进风控制伺服电动机

2. 空气混合伺服电动机

空气混合伺服电动机连杆转动位置如图 2-2-19 所示，进行温度控制时，空调 ECU 首先根据驾驶人设置的温度及各传感器送入的信号，计算出所需要的出风温度并控制空气混合伺服电动机连杆顺时针或逆时针转动，改变空气混合风挡的开启角度，从而改变冷暖空气混合比例，调节出风温度与计算值相符。电动机内电位计的作用是向空调 ECU 输送空气混合挡板的位置信号。

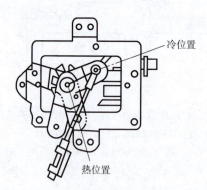

冷位置

热位置

图 2-2-19 空气混合伺服电动机连杆转动位置

3. 送风方式控制伺服电动机

送风方式控制伺服电动机连杆转动位置及电动机的内部结构如图 2-2-20 所示，当按下操作面板上的某个送风方式键时，空调 ECU 将电动机上的相应端子搭铁，由此电动机内的驱动电路将电动机连杆转动，将送风控制风挡转到相应的位置上，打开某个通道。

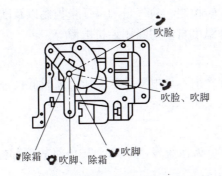

图 2-2-20　送风方式控制伺服电动机的内部结构

当按下自动控制键时，空调 ECU 根据计算结果，在与人脸、脚等相对的几个位置自动改变送风方式。

4. 最冷控制伺服电动机

最冷控制伺服电动机的风挡位置及内部电路如图 2-2-21 所示，该电动机的风挡具有全开、半开和全闭 3 个位置。当空调 ECU 使某个位置的端子搭铁时，电动机驱动电路使电动机旋转，带动最冷控制风挡位于相应的位置上。

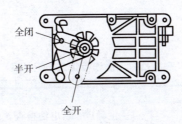

图 2-2-21　最冷控制伺服电动机的风挡位置及内部电路

5. 可变排量压缩机

可变排量压缩机是在压缩机移动活塞的旋转斜盘上增加了一个可变排量机构，空调 ECU 根据冷却液温度传感器信号确定是否给可变排量机构的电磁线圈通电，从而控制压缩机的容量。

（三）电控自动空调 ECU

空调 ECU 与操作面板集成一体，它对各种传感器输入的信号和功能选择键输入的指令进行计算、分析比较后，发出指令，控制各个执行元件动作，使车内温度、空气流动状况等始终保持在驾驶人设定的水平上，极大地简化了操作，该系统主要用在高级轿车的空调上。另外，空调 ECU 控制的汽车空调系统具有以下功能。

1. 空调控制

空调控制包括温度自动控制、风量控制、运转方式给定的自动控制和换气量控制等，满足车内空调对舒适性的要求。

2. 节能控制

节能控制包括压缩机运转控制、换气量的最适量控制以及随温度变化的换气切换、自动转入经济运行、根据车内外温度自动切断压缩机电源等。

3. 故障、安全报警

故障、安全报警包括制冷剂不足报警、制冷压力高或低报警、离合器打滑报警、各种控制器件的故障判断报警等。

4. 故障诊断

故障诊断，即存储汽车空调系统发生故障，ECU 将故障部位用故障码的形式存储起来，在需要修理时指示故障的部位。

5. 显示

显示包括显示给定的温度、控制温度、控制方式和运转方式的状态等。

任务实施

由教师根据班级情况分组进行任务实施。请各组同学根据本任务学习内容，利用提供的维修资料和检测设备、工具完成以下工作任务，并按要求完成表 2-2-1 所示操作步骤工作记录表。

一、操作步骤

表 2-2-1　操作步骤工作记录表

步骤	工作项目	工作内容
1	准备工作	□ 正确进行蓄电池检查 □ 正确进行机油液位检查 □ 正确进行冷却液液位检查 □ 正确安装挡块 □ 正确安装翼子板布、座套、转向盘套
2	人员安全	□ 发动机盖打开后支撑正确 □ 测试过程中，不要误操作造成发动机起动 □ 不要佩戴尖锐饰物 □ 穿安全鞋 □ 操作过程中，不要对测试设备和车辆造成损坏 □ 测试过程中，不要对线束造成损伤
3	设备的使用	□ 工具、仪器、仪表和测试设备选择要合理 □ 要做好工具、仪器、仪表和测试设备准备工作后再进行测试 □ 要正确连接仪器、仪表和测试设备到车辆 □ 要正确操作车辆，达到测试条件后才可以进行测试 □ 测试设备操作正确，读取测量值要准确 □ 每次测试完成后，测试设备要合理归位

步骤	工作项目	工作内容
4	电控自动空调的故障码读取与故障诊断	□ 将点火开关旋至"ON"，同时按下"AUTO"和"AC"按钮，打开鼓风机开关 □ 打开内循环开关 □ 指示灯检查 □ 故障代码检查 □ 使用解码仪进行伺服电动机检查 □ 取消检查模式
5	电控自动空调输入信号电路的检修	□ 检查车内温度传感器 □ 脱开车内温度传感器插接器 □ 检查插接器两端子间的电阻 □ 检查车外温度传感器 □ 检查车外温度传感器插接器两端子间的电阻 □ 拆卸蒸发箱温度传感器 □ 检查蒸发箱温度传感器 □ 检查压缩机锁止传感器 □ 测量插接器端子之间的电阻 □ 拆卸日照传感器 □ 用布蒙住传感器测电阻，其阻值应为无穷大 □ 用灯光照射时测量电阻约为 4 kΩ □ 检测点火器电路 □ 检测鼓风机电路 □ 检测混风门位置传感器，测量电压 □ 检测压缩机电路 □ 在空调开关接通时，电压应为蓄电池电压 □ 空调开关断开时，电压应为 0 V
6	5S 规范	□ 地面和工作台要干净、整洁 □ 工具、设备擦拭干净后回收并摆放整齐 □ 起动车辆前要连接尾气排放装置 □ 同学之间不要出现肢体碰撞 □ 排故时不要出现现场组织混乱的情况

二、检查与评价

（一）自检

本组学生对任务操作过程中任务执行的操作规范性进行检查，检查操作过程中是否存在问题，分析讨论应如何避免并总结规范的操作方法。

（二）互检

组与组之间相互进行任务操作过程及结果检查，检查结果以小组汇报形式进行讨论，互评结果可作为教师评价的依据。

（三）任务评价

任务评价见表 2-2-2。

表 2-2-2　任务评价

评分项目	评分标准	自我评价			教师评价		
		优秀 (25分)	良好 (15分)	一般 (10分)	优秀 (25分)	良好 (15分)	一般 (10分)
知识掌握	1. 能够阐述汽车空调系统的整体结构； 2. 能够认识自动控制空调的电路图； 3. 能够通过电路图分辨出汽车空调系统具有的功能						
实践操作	1. 能够对汽车自动空调系统的故障现象进行确认并分析故障原因； 2. 能够正确对汽车自动空调系统的故障进行排除； 3. 能够熟练使用各种检测设备						
职业素养	1. 能够查阅维修手册或相关资料准确找到所需信息； 2. 能够与他人交流或介绍相关内容； 3. 在工作组内服从分配、担当责任并能协同工作						
工作规范	1. 清理及整理工量具、车辆，保持实训场地整洁； 2. 建立安全的操作环境； 3. 废物回收与环保处理； 4. 检查、完善工单						
总评	满分 100 分						

课后测评

一、填空题

1. 氟表上三根软管的作用：红色软管连接＿＿＿＿＿、蓝色软管连接＿＿＿＿＿、黄色软管连接＿＿＿＿＿。

2. 空调系统常用的制冷剂为＿＿＿＿＿。

3. 自动空调控制系统包括＿＿＿＿＿、＿＿＿＿＿、＿＿＿＿＿。

4. 空调系统的主要作用是＿＿＿＿＿、＿＿＿＿＿、＿＿＿＿＿、＿＿＿＿＿。

二、判断题

1. 需要快速制冷时，应打开室外循环，可以使循环冷却能力加大。　　　　（　　）

2. 无论在什么情况下，只要打开空调开关，压缩机就能工作。　　　　　（　　）

3. 室外循环，有利于改善室内空气质量，因此应始终开启外循环。　　　（　　）

4. 混合气风门的主要作用是调节出风口的温度。　　　　　　　　　　　（　　）

5. 膨胀阀感温包的主要作用是检测蒸发箱出口温度，控制膨胀阀开启大小。（　　）

6. 如果冷凝器的散热片污垢较多，则会导致制冷系统高压侧压力过高。　（　　）

7. 高压液态制冷剂在经过膨胀阀后会变成低压液态的制冷剂。　　　（　　）

8. 制冷剂加注多一些，制冷系统制冷效果才会更好。　　　　　　　（　　）

9. 高级的冷冻油可以用于 R134a 和 R12 制冷系统。　　　　　　　（　　）

三、简答题

一辆捷达轿车，车主最近反应，空调系统制冷效果不佳，时冷时暖，在高速时，空调制冷效果有轻微好转。

（1）就此故障现象，根据所学知识列举出可能出现此现象的故障原因。

（2）根据你所学知识，以及刚才的分析，列出对空调系统的检查操作流程。

3 项目

车身舒适系统故障诊断与检修

项目导入

一辆迈腾 B8 汽车，行驶 12 万 km 后车身舒适系统出现多处故障，电控车窗系统控制失效、汽车巡航定速功能无法启动、电控后视镜控制失效、电控座椅系统部分功能失效等。维修人员需要先通过电路图等维修资料确认车辆各故障系统控制原理，然后使用诊断仪、示波器、万用表等检测工具对系统故障进行检测，检测过程中需要记录并对故障波形进行分析，同时记录判定故障类型的关键测量数据值，最终使用拆装工具对故障进行修复。

学习目标

【知识目标】

1. 能够根据车身舒适系统原理图阐述系统工作原理；
2. 能够根据故障现象独立分析并制定维修流程；
3. 能够阐述车辆舒适系统零部件的更换步骤。

【能力目标】

1. 能够查阅维修资料，独立完成车辆舒适系统的故障排除；
2. 能够熟练利用检测仪器、仪表及设备对车辆舒适系统故障进行检修；
3. 能够熟练使用拆装工具对车辆舒适系统零部件进行更换；
4. 能够对车辆巡航控制系统进行功能验证和故障检测。

【素质目标】

1. 养成学生勇于担当、有社会责任感的精神；
2. 强化质量意识的养成，培养耐心、专注、坚持的意志；

3. 通过维修资料的阅读、工具的使用、故障的检测分析流程等方面的实践，树立诚信意识、责任意识。

项目实施

任务 1 汽车电控车窗系统故障检修

🔵 任 务 描 述

一辆迈腾 B8 汽车，车窗升降控制系统出现故障，车主描述点火开关打到"ON"挡时，操纵驾驶员侧车窗开关控制右前门车窗升降，右前门车窗没有任何动作；操纵驾驶员侧车窗开关控制右后门车窗升降，右后门车窗也没有任何动作；右前侧车门和右后侧车门操作分控车窗升降开关，车窗同样也没有任何动作，左侧车窗功能正常。现需要同学们对该故障进行维修。

🔵 任 务 解 析

该任务主要考查学生是否会利用万用表、示波器等检测工具对电控车窗系统故障进行检测和排除，找到故障点后是否可以使用拆装工具对电控车窗系统零部件进行更换，同时记录下判定故障类型的关键测量数据。教师在实施过程中要注重养成学生的标准化操作，养成良好的耐心和专注力。

🔵 知 识 链 接

一、电控车窗功用及结构

（一）电控车窗的功用

随着生活水平的提高，人们对车窗操作的舒适性和便捷性要求越来越高，电控车窗已经越来越多地成为汽车的标准配置。所谓电控车窗，就是通过车载电源来驱动车窗玻璃升降器电动机，控制升降器带动车窗玻璃上下运动的装置，达到车窗通过电控自动开闭的目的。电控车窗可使驾驶员或者乘员坐在座位上，利用开关控制车窗玻璃升降，操作简便并有利于行车安全，目前有很多中低端车辆不但配备电控车窗，而且还具备一键升降电控车窗的功能。

（二）电控车窗的结构

电控车窗装置主要由车窗升降控制开关（主控开关、分控开关）、电动机、升降器、控制电路等组成，其中电动机一般采用双向永磁直流电动机，通过控制电流方向，使其正反向转动，实现车窗升降功能。

1. 车窗升降控制开关

车窗升降控制开关分为主控开关和分控开关，如图 3-1-1 所示，主控开关是由驾驶人操纵，安装在主驾驶门里板上，可以控制全车车窗玻璃的升降；分控开关是由乘客操纵，安装在每一个乘客侧车门上，可控制相对应侧车窗玻璃的升降。一般主控开关上会安装车窗锁止开关，锁止后分控开关控制将失效。

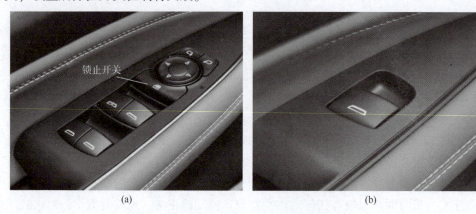

（a）　　　　　　　　　　　　　　　　　　　（b）

图 3-1-1　车窗升降控制开关

（a）主控开关；（b）分控开关

2. 车窗控制电动机

汽车电控车窗使用的电动机是双向的，分为永磁式和双绕组串激式两类，每个车窗都装有一个电动机，通过开关控制它的旋转方向，使车窗玻璃升起或下降。永磁式直流电动机是通过改变电枢电流的方向来改变电动机的旋转方向，从而实现车窗玻璃的升降的。图 3-1-2 所示为车窗玻璃升降电动机总成，它由直流电动机、继电器、控制器、换向器、磁环、涡轮和蜗杆等组成。

图 3-1-2　车窗玻璃升降电动机总成

双绕组串激式直流电动机有两个绕向相反的磁场绕组，一个是上升绕组，另一个是下降绕组，通电后产生相反方向的磁场，以改变电动机的旋转方向，使车窗玻璃升降。电动机是由双联开关按钮控制，设有升、降、关等三个工作状态，开关不操纵时自动停在"关"的位置上。在其操纵电路设有总开关（中央控制）和分开关，两者线路并联。目前车辆上较少采用双绕组串激式电动机。

3. 玻璃升降器

玻璃升降器是汽车车窗玻璃的升降装置，主要分电动玻璃升降器与手动玻璃升降器两大类。现在轿车车窗玻璃的升降一般都改用按钮式的电动升降方式。轿车用的电动玻璃升降器多是由电动机、减速器、导绳、导向板、玻璃安装托架等组成。电动玻璃升降器控制开关分为主控开关和分控开关。主控开关由驾车者控制全部车窗玻璃的开闭，而各车门内把手上的分控开关由乘员分别控制各个车窗玻璃的开闭，操作十分便利。

汽车车窗玻璃升降器从结构上划分，总体可分为臂式玻璃升降器和柔式玻璃升降器，如图 3-1-3 所示，其中臂式玻璃升降器包括单臂式玻璃升降器和双臂式玻璃升降器，柔式玻璃升降器包括绳轮式玻璃升降器、带式玻璃升降器和软轴式玻璃升降器。

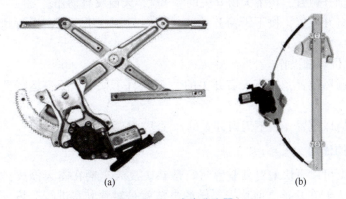

(a)　　　　　　　　　　　　　(b)

图 3-1-3　玻璃升降器

（a）臂式玻璃升降器；（b）柔式玻璃升降器

臂式玻璃升降器采用悬臂式支承结构及齿轮齿板机构，其工作阻力较大。它的传动机构为齿轮齿板啮合传动，除齿轮外，其主要构件均为板式结构，加工方便，成本低，在国内车辆上使用较为普遍。

柔式玻璃升降器的传动机构为齿轮软轴啮合传动，具有"柔式"的特点，故其设置、安装都比较灵活方便，结构设计也比较简捷，且自身结构紧凑，总体质量轻。

软轴式升降器主要由摇窗电动机、软轴、成形轴套、滑动支座、支架机构以及护套等组成。当电动机旋转时，输出端上的链轮与软轴外轮廓啮合，带动软轴在成形轴套内移动，从而使与车窗玻璃相连接的滑动支座沿着支架机构中的导轨上下运动，达到升降玻璃的目的。

二、电控天窗的功用及结构

（一）电控天窗的功用

汽车天窗改变了传统的换气形式，汽车行驶时空气流在车顶快速流动，在车顶部形成负压，天窗开启后可以利用负压将车内的空气抽出车外实现快速换气。由于不是直接进风，而是将车内的空气从上部抽出去使新鲜空气从进风口补充进来，所以车内气流极其柔和，并没有风直接吹在身上，同时也不会有尘土卷入。

1. 天窗的操作

在操作天窗时共有 3 个位置，分别为全关、全开和通风位置，下面介绍在这 3 个位置的操作及天窗的动作。与此相对应，天窗开关同样也有 3 个位置，自由状态是中间位置，按下关闭开关，放松后回到中间位置；按下开启开关，放松后回到中间位置。

1）天窗全闭位置的操作

（1）在天窗全闭位置，按一下天窗开关的"开"，然后松手，天窗自动运行到全开的位置并停止运转：在天窗运行到全开之前，再按一下天窗开关，无论是按下"开"还是"关"，天窗都会停止在当前位置。

（2）在天窗的全闭位置，按下天窗开关的"关"不松手，天窗运行到通风位置后自动停止运转。

2）天窗全开位置的操作

（1）在天窗全开位置，按下天窗开关的"开"，天窗没有动作。

（2）在天窗全开位置，按下天窗开关的"关"且不松手，天窗运行到全关的位置并自动停止运转。

3）天窗通风位置的操作

（1）在天窗通风位置，按下天窗开关的"开"且不松手，天窗运行到全关位置后自动停止运转。

（2）在天窗通风位置，按下天窗开关的"关"，天窗不动作。

2. 汽车天窗的作用

（1）利用天窗可以更快地对驾驶室进行散热。夏天车辆在露天停放，车内温度可达到60 ℃以上，所以人们在开车之前首先要做的事情就是对驾驶室进行散热，如果直接利用空调对驾驶室进行散热，那不但散热效率低，而且还浪费燃油。天窗的位置一般都是汽车的顶棚中间部位，而这个地方正好是汽车前进时产生气流的聚集点，所以打开天窗能够让热空气尽快地散发出去。而且在行车过程中打开天窗，可以加快车内空气的流动。

（2）提高车内采光效果。天窗就是安装在车顶的一块透明的玻璃，光线可以直接透过玻璃进入车内，乘坐人员不会感觉到乘车的压抑，尤其是车内比较紧凑的车型，打开天窗之后就没有狭窄憋闷的感觉了。天窗还配备遮阳帘，在阳光强烈时可以打开天窗遮阳帘。

（3）除雾又透气。当车内外温差大并且车内湿度大时，车窗玻璃就会起雾，尤其是冬天时，驾驶员的视线被遮挡，车辆行驶很是危险的，但是打开车窗又有些冷，开空调除雾速度不够快，这时就可以打开汽车天窗，既能通风换气，也不会太冷。而且在高速行驶时，将天窗打开透气，与车窗相比不会产生太大的噪声。

（4）多一个逃生出口。当车辆出现意交通事故翻车或者进水之后，车门损坏不能打开，车窗也被其他车辆遮挡，此时就可以打破天窗逃生，尤其是车辆侧翻时，用双脚蹬天窗还是很方便简单的。

（二）电控天窗的结构

现在大部分车辆多采用内藏式天窗，内藏式天窗指的是滑动总成置于内饰与车顶之间的天窗，其优点是天窗开口大，外形简洁、美观。

电动天窗主要由滑动机构、驱动机构、控制系统、电动机和开关等组成，如图 3-1-4 所示。

1. 滑动机构

电控天窗滑动机构主要由导向块、导向销、连杆、托架和前、后枕座等构成。

2. 驱动机构

电控天窗驱动机构主要由电动机、传动机构和滑动螺杆等组成。

3. 控制系统

控制系统 ECU 是一个数字控制电路，并设有定时器、蜂鸣器和继电器等，其作用是接受开关输入的信息，通过数字电路进行逻辑运算，确定继电器的动作，以控制天窗开闭。

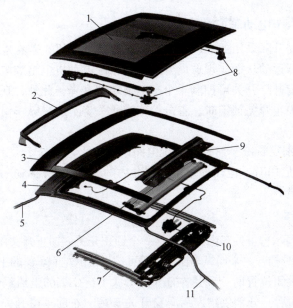

图 3-1-4　电动天窗的组成

1—玻璃面板；2—风挡；3—前帘；4—天窗遮阳板；5—前排水管；6—天窗遮阳帘；7—导轨框架；
8—倾斜/滑动机械装置；9—天窗电动机/遮阳帘的罩盖；10—天窗电动机和控制单元；11—后排水管

4. 天窗电动机

天窗电动机一般采用双向永磁直流电动机，通过控制对电动机施加电流的方向，以及由传动装置向天窗的开闭提供动力，实现电动机正反向转动，从而达到天窗开关的功能。

5. 传动机构

传动机构主要由蜗轮蜗杆传动机构、中间齿轮传动机构（主动中间齿轮、过渡中间齿轮）和驱动齿轮等组成。齿轮传动机构接受电动机的动力，改变旋转方向，并减速增矩后将动力传给滑动螺杆，使天窗实现开闭；同时又将动力传给凸轮，使凸轮顶动限位开关进行开闭。主动中间齿轮与蜗轮固装在同一根轴上，并与蜗轮同步转动；过渡中间齿轮与驱动齿轮固装在同一根输出轴上，被主动中间齿轮驱动，使驱动齿轮带动玻璃开闭。

6. 开关

天窗开关的作用是将操作信号传递给控制模块，天窗控制模块根据天窗开关动作而改变电压降，控制天窗电动机工作，从而使天窗运行或停止到规定的位置。电动天窗的开关由控制开关和限位开关组成。

（1）控制开关主要包括滑动开关和斜升开关。滑动开关有滑动打开、关闭和断开（中间位置）3 个挡位，斜升开关也有斜升、斜降和断开（中间位置）3 个挡位。通过操作这些开关，令天窗驱动机构的电动机实现正反转，使天窗实现不同状态下的工作。

（2）限位开关主要用来检测天窗所处的位置，犹如一个行程开关。限位开关是靠凸轮转动来实现断开和闭合的，凸轮安装在驱动机构的动力输出端，当电动机将动力输出时，通过驱动齿轮和滑动螺杆减速以后带动凸轮转动，于是凸轮的凸起部位顶动开关使其开闭，以实现对天窗的自动控制。

三、电控车窗系统电路图识读

（一）别克君威汽车电动车窗系统电路图识读

别克君威汽车车窗升降采用的电动机都是双向永磁电动机，若在电动机上施加电压，电动机可带动玻璃升降器运动从而实现玻璃升降。在永磁电动机上施加电压的极性决定电动机的旋转方向，主控车窗升降开关可控制 4 个车门玻璃的升降，此外，在主控开关上还设有车窗控制锁止开关，当锁止开关锁定时，各分控车窗开关将不能操纵车窗。另外，主驾驶门车窗具有一键升降功能。

图 3-1-5 所示为别克君威车窗控制系统电路。当点火开关处于"ACC""RUN"位置或附件延时 RAP 继电器启用时，电压通过熔断器盒内的 30 A 熔断器 L1-L2 供电给左前车窗控制开关插头的 C1-G 端子。

1. 锁止开关的操作

如图 3-1-5 (a) 所示，主控车窗开关包括一个锁止开关。锁止开关用于取消车窗开关上的电压，该操作可阻止由分控开关来操纵车窗，但仍可按正常由左前车窗的主控开关来操纵车窗。

当锁止开关位于关闭位置时，到达左前车窗开关 C1-G 端的电压经锁止开关关闭触点至左前车窗开关 C2-A 端后，分别供给左后车窗开关 E 端、右前车窗开关 B 端、右后车窗开关 A 端，为单个开关操纵车窗提供电压。

当锁止开关位于锁定位置时，左前车窗开关 C1-G 端与左前车窗开关 C2-A 端断开，从而断开各车窗开关上的电压。

2. 左前车窗的控制

主控车窗开关内的锁止开关无论是位于锁定还是关闭位置，操作左前车窗开关内的上升或下降按钮，都可以让左前车窗上升或下降，如图 3-1-5 (a) 所示。

1）车窗上升

当按下主控车窗开关中的左前车窗开关上升按钮时，到达左前车窗开关 C1-G 端的蓄电池电压→左前车窗输出上升触点→左前车窗开关 C2-C 端→左前车窗开闭调节器电动机 B 端→左前车窗开闭调节器电动机 A 端→左前车窗开关 C2-D 端→左前车窗开关 C1-E 端→G301 搭铁。此时左前车窗电动机运转，左前车窗上升。

2）车门窗下降

当按下主控车窗开关中的左前车窗开关下降按钮时，左前车窗开关 C1-G 端与 C2-D 端导通，C2-C 端与 C1-E 端导通，左前车窗电动机通过与上升方向相反的电流控制，此时电动机反转，左前车窗下降。

君威汽车电动车窗带有防夹功能，当选择自动升降模式时，检测电路会随时检测电动机控制电流的变化，并反馈给电动车窗控制装置控制电动机的正转或反转。

3. 主控开关上乘员侧车窗的控制

通过主控开关控制乘员侧车窗的前提条件是锁止开关要关闭，接通各分控开关的供电电

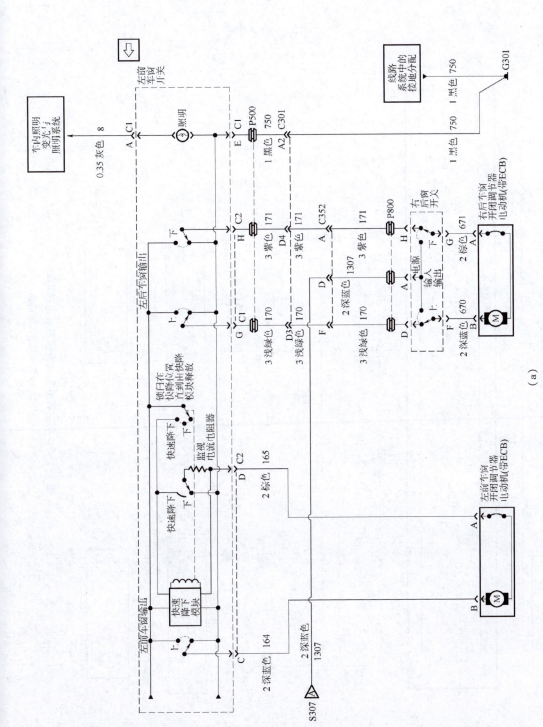

图 3-1-5　别克君威车窗控制系统电路

（a）左前车窗和右后车窗控制系统电路：

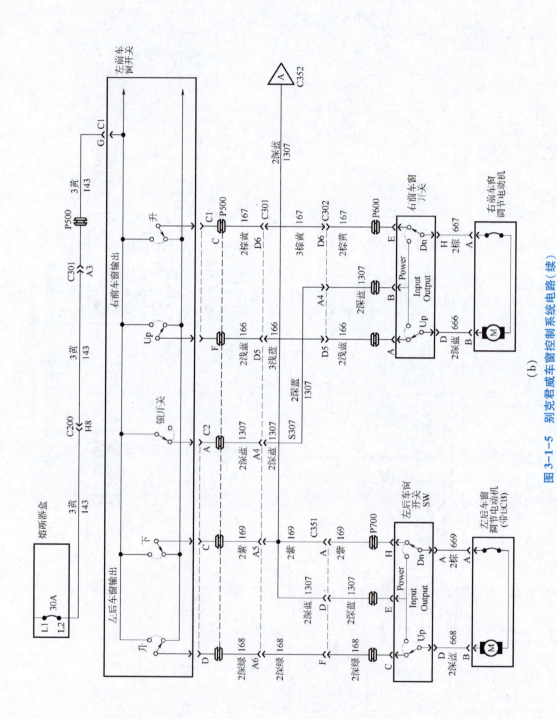

图 3-1-5 别克君威车窗控制系统电路（续）

(b) 左后车窗和右前车窗控制系统电路

路。以左后车窗控制为例讲解，如图 3-1-5（b）所示。

1）操作左后车窗开关（下降）

当锁止开关位于关闭位置时，车窗下降：当操纵主控车窗开关中的左后车窗下降按钮时，供电到达左前门车窗开关 C1-G 端→左后车窗输出下降触点→左前车窗开关 C2-C 端→左后车窗开关 H 端→左后车窗开关 A 端→左后车窗调节电动机 A 端→左后车窗调节电动机 B 端→左后车窗开关 D 端—左后车窗开关 C 端→左前车窗开关 C2-D 端→左前车窗开关 C1-E 端→G301 搭铁。此时电动机反向运转，左后车窗下降。

2）操作左后车窗开关（上升）

当锁止开关位于关闭位置时，车窗上升：当操纵主控车窗开关中的左后车窗上升按钮时，供电到达左前门车窗开关 C1-G 端→左后车窗输出上升触点→左前车窗开关 C2-D 端→左后车窗开关 C 端→左后车窗开关 D 端→左后车窗调节电动机 B 端→左后车窗调节电动机 A 端→左后车窗开关 A 端→左后车窗开关 H 端→左前车窗开关 C2-C 端→左前车窗开关 C1-E 端 G301 搭铁。此时左后车窗电动机运转，左后车窗上升。

（二）大众迈腾汽车电控车门窗控制系统电路图识读

大众迈腾汽车各电动车窗同样也是采用的双向永磁电动机。如图 3-1-6 迈腾电控车窗控制系统原理图所示，主控车窗升降开关可控制 4 个车窗玻璃的升降，在主控开关上设有车窗控制锁止开关，当锁止开关锁定时，各分控车窗开关将不能操纵车窗。主控开关控制右前车窗升降是通过 CAN 总线网络方式进行信号传递的；两侧的后车窗控制单元与相应侧前车窗控制单元的信息交互均是通过 LIN 总线网络方式传递信号的。此外，车窗分控玻璃升降控制开关也具有一键升降功能。

1. 迈腾电控车窗升降控制系统原理

由图 3-1-6 可以看出，迈腾两个前车窗控制单元都是与舒适 CAN 网络连接，同侧后车窗控制单元与前车窗控制单元采用 LIN 总线传递信息。当点火开关置于"ON"挡时，系统通过防盗验证后，车载电网控制单元会激活舒适 CAN 网络系统，同时 15# 电开始接通，此时可以对全车电控车窗系统进行操作。

1）操作左前车窗升降开关控制右前车窗

（1）控制下降信号传递路线

当点火开关置于"ON"挡时，操作左前车窗升降开关控制右前车窗下降，车窗升降开关将信号送入左前车门控制单元 J386，开关信号被送入舒适 CAN 网络系统，右前车门控制单元 J387 从舒适 CAN 网络上接收车窗下降信号后控制右前车窗升降电动机逆时针旋转，实现车窗下降的动作。

（2）控制上升信号传递路线

当点火开关置于"ON"挡时，操作左前车窗升降开关控制右前车窗上升，车窗升降开关将信号送入左前车门控制单元 J386，开关信号被送入舒适 CAN 网络系统，右前车门控制单元 J387 从舒适 CAN 网络上接收车窗上升信号后控制右前车窗升降电动机顺时针旋转，实现车窗上升的动作。

2）操作左前车窗升降开关控制右后车窗

（1）控制下降信号传递路线

当点火开关置于"ON"挡时，操作左前车窗升降开关控制右前车窗下降，车窗升降开

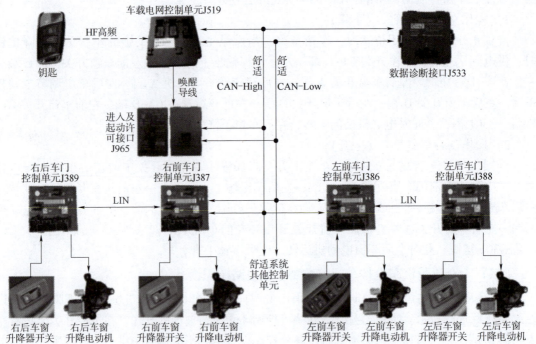

图 3-1-6　迈腾电控车窗升降控制系统原理图

关将信号送入左前车门控制单元 J386，开关信号被送入舒适 CAN 网络系统，右前车门控制单元 J387 从舒适 CAN 网络上接收到右后车窗下降信号后，通过 LIN 总线将右后车窗下降信号传递给右后车门控制单元 J389，右后车门控制单元 J389 控制车窗升降电动机逆时针旋转，实现车窗下降的动作。

（2）控制上升信号传递路线

当点火开关置于"ON"挡时，操作左前车窗升降开关控制右前车窗上升，车窗升降开关将信号送入左前车门控制单元 J386，开关信号被送入舒适 CAN 网络系统，右前车门控制单元 J387 从舒适 CAN 网络上接收到右后车窗上升信号后，通过 LIN 总线将右后车窗上升信号传递给右后车门控制单元 J389，右后车门控制单元 J389 控制车窗升降电动机顺时针旋转，实现车窗上升的动作。

3）操作右前车窗升降开关控制右前车窗

（1）控制下降信号传递路线

当点火开关置于"ON"挡，车窗锁止开关关闭时，操作右前车窗升降开关控制车窗下降，车窗升降开关将信号送入右前车门控制单元 J387，右前车门控制单元 J387 控制右前车窗升降电动机逆时针旋转，实现车窗下降的动作。

（2）控制上升信号传递路线

当点火开关置于"ON"挡，车窗锁止开关关闭时，操作右前车窗升降开关控制车窗上升，车窗升降开关将信号送入右前车门控制单元 J387，右前车门控制单元 J387 控制右前车窗升降电动机顺时针旋转，实现车窗上升的动作。

当乘车人对车窗升降控制系统进行操作过程中遇到主控与分控相互矛盾时，例如主控开关控制右后车窗上升，同时右后窗分控开关控制车窗下降，则最终车窗升降控制系统将执行主控开关的控制指令，即右后车窗将上升。

迈腾车窗无论是点升还是一键上升，在上升过程中车窗都带有防夹手功能。电动车窗在上升过程中的阻力变化与车窗到达极限时的阻力不一样，车窗上升到达极限时的阻力远远大于上升时变化的阻力，当车窗上升过程中夹到物体时，由于阻力增大，随之车窗升降电动机电流增大，控制单元检测到车窗升降电动机电流增大就会进行控制，立即改变电动机的旋转方向，车窗立即下降至中间位置。

而车窗到达极限（顶部或底部）时阻力基本恒定，车窗产生的电动机电流也恒定，而且车窗到达极限时电动机电流过载，控制单元检测到这个过载电流后会停止对电动机供电。

2. 迈腾电控车窗升降控制系统电路图识读

图 3-1-7 所示为迈腾汽车驾驶员侧车窗升降开关控制原理图，驾驶员侧车门控制单元上有三个插头，分别是 T20、T32 和 T6r。驾驶员侧车门控制单元供电是通过 T20 插头获得的，供电路线是 30#→SC25 熔断器→T20/19，控制单元通过 T20/20 接地。驾驶员侧车窗升降开关与车门控制单元有 7 根线相连，T101 插头针脚定义见表 3-1-1。左前车窗升降器电动机 V14 通过两根线与车门控制单元相连。驾驶员侧车门控制单元通过 T20/14 和 T20/15 连接在舒适 CAN 总线上，副驾驶员侧车门控制单元通过 T20a/14 和 T20a/15 连接在舒适 CAN 总线上，实现两侧前门通过舒适 CAN 总线交换信息。两侧前车门控制单元通过 LIN 总线对同侧后车门控制单元进行信息传递。

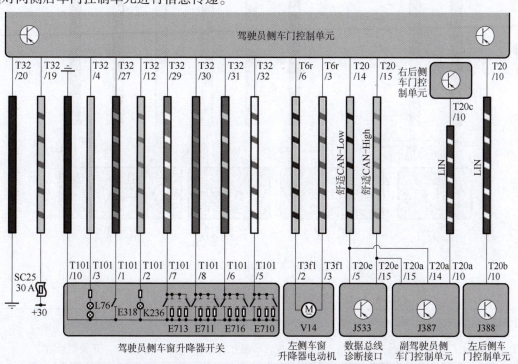

图 3-1-7 迈腾汽车驾驶员侧车窗升降开关控制原理图

表 3-1-1　驾驶员侧车窗升降器开关插头（T101）针脚定义

针脚	1	2	3	5	6	7	8	10
定义	儿童安全锁按钮信号	儿童安全锁指示灯信号	按钮照明灯	主驾驶车窗控制开关信号	副驾驶车窗开关控制信号	右后车窗开关控制信号	左后车窗开关控制信号	开关接地

图 3-1-8 所示为迈腾汽车右后侧车窗升降开关控制原理图，右后侧车门控制单元上有三个插头，分别是 T20c、T6u 和 T16b。右后侧车窗玻璃升降器开关是通过控制单元插头 T16b/13 在控制单元内部接地。右后侧车窗玻璃升降开关与车门控制单元有 3 根线相连，即与 T4cd 插头相连，其针脚定义见表 3-1-2。右后门车窗升降器电动机 V27 通过两根线和车门控制单元相连，右后侧车门控制单元 T20c/10 和副驾驶员侧车门控制单元 T20a/10 通过 LIN 总线进行信息传递。

通过电路图我们可以看出，每个车窗升降器开关都有 4 个挡位，即点降、一键降、点升、一键升。我们在识读电路图时要清楚，图中所画的开关位置是车窗关闭、点火开关置于"OFF"挡位后将车辆锁止后的状态，电路图中所画元器件的结构与实物结构也是一一对应的。我们在检测零部件时，可根据电路图中所画元器件结构进行初步的故障分析。

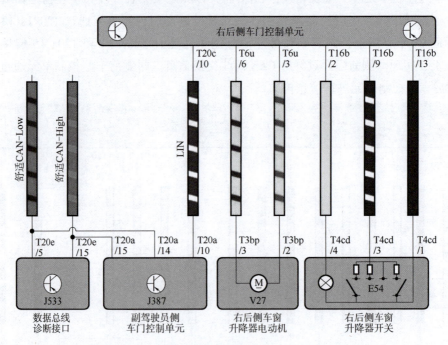

图 3-1-8　迈腾汽车右后侧车窗升降开关控制原理图

表 3-1-2　左后侧车窗升降器开关插头（T4cd）定义

端子号	1	3	4
定义	接地	右后车窗开关信号	开关背景灯

（三）别克君威电控天窗控制系统原理图的识读

由图 3-1-9 所示别克君威电控天窗控制系统原理图可以看出，当点火开关在"ACCY"和"RUN"位置时，电源通过电动天窗熔断器给天窗模块的 C2-B 端子进行供电。在此系统中，可通过操作天窗开关控制流经天窗执行器的电流方向。

1. 开启天窗

当点火开关在"ACCY"和"RUN"位置时，操纵天窗开关"OPEN"按钮，天窗开关上 B 和 F 两个端子相连接，电压通过电动天窗 30 A 熔断器到天窗模块 C2-B 端子进入天窗模块，电流从天窗模块 C1-2→天窗开关 B 端→天窗开关 F 端→天窗模块 C1-3，天窗模块接到指令后会控制电流从天窗模块 C2-C→天窗执行器 1→天窗执行器 2→天窗模块 C2-A，天窗执行器顺时针转动，从而实现天窗的开启。

2. 关闭天窗

当点火开关在"ACCY"和"RUN"位置时，操纵天窗开关"CLOSE"按钮，天窗开关上 C 和 F 两个端子相连接，电压通过电动天窗 30 A 熔断器到天窗模块 C2-B 端子进入天窗模块，电流从天窗模块 C1-5→天窗开关 C 端→天窗开关 F 端→天窗模块 C1-3，天窗模块接到指令后会控制电流从天窗模块 C2-A→天窗执行器 2→天窗执行器 1→天窗模块 C2-C，天窗执行器顺时针转动，从而实现天窗的开启。

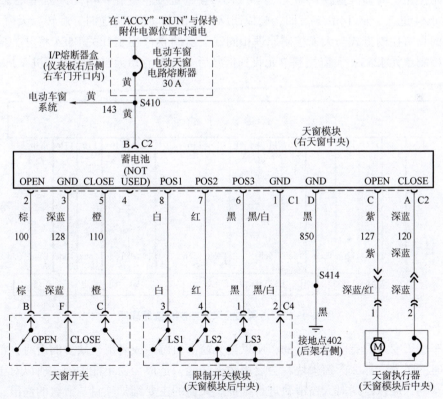

图 3-1-9　别克君威电控天窗控制系统原理图

（四）迈腾电控天窗控制系统原理图的识读

由图 3-1-10 所示迈腾电控天窗控制系统原理图可以看出，滑动天窗控制单元 J245 有两个供电端子，分别是 T5cf/5 和 T5cf/2，天窗要工作必须两个端子同时供电。滑动天窗控制单元 J245 的 T5cf/5 端子是常电，而 T5cf/2 端子需要点火开关在"ON"位置。15#电通过 SC8 熔断器供给滑动天窗控制单元 J245 的 T5cf/2 号端子。T5cf/1 是地线。

滑动天窗按钮 E325 插头 T5ch 共有 5 个端子，T5ch/2 和 T5ch/3 是天窗的信号线，一个用于控制天窗翘起，另一个用于控制天窗开启和关闭。无操作时，在 J245 T16V/12 和 J245 T16V/4 处常处于高电位，当操纵天窗开关时，线路中会串入不同阻值的电阻，从而影响 J245 处的信号电压，滑动天窗控制单元会根据信号电压的多少去执行相应的动作。T5ch/4 连接 J245 T16V/6 进行内部接地。

1. 开启天窗

当点火开关置于"ON"位置时，全车 15#电开始供电，舒适 CAN 网络被激活。操纵天窗开关开启按钮，滑动天窗控制单元 J245 T16V/4 电位发生变化，滑动天窗模块 J245 控制电流从 T4ib/3 进入，从 T4ib/4 流回，构成回路，天窗电动机 V1 顺时针旋转，天窗开启。

2. 关闭天窗

当点火开关置于"ON"位置时，全车 15#电开始供电，舒适 CAN 网络被激活。操纵天窗开关关闭按钮，滑动天窗控制单元 J245 T16V/4 电位发生变化，滑动天窗模块 J245 控制电流从 T4ib/4 进入，从 T4ib/3 流回，构成回路，天窗电动机 V1 逆时针旋转，天窗关闭。

天窗的卷帘控制方式与天窗控制原理相同。天窗的卷帘控制开关 E584 将开关信号送入滑动天窗控制单元 J245，天窗控制单元收到信号后会控制滑动天窗卷帘电动机 V260 进行相应的动作。

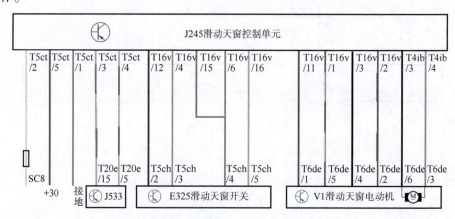

图 3-1-10　迈腾电控天窗控制系统原理图

迈腾车型天窗是具有防夹功能的，所以当天窗滑轨脏污或者滑轨缺少润滑时，都会增加天窗关闭时的阻力，那么天窗模块就会启用防夹功能，造成天窗不能关闭，所以对于经常使用天窗的车辆，应该定期对天窗滑轨进行维护。天窗的主要维护项目是滑轨的润滑，如果缺少润滑，则会出现异常声音、运动不正常、关闭不严甚至堵塞和移动，从而烧毁电动机。其次要对天窗的排水孔进行定期清理，以免排水孔堵塞造成天窗漏水。如果迈腾车辆天窗系统出现失控故障，建议先检查电控天窗的熔断器是否烧断，如果熔断器是好的，应检查电动天窗的开关是否良好，可以把天窗开关拆下用电阻法进行检测，也可以不拆天窗用电压法进行检测，观察操作天窗开关时，信号线电压是否被拉到低点位。如果要证明开关控制线路没有问题，那么就需要检查电动天窗电动机是否处在工作状态。

四、车辆电控车窗系统典型故障案例的诊断与分析

玻璃升降器控制
系统故障诊断

（一）车窗升降主控开关控制所有车窗升降均无动作

1. 故障现象

一辆迈腾汽车在点火开关置于"ON"挡位时，仪表指示灯显示正常。操纵驾驶员侧玻璃升降器开关控制所有车门玻璃升降均无动作，操作其他车窗升降分控开关控制功能均正常，车辆中控锁和电动后视镜功能正常。

2. 故障分析

根据故障现象，结合图 3-1-11 所示迈腾电控车门窗升降控制系统原理图可以得出虚线框中部件工作正常，即车辆防盗系统正常，舒适 CAN 网络正常被激活。经过对车辆测试，车窗升降分控开关控制各自的车窗升降功能都正常，证明车窗升降控制系统支路没有故障，而操作车窗升降主控开关所有功能均异常，那么可能存在以下故障：

（1）车窗升降主控开关接地故障；

（2）车窗升降主控开关信号电路故障；

（3）车窗升降主控开关本身损坏；

（4）左前车门控制单元 J386 内部故障。

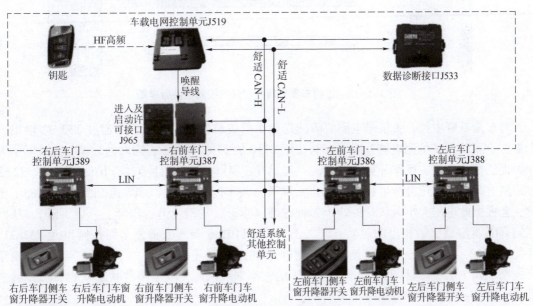

图 3-1-11　迈腾电控车窗升降控制系统原理图

3. 故障检测及排除

首先对车窗升降主控开关的接地进行检测。从图 3-1-12 所示迈腾车窗升降主控开关控

制电路原理图中可以看出，驾驶员侧车窗升降开关插接器 T101/10 号端子接地。将万用表调制电阻挡"200"位置，校表后将黑表笔接在车身搭铁处，红表笔接在驾驶员侧车窗升降开关插接器 T101/10 号端子上，观看测量结果应小于 1 Ω，如果不正常，则应先解决车窗升降主控开关接地问题。

在检查车窗升降主控开关接地是否有故障前，也可以利用驾驶员侧车窗升降开关背景灯进行判定，如果打开示宽灯后驾驶员侧车窗升降开关背景灯点亮，则可以证明驾驶员侧车窗升降开关接地良好，就不需要对接地情况进行检查了；如果打开示宽灯后驾驶员侧车窗升降开关背景灯不亮，则可以证明驾驶员侧车窗升降开关接地故障，或者驾驶员侧车门模块供电有问题，由于操控电动后视镜和中控锁功能都正常，所以可以判定驾驶员侧车门模块供电是正常的。接下来就需要用万用表对驾驶员侧车窗升降开关接地情况进行检查了。

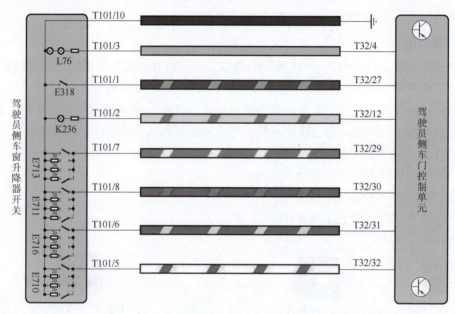

图 3-1-12　迈腾车窗升降主控开关控制电路原理图

对车窗升降主控开关信号电路故障的排除。驾驶员侧车门控制单元通过 T32/32 输出一个参考电压给驾驶员侧玻璃升降器控制按钮 E710 的 T101/5 端子，同时通过 T101/10 端子为开关提供搭铁回路。操作开关至点升、一键上升、点降、一键下降时，T101/5 至 T32/32 这条线路上的信号电压会产生相应的变化，驾驶员侧车门控制单元 J386 监测到线路上的电压后，会根据此电压大小确认开关处于哪种状态（点升、一键上升、点降、一键下降），从而控制升降器电动机做相应的运转。开关 E716 的 T101/6 至驾驶员侧车门控制单元 T32/31、开关 E711 的 T101/8 至驾驶员侧车门控制单元 T32/30 和开关 E713 的 T101/7 至驾驶员侧车门控制单元 T32/29 同样也是根据信号电压的大小来确认开关处于哪种状态（点升、一键上升、点降、一键下降）的。

将点火开关置于"ON"挡，利用万用表直流电压挡对车窗升降主控开关上各车窗信号电压进行测量，将黑表笔接在驾驶员侧车窗升降器开关端子插接器 T101/10 上，红表笔分别接在四个车窗升降开关信号线上，接好万用表表笔后要操作对应的车窗升降开关在不同的挡位，然后对测量结果进行判断。正常信号电压见表 3-1-3 所示车窗升降开关对应信号电压。

如果测量结果均正常，则证明车窗升降开关及信号电压没有问题；如果信号电压与标准不符，则需要进一步测量车窗升降开关是否正常。

对驾驶员侧车窗升降器开关插接器T101检测信号电压时，如果测得电压为0 V，那么需要对驾驶员侧车门控制单元插接器T32相应端子进行电压测量，测得电压正常，说明是车窗升降开关车门控制单元之间连接线路断路；反之测得T32插接器处电压不正常，则是车门控制单元损坏。

表 3-1-3　车窗升降开关对应信号电压　　　　　　　　　　　　　　　　　　V

开关状态	正常电压/V	测量结果
点升	2.1 左右	
一键升	1.13 左右	
无操作	3.6 左右	
点降	0.4 左右	
一键降	0	

从迈腾车窗升降主控开关控制电路原理图3-1-12中可以看出，玻璃升降器按钮内部为电阻分压结构，每个车窗升降开关都有四个挡位（点升、一键上升、点降、一键下降），那么当开关处于不同的挡位时，串入电路里的阻值也是不同的。当判定开关是否正常时，需要对车窗升降开关进行电阻测量。

将点火开关置于"OFF"挡，拆下车窗升降主控开关。将万用表调到电阻挡后校表，黑色表笔接车窗升降主控开关插接器T101/10，红表笔分别接车窗升降主控开关插接器T101/5、T101/6、T101/7、T101/8，操控车窗升降开关，记录各挡位测量结果并与标准数据对比。标准数据见表3-1-4所示车窗升降开关对应电阻，如果测量结果不在标准范围内，则证明车窗开关已经损坏。

表 3-1-4　车窗升降开关对应电阻　　　　　　　　　　　　　　　　　　Ω

开关状态	正常电阻/Ω	测量结果
点升	825 左右	
一键升	275 左右	
无操作	无穷大	
点降	147 左右	
一键降	4 左右	

（二）车门窗升降主控开关控制右后车窗升降无动作

1. 故障现象

一辆迈腾汽车在点火开关置于"ON"挡位时，仪表指示灯显示正常。操纵驾驶员侧车窗升降器开关控制所有车窗升降，只有右后门无动作，其他车门控制正常。操作右后车门车窗升降分控开关，右后车窗升降控制正常，操纵中控锁发现右后车门门锁无动作，其余三个车门中控锁功能正常。

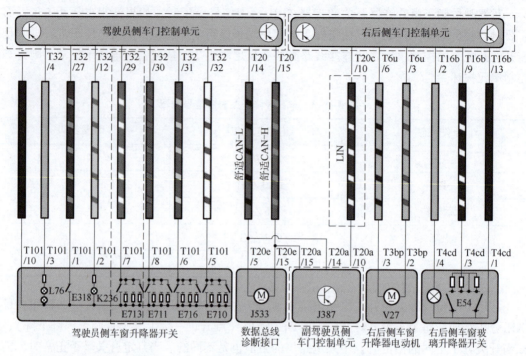

图 3-1-13　迈腾右后车窗升降控制电路原理图

2. 故障分析

根据故障现象，结合图 3-1-13 所示迈腾右后车窗升降控制电路原理图可以得出，右后侧车门的车窗升降电动机及右后侧车窗玻璃升降开关 E54 及相关线路都是正常的，车窗升降主控开关可以控制其余三个车门，证明舒适 CAN 网络和车窗升降主控开关上除右后车窗升降开关 E713 都是正常的，右后门部分电器功能失效可能是网络信号丢失或者无信号造成的。那么可能存在以下故障：

（1）车窗升降主控开关上 E713 及相关线路故障；

（2）副驾驶员侧车门控制单元至右后侧车门控制单元 LIN 总线故障；

（3）副驾驶员侧车门控制单元 J387 内部故障；

（4）右后侧车门控制单元内部故障。

3. 故障检测及排除

（1）对车窗升降主控开关上 E713 及相关线路故障的排除。将点火开关置于"ON"挡，利用万用表直流电压挡对车窗升降主控开关上各车窗信号电压进行测量，将黑表笔接在驾驶员侧车窗升降器开关插接器 T101/7 上，红表笔分别接在四个车窗升降开关信号线上，接好万用表表笔后要操作车窗升降开关 E713 在不同的挡位，然后对测量结果进行判断。

正常信号电压见表 3-1-3 所示车窗升降开关对应信号电压。如果测量结果均正常，则证明车窗升降开关及信号电压没有问题；如果信号电压与标准不符，则需要进一步测量车窗升降开关是否正常。如果没有电压，则需要对驾驶员侧车门控制单元接插器的 T32/29 号端子进行测量，此时电压为 3.6 V 左右为正常。如果没有电压，则证明驾驶员侧车门控制单元损坏；如果有 3.6 V 左右电压，就需要测量 E713 的 T101/7 与驾驶员侧车门控制单元 T32/29 之间线路是否有断路。

（2）检测副驾驶员侧车门控制单元至右后侧车门控制单元 LIN 总线故障，从迈腾右后车窗升降控制电路原理图 3-1-13 中可以看出，车窗升降主控开关控制右后门车窗升降动作需要通过 LIN 总线传递信号，如果主控开关位置可以把控制信号发出，而右后车窗升降无动作，则需要检测 LIN 总线。

将点火开关置于"ON"挡，用示波器检测右后车门控制单元 T20c/10 号端子波形，其正常波形见图 3-1-14 所示的 LIN 总线正常波形图。检测结果有以下几种可能：

（1）波形正常，则故障出现在右后侧车门控制单元内部；

（2）无波形，故障可能是 LIN 总线断路或 J387 内部故障；

（3）有波形，但是波形不正常，故障出现在 LIN 总线上。

当测量出 LIN 总线波形不正常时，则需要对 J387 的 T20a/10 号端子进行波形测量，如果也没有波形，则是 J387 内部故障；如果波形正常，那么故障范围在 J387 的 T20a/10 至右后车门控制单元 T20c/10 之间。

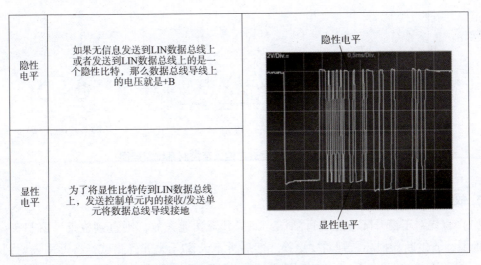

| 隐性电平 | 如果无信息发送到LIN数据总线上或者发送到LIN数据总线上的是一个隐性比特，那么数据总线导线上的电压就是+B | |
| 显性电平 | 为了将显性比特传到LIN数据总线上，发送控制单元内的接收/发送单元将数据总线导线接地 | |

图 3-1-14　正常 LIN 总线波形

（三）别克君威操作天窗开启无动作

1. 故障现象

一辆别克君威汽车，在点火开关置于"ACCY"和"RUN"位置时，仪表指示灯显示正常，操纵天窗开启无动作。

2. 故障分析

根据故障现象，结合图 3-1-15 所示别克君威电控天窗控制系统原理图可以发现，天窗的熔断器和车窗是共用的，所以通过操纵车窗看车窗的工作状态就能知道熔断器是否完好。同时还可能存在以下故障：

（1）天窗控制开关及相关线路故障；

（2）天窗模块接地故障；

（3）天窗电动机及相关线路故障；

（4）天窗模块本身损坏。

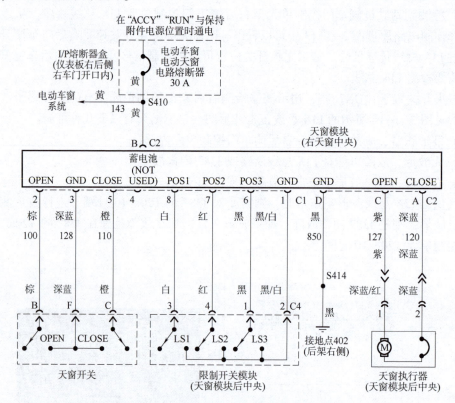

图 3-1-15　别克君威电控天窗控制系统原理图

3. 故障检测及排除

（1）首先对车窗升降功能进行测试，如果升降功能失效，则直接检查天窗和车窗共用的熔断器，若熔断器损坏，则需要更换。然后拆下天窗开关进行测试，将万用表调到"Ω"挡位，黑表笔接在天窗开关"F"端子上，红表笔接在天窗开关"B"端子上，按动"OPEN"开关后万用表应显示电阻小于 0.2 Ω 为正常，否则开关损坏，需要更换开关。下一步将黑表笔接在天窗开关 C 端子上，红表笔接在天窗开关 B 端子上，按动"CLOSE"开关后万用表应显示电阻小于 0.2 Ω 为正常，否则开关损坏，需要更换开关。

将万用表调到"Ω"挡位分别对天窗开关至天窗模块间三根导线进行电阻测量，正常阻值应小于 0.2 Ω，如果阻值不正常，则需要检查中间连接线束进行故障排除。下一步检测天窗模块 C1-3 接地情况，将万用表调到"Ω"挡位，黑表笔搭铁，红表接在天窗模块 C1-3 上，正常阻值应小于 0.2 Ω，如果阻值为无穷大，则需要检查天窗模块接地情况。

（2）将万用表调到直流电压挡位，黑表笔接 C2-C，红表笔接 C2-A，操作天窗开关观察万用表显示应该有 12 V 左右的电压，而且电压会随着拨动天窗开关在-12 V 左右和 12 V 左右来回切换，证明天窗开关及天窗模块都是正常的。如果没有电压显示或者电压不切换，证明天窗模块已经损坏。接下来需要对天窗模块至天窗电机连接线进行检测，如果线路正常，那么故障就在天窗电动机，需要更换天窗电动机排除故障。

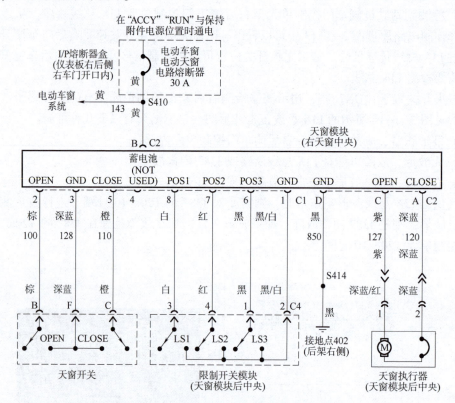内的标注：

在"ACCY""RUN"与保持附件电源位置时通电

I/P熔断器盒（仪表板右后侧右车门开口内）

电动车窗电动天窗电路熔断器 30 A

黄

电动车窗系统 ← 黄　143　S410　黄

B　C2

天窗模块（右天窗中央）

OPEN　GND　CLOSE　蓄电池(NOT USED)　POS1　POS2　POS3　GND　GND　OPEN　CLOSE

2　3　5　4　8　7　6　1 C1　D　C　A C2

棕　深蓝　橙　白　红　黑　黑/白　黑　紫　深蓝

100　128　110　850　127 紫　120 深蓝

棕　深蓝　橙　白　红　黑　黑/白　深蓝/红　深蓝

B　F　C　3　4　1　2 C4　1　2

OPEN　CLOSE　LS1　LS2　LS3　S414 黑

天窗开关　限制开关模块（天窗模块后中央）　接地点402（后架右侧）　天窗执行器（天窗模块后中央）

130

（四）迈腾更换天窗后无法工作

1. 故障现象

大众迈腾轿车由于天窗漏水，车主自己清理了玻璃导槽内的灰尘和杂物后，操作天窗却无法全部关闭，反复开关天窗还是无法完全关闭。

2. 故障分析

检查无征兆的电控系统故障应先用诊断仪对对应系统进行检查。由于故障只是清理杂物后产生，而清理杂物不会影响天窗电控系统，可能性最大的就是天窗系统的使用数据发生了变化，所以需要重新初始化系统。

3. 故障排除

（1）首先尝试连接检测仪，天窗系统属于车身的舒适系统，进入舒适系统后没有查询到任何故障码。

（2）天窗系统经过维修后，需要对天窗系统进行基本的设定。所谓基本设定就是对天窗系统重新初始化，需要对好天窗的零点位置，并以此为基准点进行调节，然后再由电动机驱动天窗开闭和翘起的角度。

图 3-1-16 所示为迈腾天窗操作开关，下面将对天窗进行重新标定，首先将点火开关打到"ON"挡位置，将天窗旋钮开关的后部往下掰，并保持 30 s 的时间，这时天窗会向上翘起至最大位置，并随之抖动一下，然后松开旋钮开关。再次掰住旋钮开关直至天窗向下关闭，然后再向前、向后扳动旋钮开关，完成全部动作后，表示该天窗的设定已经完成，初始化成功。

图 3-1-16　迈腾天窗操作开关

（五）天窗系统的保养

为了减少天窗系统故障的发生，需要定期对天窗进行保养维护。天窗系统的保养主要集中在天窗的导轨及天窗密封橡胶和排水孔部分。以导轨为例，需要定期对天窗导轨进行清洁并涂抹适量润滑脂进行润滑，导轨脏污和润滑不良很容易使天窗开启或者关闭出现问题，也会使得天窗在工作时出现异响，严重时会导致天窗部件发生磨损；其次天窗密封橡胶也需要定期进行检查和保养，特别是在跑过长途之后，一定要注意用除尘掸进行打扫。

检查天窗橡胶有无老化、变形、损坏等情况，一旦老化变形便会出现漏水的情况，所以一旦发现天窗橡胶出现老化情况，必须更换。针对天窗系统的保养过程是，首先需要做的是定期检查密封胶；其次需要定期对天窗轨道进行清洁，除去轨道上的灰尘和油泥，再把新的润滑脂均匀地涂抹到天窗轨道上，注意不要涂抹过多。涂抹后反复开关几次天窗，即保养结束。

 **任务实施**

由教师根据班级情况分组进行任务实施。请各组同学根据本任务学习内容，检查故障车辆电控车窗升降系统的功能，根据故障现象利用所提供技术资料和诊断工具完成故障修复，并将表 3-1-5 所示操作步骤记录表和表 3-1-6 所示故障排除测量数据记录单填写完整。

一、操作步骤

表 3-1-5　操作步骤记录表

步骤	工作项目	工作内容
1	准备工作	□ 正确安装挡块 □ 正确安装翼子板布、座套、转向盘套 □ 正确进行蓄电池检查 □ 正确进行机油液位检查 □ 正确进行冷却液位检查 □ 降下驾驶员侧车窗
2	人员安全	□ 测试过程中，不要误操作造成发动机起动 □ 不要佩戴尖锐饰物 □ 要穿安全鞋 □ 操作过程中，正确使用测试设备对车辆进行测量 □ 测试过程中，不要对车辆线束造成损伤
3	设备的使用	□ 要做好工具、仪器、仪表和测试设备准备工作后再进行测试 □ 工具、仪器、仪表和测试设备选择要合理 □ 要正确连接仪器、仪表和测试设备到车辆 □ 要正确操作车辆，达到测试条件后才可以进行测试 □ 测试设备操作正确，读取测量值要准确 □ 每次测试完成后，测试设备要合理归位
4	故障现象确认	对车辆电控车窗升降系统功能检查，确认故障现象 故障现象：
5	故障分析	推断故障可能范围： （1） （2） （3）

步骤	工作项目	工作内容
6	绘制故障相关电路	查阅电路图，绘制与故障系统相关的控制原理图：
7	故障检测	正确填写：
8	故障排除	故障点： （1） （2） 维修意见： （1） （2）
9	5S 规范	□ 地面和工作台要干净、整洁 □ 工具、设备擦拭干净后回收并摆放整齐 □ 起动车辆前要连接尾气排放装置 □ 同学之间不要出现肢体碰撞 □ 排故时不要出现现场组织混乱情况

二、实施记录

表 3-1-6　故障排除测量数据记录单

1. 基于故障现象分析结论，实施诊断，确定故障范围		
测试对象		
测试条件		使用设备
电路参数、数据流或执行元件驱动测试结果；若为波形信号，左侧画正常，右侧画异常		
测试参数		测试结果
标准描述		测试结论
分析测试结果，得出故障可能原因；简单修复，实施验证；做下一步诊断的思路说明		与本步测量相关的控制原理或波形图

续表

2. 基于以上诊断结论，实施诊断，确定故障范围			
测试对象			
测试条件		使用设备	
电路参数、数据流或执行元件驱动测试结果；若为波形信号，左侧画正常，右侧画异常			
测试参数		测试结果	
标准描述		测试结论	
分析测试结果，得出故障可能原因；简单修复，实施验证；做下一步诊断的思路说明		与本步测量相关的控制原理图或波形图	

3. 基于以上诊断结论，实施诊断，确定故障范围			
测试对象			
测试条件		使用设备	
电路参数、数据流或执行元件驱动测试结果；若为波形信号，则左侧画正常，右侧画异常			
测试参数		测试结果	
标准描述		测试结论	
分析测试结果，得出故障点：			

三、检查与评价

（一）自检

本组学生对任务操作过程中任务执行的操作规范性进行检查，检查操作过程中是否存在问题，分析讨论应如何避免并总结规范的操作方法。

（二）互检

组与组之间相互进行任务操作过程及结果检查，检查结果以小组汇报形式进行讨论，互评结果可作为教师评价的依据。

（三）任务评价

任务评价见表 3-1-7。

表 3-1-7　任务评价

评分项目	评分标准	自我评价			教师评价		
		优秀(25分)	良好(15分)	一般(10分)	优秀(25分)	良好(15分)	一般(10分)
知识掌握	1. 能够阐述汽车电控车窗控制系统功用、组成、种类和工作过程； 2. 能够阐述典型车辆电控车窗升降系统的控制原理； 3. 能够通过电路图分辨出汽车电控车窗系统具有的功能						
实践操作	1. 能够对电控车窗升降系统故障现象进行确认并分析故障原因； 2. 能对电控车窗升降系统故障进行排除； 3. 能够熟练使用各种检测设备						
职业素养	1. 能够查阅维修手册或相关资料准确找到所需信息； 2. 能够与他人交流或分享相关内容； 3. 在工作组内服从分配，担当责任并能协同工作						
工作规范	1. 清理及整理工量具、车辆，保持实训场地整洁； 2. 建立安全的操作环境； 3. 废物回收与环保处理； 4. 检查、完善工单						
总评	满分100分						

任务 2　汽车巡航控制系统故障检修

任务描述

一辆迈腾汽车定速巡航控制系统出现故障，车主描述在行车过程中操作定速巡航控制开关，定速巡航控制功能无法启动，经询问车速超过 40 km/h 后定速巡航控制系统也是不能启动，同时仪表定速巡航故障灯点亮。现需要同学们对故障进行维修。

任务解析

该任务主要考查学生是否会使用检测工具对汽车巡航控制系统故障进行检测和故障点确认，是否可以使用拆装工具对汽车巡航控制系统零部件进行更换，同时记录排除故障时的主要测量数据。教师在实施过程中要注重养成学生的标准化操作，以及良好的耐心和专注力。

知识链接

一、汽车巡航控制系统概述

汽车巡航控制系统的英文为 Cruise Control System，缩写为 CCS。巡航控制系统又称为恒速行驶系统、速度控制系统（Speed Control System）和自动驾驶系统（Auto Drive System）等。

汽车巡航控制系统经历了机械控制系统、晶体管控制系统、模拟集成电路控制系统和微机控制系统等几个阶段。微机控制的汽车巡航控制系统自从 1981 年应用于汽车后发展迅速。现在的汽车基本上都采用微机控制的汽车巡航控制系统。

（一）巡航控制系统的特点

（1）提高汽车行驶时的舒适性：特别是在郊外或高速公路上行驶，这种优越性更为显著。另外，当汽车以一定的速度行驶时，减少了驾驶人的负担，使其可以轻松地驾驶。

（2）节省燃料，具有一定的经济性和环保性：在同样的行驶条件下，对一个有经验的驾驶人来说，可节省燃料 15%。这是因为在使用了这一速度稳定器以后，可使汽车的燃料供给与发动机功率之间处于最佳的配合状态，并减少了废气中 CO、HC、NO 的排放。

（3）保持汽车车速的稳定：汽车无论是在平路还是在坡道行驶，或是在风速变化的情况下行驶，只要在发动机功率允许的范围内，汽车的行驶速度保持不变。

（二）巡航控制系统的类型

1. 定速巡航系统

定速巡航系统（Cruise Control System，CCS）是安装在汽车中能够自动控制车辆行驶速度的装置。

在驾车行驶过程中，驾驶员可以启动定速巡航，之后不需要再踩加速踏板，车辆既可按照一定的速度前进。定速巡航控制区域一般在转向盘后方或者集成在多功能转向盘上。开启定速巡航后，驾驶员通过定速巡航的手动调整装置，对车速进行小幅度调整而无须踩加速踏板。当需要减速时，踩下制动踏板即可自动解除定速巡航，驾驶员可再按按钮重新以先前设定的速度恢复定速巡航。

定速巡航系统的工作原理，简单地说就是由巡航控制组件读取车速传感器发来的脉冲信号与设定的速度进行比较，从而发出指令，由伺服器机械机构来调整节气门开度的增大或减小，以使车辆始终保持所设定的速度。电子式多功能定速巡航系统摒除了拉线式定速巡航器的机械控制部分，完全采用精准电子控制，使控制更精确，避免了机械故障的风险。

2. 自适应巡航系统

自适应巡航控制系统（Adaptive Cruise Control，ACC）是一种智能化的自动控制系统，在巡航控制技术的基础上发展而来，除了可依照驾驶者所设定的速度行驶外，还可以实现保持预设跟车距离以及随着车距变化自动加速与减速的功能。

自适应巡航系统由传感器、数字信号处理器以及控制模块三大部分组成。目前市场上常见的传感器有雷达传感器、红外光束以及视频摄像头等几种。信号处理器负责将传感器接收到的信息进行数字处理，最后由控制模块对收集到的信息进行控制。当系统判断需要减速时，最终由 ABS 系统对车轮实施制动或者通过变速箱降挡的办法来将车速降低。

3. 全速自适应巡航系统

全速自适应巡航系统是由自适应巡航系统发展而来，相比自适应巡航，全速自适应巡航的工作范围更大，目前博世新一代系统可以在 0~150 km/h 之间工作，而自适应巡航通常在 40~150 km/h 之间工作。

二、定速巡航控制系统的功能

定速巡航控制系统是一种利用电子控制技术保持汽车自动等速行驶的系统。当汽车在高速公路上长时间行驶时，接通巡航控制主开关，设定希望的车速，巡航控制系统将根据汽车行驶阻力的变化，自动增大或减小节气门开度，使汽车按设定的速度等速行驶，驾驶人不必操纵加速踏板。因此，定速巡航控制系统可以减轻驾驶人的疲劳。由于定速巡航控制系统能够使汽车自动地以等速行驶，避免了驾驶人操纵加速踏板使汽车行驶速度反复变化的情况，因而使发动机的运行工况变化平稳，改善了汽车的燃料经济性和发动机的排放性能。另外，由于定速巡航控制系统工作时汽车等速行驶，因此当汽车巡航行驶时可以改善汽车行驶的平顺性，提高汽车的舒适性。

（一）定速巡航控制系统的功能

（1）车速设定：定速巡航控制系统能储存某一时间的行驶速度，并保持这一速度行驶。当在高速公路或高等级道路上行驶（路面质量好，没有人流，分道行车，无逆向车流）或适宜较长时间稳定行驶时，可按下车速调制设定开关，设定一个稳定行驶的车速，使驾驶人不必再踩加速踏板和换挡，汽车一直以设定的车速稳定运行。

（2）消除功能：当踩下制动踏板时，上述功能立即消失，但是之前设置的速度继续储存。

（3）恢复功能：当按下恢复开关（Resume Function）时，则能恢复原来储存的车速。

除了以上三种基本功能外，定速巡航控制系统还可以增加以下功能；

（1）滑行功能：继续按下开关进行减速，以离开开关时的速度进入巡航行驶。

（2）加速功能：继续按下开关进行加速，以不操纵开关时的车速进入巡航行驶。

（3）速度微调升高：在巡航速度行驶中，当操纵开关以 ON-OFF（接通-断开）方式变换时，使车速稍稍上升。

（4）低速自动消除功能：当车速低于 40 km/h 时，储存的车速消失，且不能再恢复此速度。

（5）制动踏板消除功能：在制动踏板上装有两种开关，一种用于对微机信号进行消除，另一种是直接使执行元件工作停止。

（6）各种消除开关：除了利用制动踏板的消除功能外，还有驻车制动、离合器（M/T）变速杆（A/T）等操作开关的消除功能。

（二）定速巡航控制系统的使用方法

1. 设定巡航车速

巡航控制系统工作时的最低车速一般为 40 km/h，这是为了防止汽车转弯时，由于巡航行驶而发生危险。设定巡航车速的方法是：按下巡航控制主开关，踩下加速踏板使汽车加速，当达到希望的车速时（必须高于巡航控制系统工作时的最低车速），将巡航控制开关推至设定/减速位置后放松，开关放松时的车速即被巡航控制 ECU 记忆为设定车速，巡航系统开始工作。此时驾驶人可以放松加速踏板，巡航控制系统即控制节气门按设定车速等速行驶。

2. 加速

当汽车巡航行驶时，如果要使巡航设定车速提高，应将巡航控制开关置于恢复/加速位置保持不动，汽车将逐渐加速。当汽车加速至所希望的车速时，放松巡航控制开关，汽车将按新的较高的设定车速等速行驶。当汽车巡航行驶时，如果需要使汽车临时加速（如超车），则只需踩踏一下加速踏板，汽车即可加速，放松加速踏板后，汽车仍按原来设定的车速巡航行驶。

3. 减速

当汽车巡航行驶时，如果要使巡航设定车速降低，应将巡航控制开关置于设定/减速位置保持不动，汽车将逐渐减速。当汽车减速至所希望的车速时，放松巡航控制开关，汽车将按新的较低的设定车速等速行驶。

4. 点动升速和点动降速

当汽车以巡航控制模式行驶时，如果需要对巡航设定车速进行微调，只要点动一次恢复/加速开关（接通恢复/加速开关后立即放松开关，时间不超过 0.6 s），巡航设定车速就升高约 1.6 km/h；只要点动一次设定/减速开关，车速就降低约 1.6 km/h。

5. 取消巡航控制

取消巡航控制有几种方式可以选择：一是将巡航控制开关的取消开关接通然后释放；二是踩下制动踏板；三是对于装有手动变速器的汽车可以踏下离合器踏板；四是对于装有自动变速器的汽车可以将变速杆置于空挡位置。

6. 恢复巡航行驶

如果通过操作退出巡航控制开关中的任何一个开关使巡航控制取消，要恢复巡航行驶，只要将恢复/加速开关接通然后放松开关，汽车将恢复原来巡航行使。但如果车速已降低至 40 km/h 以下，或实际车速低于设定车速 16 km/h 以上，则 ECU 将不能恢复巡航行驶。

（三）定速巡航控制系统的组成

巡航控制系统由操作开关、传感器、巡航控制 ECU 和执行器等组成。传感器和操作开关将信号送入巡航控制 ECU，巡航控制 ECU 根据这些信号计算出节气门应对应的开度，并给执行器发出信号，自动调节节气门开度，从而实现自动调整车速。

1. 操作开关

操作开关（见图 3-2-1）主要用于设置巡航车速或将其重新设置为另一车速，以及取消巡航控制等，主要包括主开关、控制开关和退出巡航开关。

1）主开关

主开关（MAIN）是巡航控制系统的主要电源开关，多数采用按键方式，每次将其推入，该系统的电源就接通或关闭，即使点火再次接通，主开关仍保持关闭。

2）控制开关

手柄式控制开关有 5 种控制模式：SET（设置）、COAST（减速）、RES（恢复）、ACC（加速）和 CANEL（取消）。其中 SET 和 COAST 模式共用一个开关，RES 和 ACC 模式共用另一个开关。当沿开关上箭头标注方向操作时，开关接通；而松开时，则关断。这是一个自动回位型开关。

图 3-2-1 定速巡航操作开关

3）退出巡航控制开关

退出巡航控制开关包括取消开关、停车灯开关、驻车制动开关、离合器开关及空挡启动开关，当其中某一开关接通时，巡航控制将被自动取消。但当 CCS 取消瞬间的车速大于 35 km/h 时，此车速将存储于巡航控制 ECU 中，当接通 RES 开关时，最后存储的车速就会自动恢复。

4）驻车制动开关

当拉起驻车制动操纵杆时，开关就接通，将取消信号传送至巡航控制 ECU，同时，驻车制动指示灯亮。

5）空挡启动开关

当换挡杆设置在自动变速器的"P"或"N"挡位时，开关即接通，将取消信号传送至巡航控制 ECU。

6）离合器开关

当踩下离合器踏板时，开关即接通，将取消信号传送至巡航控制 ECU。

2. 传感器

1）车速传感器

车速传感器用于提供一个与汽车实际车速成比例的交变振荡脉冲信号，并由巡航控制 ECU 对该信号进行处理。车速传感器与发动机电控系统共用。

2）节气门位置传感器

节气门位置传感器的作用是给巡航控制 ECU 提供一个与节气门位置（开度）成正比例

的信号。节气门位置传感器与发动机电控系统共用。

3）节气门控制摇臂传感器

节气门控制摇臂传感器采用较多的是滑线电位计式，当节气门控制摇臂转动时，电位计随之转动，便输出一个与控制摇臂位置成比例且连续变化的电信号。

3. 巡航控制 ECU

如图 3-2-2 所示巡航控制 ECU 由处理器芯片、A/D、D/A 转换 IC 及输出重置驱动和保护电路等模块组成，ECU 接收来自车速传感器和各种开关的信号，按照存储的程序进行处理。当车速偏离设定的巡航车速时，给执行器一个电信号，控制执行器的动作，使实际车速与设定车速相一致。

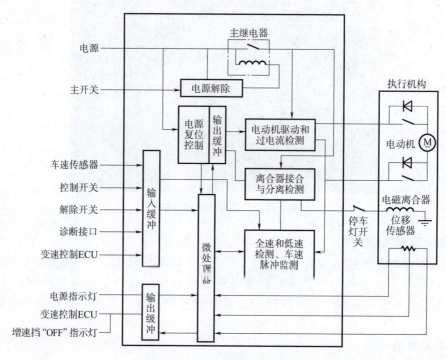

图 3-2-2　巡航控制 ECU 结构

汽车在巡航控制状态，一般当车速低于 40 km/h 时，ECU 将取消巡航控制，这样使汽车在制动、转弯时，巡航控制不起作用。当车速超过设定车速 68 km/h 时，ECU 将巡航控制取消；当汽车的减速度大于 2 m/s，以及汽车的制动灯开关动作时，ECU 也将自动取消巡航控制，以确保行车安全。

4. 执行器

执行器的作用是将 ECU 输出的电流或电压信号转变为机械运动，进而控制节气门的开度，最终达到控制车速的目的。目前使用的执行器有两种类型：一种是真空驱动型；另一种是电动机驱动型。前者由负压操纵节气门，后者由微电动机操纵节气门。

（四）巡航控制系统使用的注意事项

（1）为了让汽车获得最佳控制，当遇到交通阻塞或在雨、冰、雪等湿滑路面上行驶，或遇上大风天气时，不要使用巡航控制系统。

（2）为了避免巡航控制系统误工作，在不使用巡航控制系统时，务必使巡航控制系统的控制开关处于关闭状态。

（3）汽车行驶在陡坡时，使用巡航控制系统会引起发动机转速过大变化，因此最好不要使用巡航控制系统。下坡驾驶时，应避免加速行驶。若车辆的实际行驶速度比设定车速高出太多，则可省略巡航控制装置，然后将变速器换入低挡，利用发动机制动使车速得到控制。

（4）汽车巡航行驶时，对装备手动变速器的汽车不应在未踩下离合器踏板时就将变速杆置空挡，否则会造成发动机转速急剧升高。

（5）使用巡航控制系统要注意观察仪表板上的 CRUISE 指示灯是否闪亮，若闪亮，则表明巡航控制系统处于故障状态。当发现系统故障时，应停止使用巡航控制系统，待排除故障后再使用巡航控制。

（6）ECU 是巡航控制系统的中枢，对电磁环境、湿度及机械振动等较敏感，使用时应注意防潮、防振、防磁和防污染。

三、定速巡航控制系统电路图识读

不同汽车所采用的定速巡航控制电路有所不同，但其基本控制原理类似，即驾驶人操纵定速巡航控制开关，将车速设定、减速、恢复、加速和取消等命令输入定速巡航 ECU，当驾驶人通过定速巡航控制开关输入了设定命令后，ECU 便记忆此时车速传感器回传的车速，并按该车速对汽车进行等速行驶控制。汽车在定速巡航行驶过程中，不断通过比较电路将实际车速与设定车速进行比较，计算出实际车速与设定车速的差值，然后通过补偿电路对执行部件输出命令，由执行部件通过控制发动机节气门开度增加或者减小，使实际车速接近设定车速。

（一）别克君威定速巡航控制系统电路图识读

如图 3-2-3 所示，图中定速巡航控制释放开关和停车灯开关用于断开定速巡航控制系统，这两个开关就安装在制动踏板支架上。当制动踏板被踩下时，定速巡航控制功能便会被这些开关自动取消，节气门就会返回到怠速位置。定速巡航控制系统中包括一个电子控制器和一个电动机。电子控制器用于监控车速和操作电动机，电动机根据控制器的指令移动一根与巡航控制电缆连接的导线，而定速巡航控制电缆则移动节气门连接杆件，以改变节气门的位置，从而保持所需的定速巡航速度。

定速巡航控制模块包含一个低速度极限，该极限用于避免在车速低于最低值，即 40 km/h 的情况下，接合定速巡航控制系统。定速巡航控制模块由位于巡航控制开关的各个模式控制开关来控制。定速巡航控制一直处于待命禁止状态，直到与定速巡航控制操作不符的情况全部被清除。

定速巡航控制模块终端 K 是经由电路 B17 的速度信号终端。在工作状态下，电压将在 4~5 V 的高压和接近搭铁的低压之间摆动。当定速巡航控制系统经电路 85 被接合时，定速巡航控制模块终端 J 用于向动力传动系统控制模块（PCM）发出信号，然后再由动力传动系统控制模块确定变速器的正确变换模式。定速巡航控制模块的终端 H 经电路 83 被动力传动系统控制模块所使用，用于在出现与定速巡航操作不一致的情况时，禁止定速巡航控制功能。上述这些情况是禁止定速巡航控制的标准。

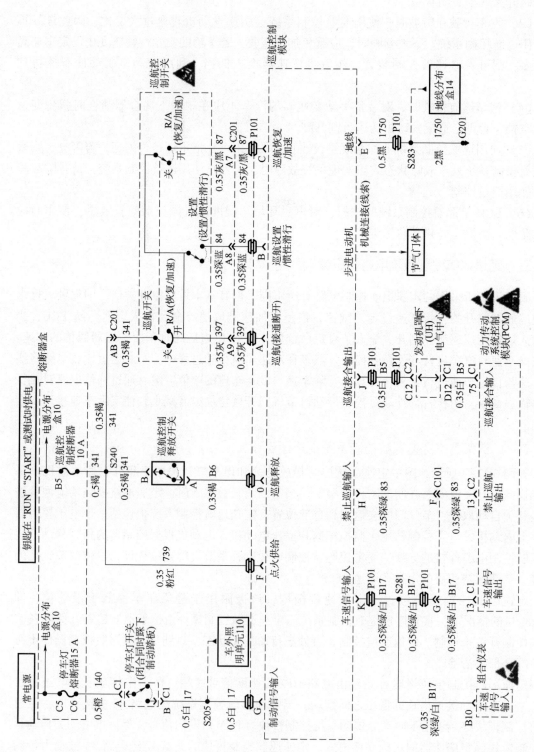

汽车空调及舒适安全系统检修

图 3-2-3 别克君威定速巡航控制系统电路图

142

当出现以下情况时，动力系统控制模块将禁止定速巡航控制功能：

（1）当车速低于 40 km/h 时；

（2）当变速驱动桥挡位开关指示为"P"驻车挡或"R"倒挡或"N"空挡时；

（3）当蓄电池出现电压过高或过低的情况时；

（4）当发动机转速过低时；

（5）当发动机转速过高（燃油切断）时。

（二）迈腾巡航控制系统电路图识读

迈腾汽车定速巡航控制系统设定工作过程是，车辆行驶时将转向盘左后方的速度巡航控制杆推到"ON"位置，车速必须在 40 km/h 以上定速巡航系统才可以启动，当车辆到达需要设定的速度时，按下控制杆上的"设定（SET）"键，存储当前速度并进入巡航状态。在定速巡航行驶中，可以按下"减"或者"加"来降低车速或者增加车速。当遇到不适用巡航的路况时，可以按下"CANCEL"键，暂时退出巡航，而要重新恢复巡航功能，按下"RES"键即可，彻底退出巡航只需要按巡航图标按键即可。行驶中如果驾驶员踩加速踏板或者制动踏板，主动参与驾驶对车辆进行加速或者减速，则定速巡航系统自动退出工作。

图 3-2-4 所示为迈腾巡航控制系统控制电路原理图，当车辆行驶中车速高于 40 km/h 时，按下 E45 定速巡航控制开关后定速巡航功能开启，此时 J285 仪表控制单元会点亮定速巡航指示灯 K31。通过 E227 设置开关调整车速到所需巡航车速，车辆就会维持在设定车速进行巡航。

信息传递过程是，E45 和 E227 将开关信号传递至 J527 转向柱电子装置控制单元内，J527 接收到信息后经过处理将信息传输到驱动 CAN 网络上，J533 网关对信息进行处理后分别将信息传输到仪表 CAN 总线和扩展型 CAN 总线网络上。发动机控制单元会对比定速巡航信息与车速信息，通过改变节气门的开关去实时控制车速，以满足定速巡航的要求。如果行车过程中驾驶员踩下制动踏板，定速巡航结束工作，但之前设置的速度值还在系统存储，可以直接恢复。在道路蜿蜒陡峭、颠簸湿滑及车辆较多等情况下，使用定速巡航容易发生危险，这种情况下不建议开启定速巡航，车主应自己驾驶。当车辆在下陡坡路段行驶时，可能超出设定的速度，一定要踩制动踏板辅助制动，或者直接关闭定速巡航。

四、定速巡航控制系统故障诊断与分析

当车辆定速巡航控制系统出现故障时，首先应检查控制电路的相关熔断器，然后进行目测检查，主要检查真空管有无断裂、夹住及接头有无松动等，检查所有的线束是否紧固、连接点是否清洁，检查导线是否良好及走向是否妥当，检查熔断器有无断路并根据需要进行更换。

如果目测检查没有发现异常，应进行"故障自诊断"检查：在汽车巡航行驶期间，如果车速传感器执行机构等部件发生故障，则巡航控制系统 ECU 将自动解除巡航控制功能，并点亮巡航报警指示灯，提醒驾驶人系统出现故障，应及时进行检修。与此同时，巡航控制系统 ECU 还将故障内容生成故障码存入随机存储器 RAM 中。

汽车巡航控制系统一般都具有故障自诊断功能，可利用自诊断系统读取故障码，根据故障码提示的信息排除故障。汽车巡航控制系统常见故障原因及其排除方法见表 3-2-1。

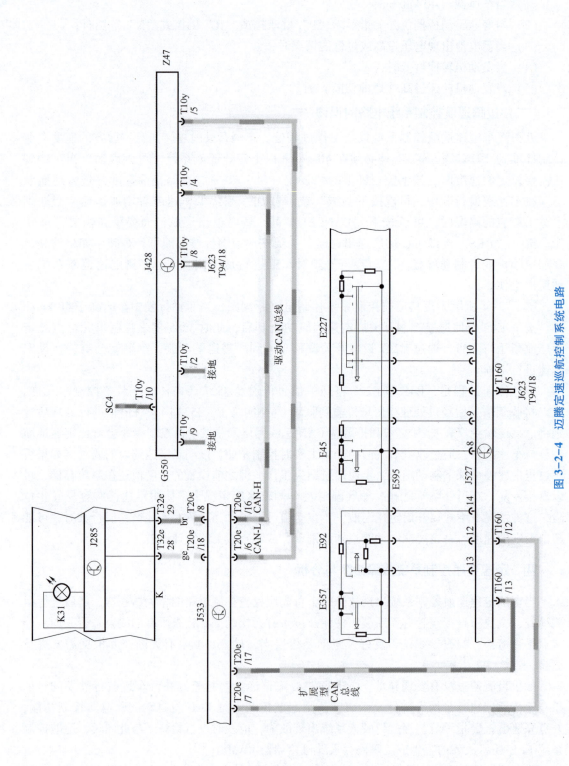

图 3-2-4 迈腾定速巡航控制系统电路

表 3-2-1　汽车巡航控制系统常见故障原因及排除方法

故障现象	故障原因	故障排除方法
巡航控制系统不能工作	（1）巡航控制开关故障断路； （2）节气门位置传感器没有信号； （3）车速传感器没有信号； （4）执行机构不工作； （5）电子节气门无动作； （6）安全系统不复位； （7）ECU 工作不良	（1）检查巡航控制开关状态及线束是否短路； （2）检查节气门位置传感器及其线束； （3）检查车速传感器及其线束； （4）检查执行机构动力源的供电情况，检查怠速控制机构； （5）检查巡航控制释放开关和停车灯开关； （6）更换 ECU
巡航控制系统间歇性工作	巡航控制系统在某些时候不能正常工作	（1）检查控制开关； （2）检查伺服机构； （3）检查控制器是否失效； （4）检查线束搭铁的连接情况； （5）检查控制电路的连接情况； （6）检查熔断器； （7）检查车速传感器
安全系统故障	（1）车速信号不正确或没有车速信号； （2）低速限制电路故障； （3）高速限制电路故障； （4）安全离合器不工作； （5）没有制动信号； （6）没有空挡起动信号； （7）ECU 不工作	（1）检查车速传感器及线束； （2）检查低速限制开关及其线束； （3）检查高速限制开关及其线束； （4）检查安全离合器及其线束； （5）检查制动灯电路、熔断器及其线束； （6）检查空挡开关、熔断器及其线束； （7）更换 ECU

任务实施

由教师根据班级情况分组进行任务实施。请各组同学根据本任务学习内容，检查故障车辆定速巡航控制系统系统功能，根据故障现象，利用所提供技术资料和诊断工具完成故障修复，并将表 3-2-2 所示操作步骤记录表和表 3-2-3 所示故障排除测量数据记录单填写完整。

一、操作步骤

表 3-2-2　操作步骤记录表

步骤	工作项目	工作内容
1	准备工作	□ 正确安装挡块 □ 正确安装翼子板布、座套、转向盘套 □ 正确进行蓄电池检查 □ 正确进行机油液位检查 □ 正确进行冷却液液位检查 □ 降下驾驶员侧车窗玻璃

步骤	工作项目	工作内容
2	人员安全	□ 测试过程中，不要误操作造成发动机起动 □ 不要佩戴尖锐饰物 □ 要穿安全鞋 □ 操作过程中，不要对测试设备和车辆造成损坏 □ 测试过程中，不要对线束造成损伤
3	设备的使用	□ 要做好工具、仪器、仪表和测试设备准备工作后再进行测试 □ 工具、仪器、仪表和测试设备选择要合理 □ 要正确连接仪器、仪表和测试设备到车辆 □ 要正确操作车辆，达到测试条件后才可以进行测试 □ 测试设备操作正确，读取测量值要准确
4	故障现象确认	对车辆定速巡航控制系统功能进行检查，确认故障现象 故障现象：
5	故障分析	推断故障可能范围： （1） （2） （3）
6	绘制相关电路图	查阅电路图，绘制与故障系统相关的控制原理图：
7	故障检测	正确填写"二、实施记录"
8	故障排除	故障点： （1） （2） （3） 维修意见： （1） （2） （3）

步骤	工作项目	工作内容
9	5S 规范	☐ 地面和工作台要干净、整洁 ☐ 工具、设备擦拭干净后回收并摆放整齐 ☐ 起动车辆前要连接尾气排放装置 ☐ 同学之间不要出现肢体碰撞 ☐ 排故时不要出现现场组织混乱的情况

二、实施记录

表 3-2-3　故障排除测量数据记录单

1. 基于故障现象分析结论，实施诊断，确定故障范围	

测试对象			
测试条件		使用设备	

电路参数、数据流或执行元件驱动测试结果；若为波形信号，左侧画正常，右侧画异常

测试参数		测试结果	
标准描述		测试结论	

分析测试结果，得出故障可能原因；简单修复，实施验证；做下一步诊断的思路说明

	与本步测量相关的控制原理图或波形图

2. 基于以上诊断结论，实施诊断，确定故障范围	

测试对象			
测试条件		使用设备	

电路参数、数据流或执行元件驱动测试结果；若为波形信号，左侧画正常，右侧画异常

测试参数		测试结果	
标准描述		测试结论	

分析测试结果，得出故障可能原因；简单修复，实施验证；做下一步诊断的思路说明

	与本步测量相关的控制原理图或波形图

3. 基于以上诊断结论，实施诊断，确定故障范围			
测试对象			
测试条件		使用设备	
电路参数、数据流或执行元件驱动测试结果；若为波形信号，则左侧画正常，右侧画异常			
测试参数		测试结果	
标准描述		测试结论	
分析测试结果，得出故障可能原因；简单修复，实施验证；做下一步诊断的思路说明			
		与本步测量相关的控制原理图或波形图	

三、检查与评价

（一）自检

本组学生对任务操作过程中任务执行的操作规范性进行检查，检查操作过程中是否存在问题，分析讨论应如何避免并总结规范的操作方法。

（二）互检

组与组之间相互进行任务操作过程及结果检查，检查结果以小组汇报形式进行讨论，互评结果可作为教师评价的依据。

（三）任务评价

任务评价见表3-2-4。

表3-2-4　任务评价

评分项目	评分标准	自我评价			教师评价		
		优秀(25分)	良好(15分)	一般(10分)	优秀(25分)	良好(15分)	一般(10分)
知识掌握	1. 能够阐述汽车定速巡航控制系统的功用、组成、类型和操作过程； 2. 能够阐述典型车辆定速巡航控制系统的控制原理； 3. 能够通过对电路图分析制定定速巡航控制系统故障诊断过程						

评分项目	评分标准	自我评价			教师评价		
		优秀 (25分)	良好 (15分)	一般 (10分)	优秀 (25分)	良好 (15分)	一般 (10分)
实践操作	1. 能够使用解码器对定速巡航控制系统的故障码和使用数据进行读取； 2. 能够对定速巡航控制系统的故障进行排除； 3. 能够熟练对车辆定速巡航功能进行检测						
职业素养	1. 能够查阅维修手册或相关资料准确找到所需信息； 2. 能够与他人交流介绍相关内容； 3. 在工作组内服从分配、担当责任并能协同工作						
工作规范	1. 清理及整理工量具、车辆，保持实训场地整洁； 2. 建立安全的操作环境； 3. 废物回收与环保处理； 4. 检查、完善工单						
总评	满分100分						

任务 3　汽车电控后视镜系统故障检修

任务描述

一辆迈腾 B8 汽车行驶 7 万 km 电控后视镜系统出现故障，车主描述点火开关打到"ON"挡，操纵左侧后视镜调节功能正常；操作右侧后视镜调节时，所有调节方向均失效。现需要同学们对该故障进行维修。

任务解析

该任务主要考查学生是否会使用万用表、示波器等检测工具对电控后视镜系统故障进行检测和故障点确认，是否可以使用拆装工具对电控后视镜系统零部件进行更换，同时记录排除故障过程中的主要测量数据。教师在实施过程中要注重养成学生的标准化操作，以及良好的耐心和专注力。

知识链接

一、电控后视镜的功用

汽车增加后视镜有助于驾驶员在驾车过程中观察车辆后方和两侧的行车情况，对驾驶员安全行车和安全驻车都具有非常重要的作用。由于后视镜的位置直接关系到驾驶员能否观察到车后及两侧的情况，所以后视镜在车辆的两侧各有一个。而驾驶员驾车前需要对后视镜位置进行调整。由于手动调整右侧车门后视镜就比较困难，因此，现代汽车的后视镜都改为电控的，由电子控制系统来操纵后视镜内的电动机去带动后视镜片动作，即为电控后视镜。

1. 电控后视镜的优点

电控后视镜是汽车后视镜的一种操纵方式，与传统手动调整后视镜相比有非常显著的优点：

（1）驾驶员可以在车内通过操纵按钮对后视镜的角度进行调节，以获得良好的侧方及后方视域；

（2）驾驶员调节右侧车外后视镜时不再因距离远而难以操作；

（3）驾驶员在倒车时，可以通过调节功能让后视镜向下翻（前进挡时电动后视镜会自动回位），便于观察车辆与路边的距离，避免剐蹭；

（4）现代高配汽车的后视镜配备自动折叠功能，锁车后后视镜会自动折回，以免被剐蹭。

2. 电控后视镜的功能

1）带有记忆功能的记忆储存式后视镜

带有记忆功能的后视镜镜片调节设计与驾驶员座椅、转向盘、内视镜构成一个调节系统，每个驾驶员可根据个人身高与驾驶习惯的不同，来调节后视镜的最佳视角、座椅、转向盘最佳舒适性，然后进行记忆储存。当更换驾驶员后视镜的角度被调整后，也可以非常轻松地恢复到你的记忆储存位置，包括驾驶员座椅位置、转向盘位置都可恢复到当初的设定状态。

2）镜片可加热的后视镜

当车辆在雾天或雨天行驶时，由于雾气造成的后视镜镜面的积雾、冬天积霜或雨水侵袭都会造成后视镜模糊，影响驾驶员看车辆后方的视线，影响行车安全，驾驶员需将手伸出车窗外清洁镜面，这样既不方便也不安全。为了避免这种不安全因素的产生，提高车辆各项功能操作的方便性，常在后视镜镜片后背上加装加热除霜装置，如图 3-3-1 所示，当产生上述情况时，驾驶员就可以开启除霜按钮，后视镜镜片加热后自然就没有霜了。

图 3-3-1　具有加热功能的后视镜

3）可自动折叠车外后视镜

当汽车停车或进入较窄的区域时，由于后视镜镜框是整车最宽的部位，为防止擦伤及缩小停车泊位空间，就需要将后视镜框折叠，通常做法是用手将镜框折回，这样就很不方便。因此在后视镜折叠上设计了电动折叠功能，如图 3-3-2 所示，驾驶员可以通过操作后视镜折叠按钮随时对后视镜折叠进行控制，同时后视镜可以在锁车后自动折叠，解决了许多操作上的不便。

4）具有超车辅助功能后视镜

汽车在行驶过程中，如果车辆左侧有其他车辆靠近，如图 3-3-3 所示，为了保证车辆的行车安全，那么在后视镜的外围会亮起指示灯，警告驾驶员侧方有车，这时是不允许向左侧变道的。右侧后视镜功能相同。

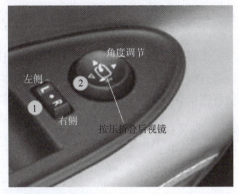

图 3-3-2　具有自动折叠功能的后视镜

图 3-3-3　具有超车辅助功能的后视镜

二、电控后视镜系统组成

如图 3-3-4 所示，电控后视镜系统由电动后视镜、后视镜调整开关、后视镜片和控制单元等组成。其中电动后视镜中装有两套电动机和驱动器，可操纵后视镜片上下左右转动。通常上下方向的转动由一个电动机控制，左右方向的转动由另一个电动机控制，操作时通过改变流过电动机的电流方向来控制电动机的转向，从而实现对后视镜镜片的上下左右进行调节。一些车辆的后视镜是利用开关对电路进行转换。此外，还有利用控制单元控制流过电动机电流方向的车辆，一般都是通过车门控制单元和车载网联共同实现控制的。

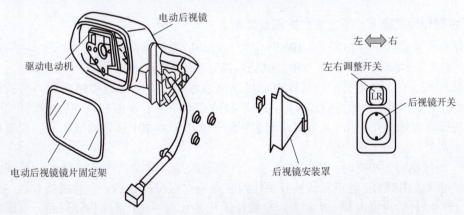

图 3-3-4　电控后视镜结构图

三、电控后视镜系统电路图识读

（一）别克君威汽车后视镜控制系统电路图识读

别克君威汽车后视镜电动机采用的是双向永磁电动机，若在电动机上施加电压，电动机可带动后视镜片运动，从而实现镜片的角度调节。在永磁电动机上施加电压的极性决定电动机的旋转方向，所以控制后视镜调整开关即可控制通过电动机的电流方向，其控制原理图如图 3-3-5 所示。

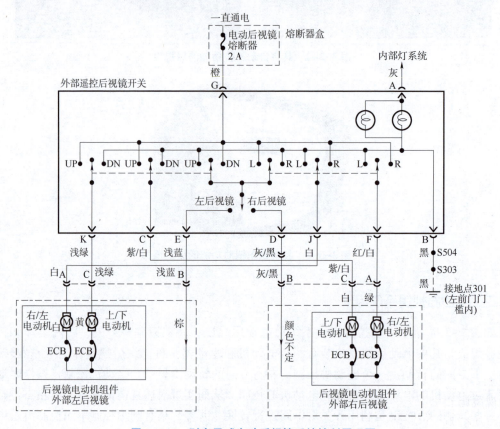

图 3-3-5 别克君威电动后视镜系统控制原理图

1. 左侧外后视镜上、下、左、右调整控制

操作点火开关置于"ACC""RUN"位置，电动后视镜熔断器得电，如图 3-3-6 所示，拨动后视镜左右调整开关并按下左侧，电动后视镜左侧控制电路接通。

（1）当按动向上按键时，后视镜电动机供电过程是，电动后视镜熔断器→后视镜开关 G 点→经过开关内部 UP 触点后到 K 点→左后视镜 C 点→左后视镜 B 点→后视镜开关 E 点→经过后视镜内部转换开关和 UP 触点后至后视镜开关 B 点→301 接地构成回路，实现后视镜镜片向上调节。

（2）当按动向下按键时，后视镜电动机供电过程是，电动后视镜熔断器→后视镜开关 G 点→经过开关内部 DN 触点和转换开关后到 E 点→左后视镜 B 点→左后视镜 C 点→后视镜开关 K 点→经过后视镜内部 DN 触点后至后视镜开关 B 点→301 接地构成回路，实现后视镜镜片向下调节。

图 3-3-6　别克君威电动后视镜调整开关

（3）当按动向左按键时，后视镜电动机供电过程是，电动后视镜熔断器→后视镜开关 G 点→经过后视镜开关内部 L 触点后经过转换开关到 E 点→左后视镜 B 点→左后视镜 A 点→后视镜开关 J 点→经过后视镜内部 L 触点后至后视镜开关 B 点→301 接地构成回路，实现后视镜镜片向左调节。

（4）当按动向右按键时，后视镜电动机供电过程是，电动后视镜熔断器→后视镜开关 G 点→经过后视镜开关内部 R 触点后至后视镜开关 J 点→左后视镜 A 点→左后视镜 B 点→后视镜开关 E 点→经过后视镜内部转换开关和 R 触点后至后视镜开关 B 点→301 接地构成回路，实现后视镜镜片向右调节。

2. 右侧外后视镜上、下、左、右调整控制

右侧外后视镜上、下、左、右调整控制电路的切换原理与左侧后视镜的相同。

（二）迈腾汽车汽车后视镜控制系统电路图识读

迈腾汽车后视镜电动机同样采用的也是双向永磁电动机，电动机的旋转方向及控制原理与君威的相同，不同的是迈腾汽车后视镜控制系统是通过车门控制单元进行控制的。

如图 3-3-7 所示，当车辆防盗系统通过验证，点火开关置于"ON"挡后，车辆舒适系统被激活，15#电开始给全车供电。按照先选择需要调整的后视镜，然后调整方向的顺序操作后视镜调节开关，开关将调整信号送入左前车门控制单元，控制单元接收到指令后会对后视镜电动机做出相应的调整，从而调整后视镜镜片的角度。在控制右侧车外后视镜进行调节时，控制信号的传递是两侧车门控制单元通过舒适 CAN 网进行传递，然后右前门控制单元根据收到的信号再控制右侧车外后视镜做相应的调整。迈腾汽车后视镜调节还有同步调节功能，即调节左边后视镜，右边会跟着一起调节，单独调节右边的，则左边不会跟着动。

四、车辆电控后视镜系统典型故障案例的诊断与分析

（一）别克君威调整左侧后视镜上、下无动作

1. 故障现象

一辆别克君威汽车在点火开关置于"ACCY"和"RUN"位置时，仪表指示灯显示正常，操纵左侧后视镜上、下无动作，左、右动作控制正常；操作右侧后视镜动作均正常。

2. 故障分析

结合车辆的故障现象和别克君威后视镜控制系统原理（见图 3-3-5）综合分析可得出

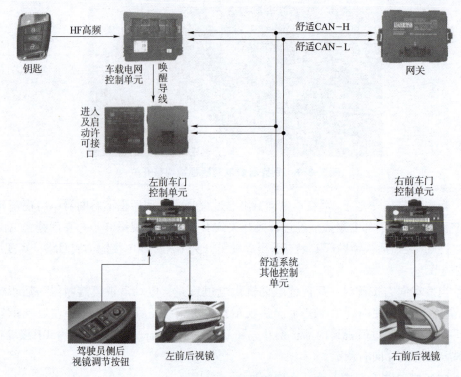

图 3-3-7　迈腾电控后视镜调整系统控制原理图

可能的故障点位置如下：

（1）K 点至 C 点线路故障。

（2）C 点至上、下电动机线路故障。

（3）上、下电动机损坏。

3. 故障排除

　　根据故障分析可能的故障点位置，通常可以选择万用表或者试灯对故障车辆后视镜电路进行检测。利用万用表进行检测的流程如图 3-3-8 所示。如果利用试灯检查，则需要先找到待测量的 K 点和 C 点，然后将试灯夹子夹地，用试灯点正极测试试灯是否正常，测试后若正常，则将试灯头连接在 K 点处，操作左侧后视镜向上或向下动作。此时试灯随着开关的操作有点亮过程，证明开关内部至 K 点为正常，否则此处为故障。将试灯移动至 C 点，操作左侧后视镜向上或向下动作，此时试灯随着开关的操作有点亮过程，证明 K 点至 C 点线路为正常，否则此处为故障。如果以上两处检测均正常，则需要分解左后视镜，检测进入电动机线路外观是否正常，如正常，故障就是上、下调节电动机损坏，需更换。

（二）大众迈腾右侧后视镜调整失效

1. 故障现象

　　一辆大众迈腾 B8 汽车在点火开关置于 "ON" 位置时，仪表指示灯显示正常，操纵左侧后视镜调整功能均正常；操作右侧后视镜调整时，右侧后视镜均无动作。

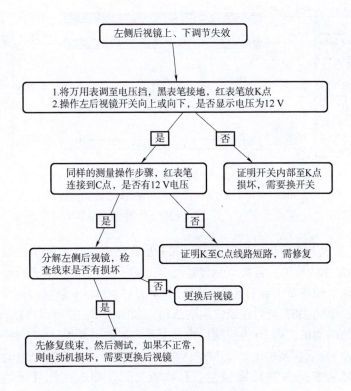

图 3-3-8　利用万用表检测流程

2. 故障分析

结合车辆的故障现象和大众迈腾后视镜控制系统原理（见图 3-3-6），综合分析得出可能的故障点位置如下：

（1）后视镜的转换开关 E48 损坏，造成无法切换至右侧后视镜电路。

（2）J387 右前车门控制单元 CAN 网络故障，因为右侧后视镜是受 J387 控制的。

（3）J387 至右侧后视镜之间线路故障。

（4）后视镜电动机同时损坏。

3. 故障排除

针对故障分析我们首先利用万用表对开关电路进行检测。如图 3-3-9 所示，E43 为后视镜方向调节开关，E48 为后视镜调节转换开关，根据故障现象我们可以知道，E43 及相关线路是没有问题的，需要测量的线路为 J386 T32/25-E48 T6v/5 之间。当点火开关打至"ON"挡时，E48 开关转至控制右后视镜，将万用表调至电压挡，黑表笔接 T6v/2、红表笔接 T6v/5，此时正常电压应为 0.9 V。如果证明 E48 开关损坏，则需要更换开关。如果没有 0.9 V 电压，则需要将红表笔移到 J386 T32/25 进行测量，如果电压为 4.5 V，则 J386 正常，故障是 J386 T32/25-E48 T6v/5 之间线路断路造成，需要修复线路；如果 J386 T32/25 无 4.5 V 电压，则故障出在 J386，需要更换 J386。

检测右前门的 CAN 总线是否有故障时，可以通过操作右前门或者右后门的车窗或者中控锁去实验，如果功能正常，那么证明右前门的 CAN 总线是正常的，就不需要再对右前门

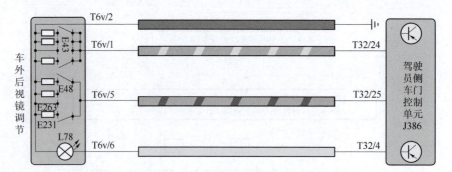

图 3-3-9　后视镜调节开关电路

E43—后视镜调节开关；E48—后视镜调节转换开关；

E263—后视镜内折开关；E231—车外后视镜加热开关

控制单元的 CAN 总线进行检测。如果右前门和右后门所有元件控制均失效，那么肯定是右前门控制单元 CAN 总线故障，需要用示波器配合万用表对 CAN 总线进行检查。

如果后视镜调节转换开关和右前车门控制单元 J387 的 CAN 总线均正常，那么问题就出现在右前车门控制单元 J387 至后视镜之间的线路。如图 3-3-10 所示可以看出，V25 为控制后视镜左右方向的电动机，V150 为控制后视镜上下方向的电动机，V25 和 V150 有一条公共线路 T3fk/2-T16s/5，后视镜的上、下和左、右控制都是通过改变通过电动机的电流方向来实现的。现在故障现象是右侧后视镜左、右功能失效，那么在此处可能是由于 T3fk/1-T16s/7 和 T3fk/3-T16s/8 之间线路同时断路，或者 T3fk/2-T16s/5 之间线路断路，或 T3fk/1-T16s/7、T3fk/3-T16s/8、T3fk/2-T16s/5 同时出现断路。将万用表调至电压挡，操作右外后视镜动作，测量相应电动机端子的电压即可知道线路是否损坏。

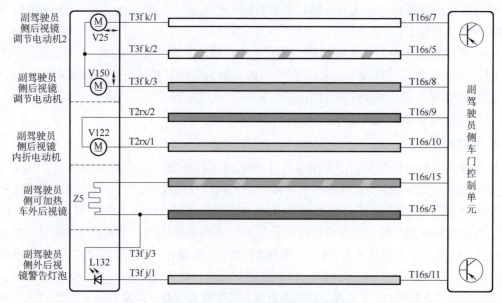

图 3-3-10　右侧外后视镜控制电路

如果右侧外后视镜至右前车门控制单元 J387 的线路均正常，那么故障就是右侧外后视镜调节电动机损坏，需要更换后视镜调节装置总成进行修复。

任务实施

由教师根据班级情况分组进行任务实施。请各组同学根据本任务学习内容，检查故障车辆电控后视镜系统功能，根据故障现象，利用所提供技术资料和诊断工具完成故障修复，并将表 3-3-1 所示操作步骤记录表和表 3-3-2 所示故障排除测量数据记录单填写完整。

一、操作步骤

表 3-3-1　操作步骤记录表

步骤	工作项目	工作内容
1	准备工作	□ 正确安装挡块 □ 正确安装翼子板布、座套、转向盘套 □ 正确进行蓄电池检查 □ 正确进行机油液位检查 □ 正确进行冷却液液位检查 □ 降下驾驶员侧车窗玻璃
2	人员安全	□ 测试过程中，不要误操作造成发动机起动 □ 不要佩戴尖锐饰物 □ 要穿安全鞋 □ 操作过程中，不要对测试设备和车辆构成损坏 □ 测试过程中，不要对线束造成损伤
3	设备的使用	□ 要做好工具、仪器、仪表和测试设备准备工作后再进行测试 □ 工具、仪器、仪表和测试设备选择要合理 □ 要正确连接仪器、仪表和测试设备到车辆 □ 要正确操作车辆，达到测试条件后才可以进行测试 □ 测试设备操作正确，读取测量值要准确 □ 每次测试完成后，测试设备要合理归位
4	故障现象确认	对车辆电控后视镜系统功能进行检查，确认故障现象 故障现象：
5	故障分析	可能的故障范围： （1） （2） （3）

步骤	工作项目	工作内容
6	绘制相关电路图	查阅电路图，绘制与故障系统相关的控制原理图：
7	故障检测	正确填写" 二、实施记录"
8	故障排除	故障点： （1） （2） （3） 维修意见： （1） （2） （3）
9	5S 规范	□ 地面和工作台要干净、整洁 □ 工具、设备擦拭干净后回收并摆放整齐 □ 同学之间不要出现肢体碰撞 □ 排故时不要出现现场组织混乱的情况

二、实施记录

表 3-3-2 故障排除测量数据记录单

1. 基于故障现象分析结论，实施诊断，确定故障范围			
测试对象			
测试条件		使用设备	
电路参数、数据流或执行元件驱动测试结果；若为波形信号，左侧画正常，右侧画异常			
测试参数		测试结果	
标准描述		测试结论	
分析测试结果，得出故障可能原因；简单修复，实施验证；做下一步诊断的思路说明			
		与本步测量相关的控制原理图或波形图	

2. 基于以上诊断结论，实施诊断，确定故障范围

测试对象			
测试条件		使用设备	

电路参数、数据流或执行元件驱动测试结果；若为波形信号，左侧画正常，右侧画异常

测试参数		测试结果	
标准描述		测试结论	

分析测试结果，得出故障可能原因；简单修复，实施验证；做下一步诊断的思路说明

	与本步测量相关的控制原理图或波形图

3. 基于以上诊断结论，实施诊断，确定故障范围

测试对象			
测试条件		使用设备	

电路参数、数据流或执行元件驱动测试结果；若为波形信号，则左侧画正常，右侧画异常

测试参数		测试结果	
标准描述		测试结论	

分析测试结果，得出故障可能原因；简单修复，实施验证；做下一步诊断的思路说明

	与本步测量相关的控制原理图或波形图

三、检查与评价

（一）自检

本组学生对任务操作过程中任务执行的操作规范性进行检查，检查操作过程中是否存在问题，分析讨论应如何避免并总结规范的操作方法。

（二）互检

组与组之间相互进行任务操作过程及结果检查，检查结果以小组汇报形式进行讨论，互评结果可作为教师评价的依据。

（三）任务评价

任务评价见表3-3-3。

表3-3-3　任务评价

评分项目	评分标准	自我评价			教师评价		
		优秀(25分)	良好(15分)	一般(10分)	优秀(25分)	良好(15分)	一般(10分)
知识掌握	1. 能够阐述汽车电控后视镜控制系统的功用、组成、类型和工作过程； 2. 能够阐述典型车辆电控后视镜系统电路的控制原理； 3. 能够通过电路图分辨出汽车电控后视镜系统具有的功能						
实践操作	1. 能够对电控后视镜系统零部件进行更换； 2. 能够对电控后视镜系统故障进行排除； 3. 能够熟练使用各种检测设备						
职业素养	1. 能够查阅维修手册或相关资料准确找到所需信息； 2. 能够与他人交流或分享相关内容； 3. 在工作组内服从分配、担当责任并能协同工作						
工作规范	1. 清理及整理工量具、车辆，保持实训场地整洁； 2. 建立安全的操作环境； 3. 废物回收与环保处理； 4. 检查、完善工单						
总评	满分100分						

任务4　汽车电控座椅系统故障检修

🎯 任务描述

一辆迈腾B8汽车行驶7万km，电控座椅控制系统出现故障。车主描述点火开关打到"ON"挡，操纵驾驶员侧电控座椅向前、向后操作无动作，座椅其他方向控制正常。现需要同学们对该故障进行维修。

🎯 任务解析

该任务主要考查学生是否会利用万用表、示波器等检测工具对电控座椅系统故障进行检测和故障点确认，是否可以使用拆装工具对电控座椅系统零部件进行更换，同时记录下排除故障时的重要测量数据。教师在实施过程中要注重养成学生的标准化操作习惯，以及良好的耐心和专注力。

📎 知识链接

一、电控座椅系统的功用

　　为了满足不同乘车人员的需求，座椅的角度一般都是可以调整的。最早汽车的座椅调整方式采用的都是手动调节，即通过操作座椅不同位置的开关对座椅的靠背角度、座椅的前后、座椅的高低等进行调节。电控座椅系统就是通过对电动机的控制来对座椅的前后位置、上下高度、靠背角度进行调节，更豪华的汽车座椅还可以调节大腿支撑、腰部支撑等。

　　如图 3-4-1 所示，按照座椅电动机数目和调节方向数目不同可以分为四方向、六方向、八方向，更先进的电控座椅功能会更加完善。

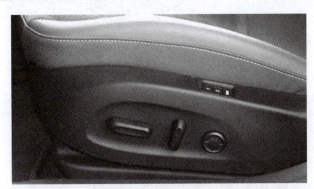

图 3-4-1　电控座椅

二、电控座椅系统的组成

　　电控座椅系统一般由调节开关、控制单元（高端车配备）、双向直流电动机、传动和执行机构等组成，如图 3-4-2 所示。电控座椅可以实现 8 种方向的电动调节，即座椅的上下调节、座椅的前后调节、靠背的倾斜调节、腰椎的支撑调节。有些高端车型座椅还配备头枕电动调节、腿托电动调节、座椅按摩、座椅加热、座椅通风和座椅位置记忆等功能。

1. 调节开关

　　调节开关的作用是输出不同的调节信号电压给控制单元。如图 3-4-3 所示，通过操作座椅姿态调节开关将不同的控制信号输送到控制单元，控制单元根据信号量去控制相应部位的电动机进行动作。

2. 控制单元

　　有些电控座椅可以按照乘车人的意愿和实际需求进行相应的调整，并且可以将调整结果存储到控制单元内部，使电控座椅具有记忆和存储功能，并且方向调节电动机都是通过控制单元发出的电压进行控制的。

3. 双向直流电动机

　　电控座椅中电动机采用的都是永磁式电动机，如图 3-4-4 所示，电动机为座椅的调节机构提供动力。电动机电枢的旋转方向随电流方向的改变而改变，使电动机按不同的电流方

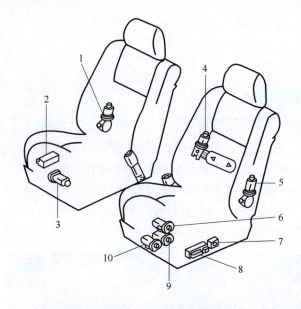

图 3-4-2　电控座椅结构图

1，5—倾斜电动机；2，8—电动座椅调节；3—滑动电动机；4—腰垫电动机；
6—后垂直电动机；7—腰垫开关；9—前垂直电动机；10—前后电动机

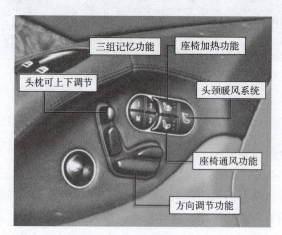

图 3-4-3　座椅调节开关

向进行正转或反转，以达到座椅调节的目的。电动机的数量多少取决于电动座椅的类型，通常一个电动机可以控制两个方向。为了防止电动机过载，电动机内部装有熔断器，以确保电气设备的安全。

4. 传动和执行机构

传动和执行机构是最终接收电动机旋转动力，然后做出相应动作的部件，以实现座椅不同姿态的调整。如图 3-4-5 所示，传动和执行机构由变速器、驱动软轴、螺旋千斤顶及蜗轮蜗杆机构组成。

座椅高度调整机构由蜗杆轴、蜗轮、心轴等组成，如图 3-4-6 所示。

座椅滑动调整机构由蜗杆、蜗轮、齿条、导轨等组成，如图 3-4-7 所示。

图 3-4-4　座椅调节电动机

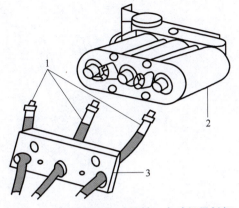

图 3-4-5　电控座椅驱动软轴、电动机及托架
1—驱动软轴；2—电动机；3—托架

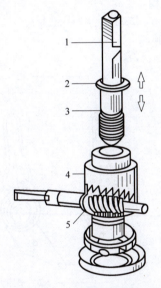

图 3-4-6　座椅高度调整机构
1—铣平面；2—止推垫片；3—心轴；
4—蜗轮；5—扰性驱动蜗杆轴

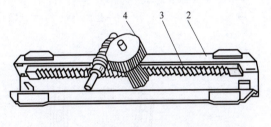

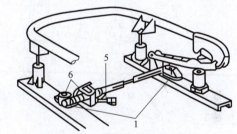

图 3-4-7　座椅滑动调整机构
1—支撑及导向元件；2—导轨；3—齿条；
4—蜗轮；5—反馈信号电位计；6—调整器电动机

座椅靠背倾斜调节机构主要由铰链销钉、链轮、内齿轮（30 个齿）、外齿轮（29 个齿）、电动机等组成，如图 3-4-8 所示，其工作情况如图 3-4-9 所示。

三、电控座椅系统的电路图识读

（一）别克君威汽车电动座椅系统电路图识读

别克君威汽车电控座椅电动机采用的是双向永磁电动机，若在电动机上施加电压，电动机可带动座椅传动机构运动，从而实现座椅角度及方向的调节。在永磁电动机上施加电压的极性决定电动机的旋转方向，所以控制电控座椅调整开关就是控制流经电动机的电流方向。

图 3-4-10 所示为别克君威驾驶员座椅控制系统原理图。当点火开关处于"ACC""RUN"位置时，电控座椅熔断器得到电源后，通过驾驶员座椅调节开关 1 点给驾驶员座椅调节开关供电，驾驶员座椅调节开关通过 2 点接地，5 点和 6 点连接靠背调整器电动机，4 点和 3 点连接水平调整器电动机，10 点和 9 点连接前垂直调整器电动机，8 点和 7 点连接后

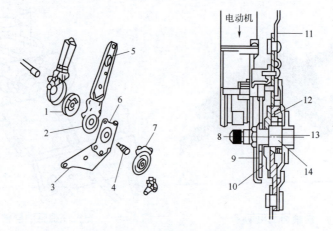

图 3-4-8　座椅靠背倾斜调节机构

1, 9—链轮；2, 10—内齿轮；3—下臂；4, 14—铰链销钉；5, 11—靠背；6, 12—外齿轮；
7—上加固体；8—中间轴 B；13—中间轴 A；

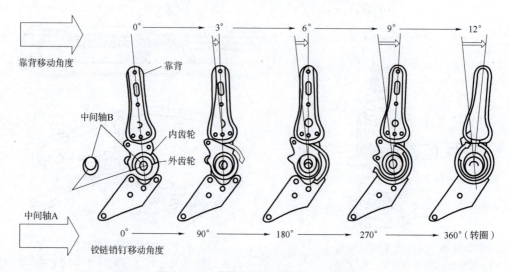

图 3-4-9　靠背倾斜调节机构工作情况

垂直调整器电动机。下面让我们看一下电动座椅系统是如何控制的。

1. 座椅靠背角度的调节

当点火开关处于"ACC""RUN"位置，电控座椅熔断器得到电源后，通过驾驶员座椅调节开关 1 点给驾驶员座椅调节开关供电。

按动座椅靠背向后按钮，开关内部触点接通，座椅靠背向后调整电流流经路线是：电控座椅熔断器→驾驶员电控座椅开关 1 点→经过开关内部向后触点后经 5 点流出→靠背调整器电动机 B 点→靠背调整器电动机 A 点→驾驶员电控座椅开关 6→经过开关内部向前触点后至 2 点→G301 接地。

按动座椅靠背向前按钮，开关内部触点接通，座椅靠背向前调整电流流经路线是：电控座椅熔断器→驾驶员电控座椅开关 1 点→经过开关内部向前触点后经 6 点流出→靠背调整器电动机 A 点→靠背调整器电动机 B 点→驾驶员电控座椅开关 5 点→经过开关内部向后触点后至 2 点→G301 接地。

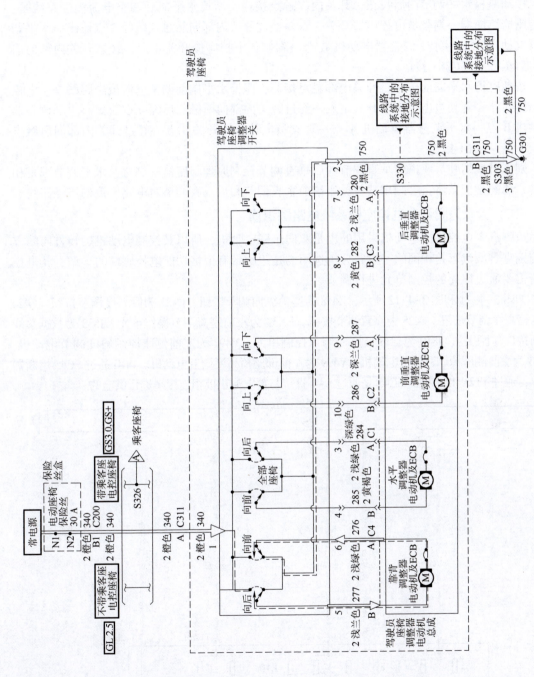

图 3-4-10 别克君威驾驶员座椅控制系统原理图

2. 座椅水平位置调节

当点火开关处于"ACC""RUN"位置，电控座椅熔断器得到电源后，通过驾驶员座椅调节开关1点给驾驶员座椅调节开关供电。

按动座椅水平调节向后按钮，开关内部触点接通，座椅水平向后调整电流流经路线是：电控座椅熔断器→驾驶员电控座椅开关1点→经过开关内部向后触点后经3点流出→水平调整器电动机A点→水平调整器电动机B点→驾驶员电控座椅开关4点→经过开关内部向前触点后至2点→G301接地。

按动座椅水平向前按钮，开关内部触点接通，座椅水平向前调整电流流经路线是：电控座椅熔断器→驾驶员电控座椅开关1点→经过开关内部向前触点后经4点流出→水平调整器电动机B点→水平调整器电动机A点→驾驶员电控座椅开关3点→经过开关内部向后触点后至2点→G301接地。

别克君威驾驶员座椅前垂直调节和后垂直调节控制原理与座椅的靠背及水平调节都是相同的，请同学们试着自己画出驾驶员座椅前垂直调节和后垂直调节时电路电流的流经路线。

（二）大众迈腾汽车电控座椅系统电路图识读

迈腾汽车电控座椅电动机采用的也是双向永磁电动机，所以其控制电动机旋转方向的方法与别克君威汽车是相同的。电路分析选用的是迈腾带有记忆功能电控座椅的车型，其电控座椅需要通过座椅的控制单元进行调节。

如图3-4-11和图3-4-12所示，E418为座椅纵向调节按钮、E421为倾斜度调节按钮、E424为座椅高度调节按钮、E425为靠背调节按钮、EX33为左前座椅调节操作单元、J533为数据总线诊断接口（网关）、J810为驾驶员座椅调节控制单元、V497为左前侧座椅倾斜度调节电动机、V495为左前侧座椅靠背调节电动机、V499为左前部座椅高度调节电动机。J810通过SC45熔断器供电，通过T12a/12接地。SC45是通过SA4直接与蓄电池正极相连接来进行供电的。

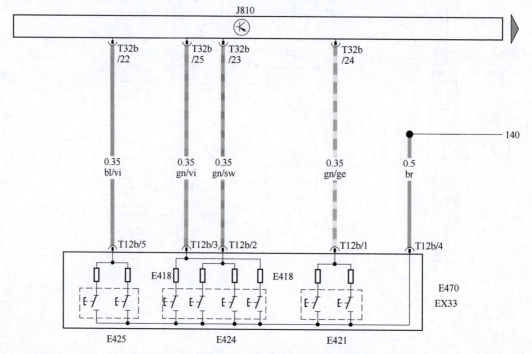

图3-4-11 迈腾汽车驾驶员电控座椅开关控制电路

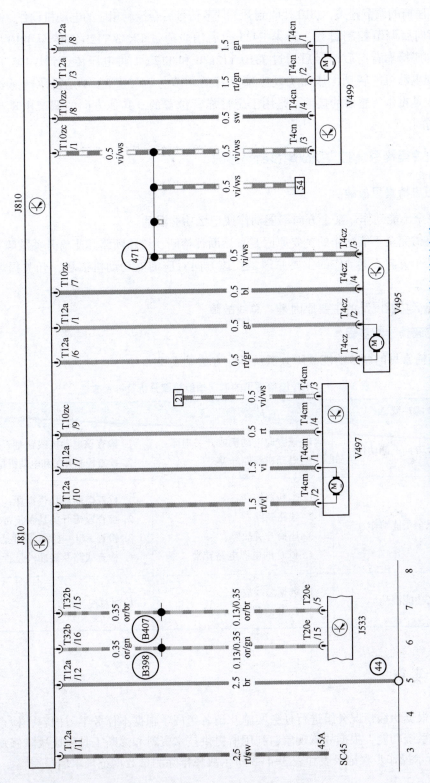

图 3-4-12 迈腾汽车驾驶员座椅控制单元和执行电动机控制电路

结合图 3-4-11 和图 3-4-12 可知，J810 满足 T12a/11 供电和 T12a/12 接地后可以正常工作，操作座椅的调节开关，J810 接收到开关调节信号后会控制相应的电动机动作。例如驾驶员座椅靠背向后调节控制过程，操作 E425 向后信号通过 EX33 T12b/5 传至 J810 T32b/22，J810 接收到座椅靠背向后信号后通过 J810 T12a/6 和 T12a/1 将电压传送到 V495 T4cz/1 和 T4cz/2 实现电动机的转动，从而实现座椅靠背的调节。V495 T4cz/4 是霍尔传感器的信号线，T4cz/3 是霍尔传感器的接地，是用于记忆靠背位置的。其他方向的调节电动机控制电路都是相同的。

四、电控座椅系统的典型故障诊断与排除

1. 电控座椅常见故障

座椅完全不能动作、某个方向不能动作或记忆功能混乱。

（1）座椅完全不能动作的主要原因是：熔断器熔断、线路断路和座椅开关故障等。

（2）某个方向不能动作的主要原因是：该方向对应的电动动机损坏、开关损坏和对应的线路断路等。

（3）记忆功能混乱的主要原因是：总线故障。

2. 电控座椅诊断步骤

电控座椅常见的调节功能故障分析及排除方法见表 3-4-1。

表 3-4-1　电控座椅常见的调节功能故障分析及排除方法

故障现象	故障原因	排除方法
座椅某个方向不能动作	1. 该方向电动机或开关损坏； 2. 电动机线路断路	1. 检查该电动机线路是否正常； 2. 检查控制开关和电动机是否正常
座椅完全不能动作	1. 熔断器熔断； 2. 线路断路； 3. 座椅开关故障； 4. ECU 的电源电路异常	1. 检查熔断器是否损坏； 2. 检查座椅开关是否正常； 3. 检查 ECU 电源电路是否正常； 4. 检查线路及接插件是否正常
记忆功能混乱	1. 数据总线故障； 2. ECU 故障	检测总线波形

💿 任务实施

由教师根据班级情况分组进行任务实施。请各组同学根据本任务学习内容，检查故障车辆电控座椅系统功能，根据故障现象，利用所提供技术资料和诊断工具完成故障修复，并将表 3-4-2 所示操作步骤记录表和表 3-4-3 所示故障排除测量数据记录单填写完整。

一、操作步骤

表 3-4-2　操作步骤记录表

步骤	工作项目	工作内容
1	准备工作	□ 正确安装挡块 □ 正确安装翼子板布、座套、转向盘套 □ 正确进行蓄电池检查 □ 正确进行机油液位检查 □ 正确进行冷却液液位检查 □ 降下驾驶员侧车窗玻璃
2	人员安全	□ 测试过程中，不要误操作造成发动机起动 □ 不要佩戴尖锐饰物 □ 要穿安全鞋 □ 操作过程中，不要对测试设备和车辆造成损坏 □ 测试过程中，不要对线束造成损伤
3	设备的使用	□ 要做好工具、仪器、仪表和测试设备准备工作后再进行测试 □ 工具、仪器、仪表和测试设备选择要合理 □ 要正确连接仪器、仪表和测试设备到车辆 □ 要正确操作车辆，达到测试条件后才可以进行测试 □ 测试设备操作正确，读取测量值要准确 □ 每次测试完成后，测试设备要合理归位
4	故障现象确认	对汽车电控座椅控制系统功能进行检查，确认故障现象 故障现象：
5	故障分析	推断故障可能范围： （1） （2） （3）
6	绘制相关电路图	查阅电路图，绘制与故障系统相关的控制原理图：

续表

步骤	工作项目	工作内容
7	故障检测	正确填写" 二、实施记录"
8	故障排除	故障点： （1） （2） （3） 维修意见： （1） （2） （3）
9	5S 规范	□ 地面和工作台要干净、整洁 □ 工具、设备擦拭干净后回收并摆放整齐 □ 起动车辆前要连接尾气排放装置 □ 同学之间不要出现肢体碰撞 □ 排故时不要出现现场组织混乱的情况

二、实施记录

表 3-4-3 故障排除测量数据记录单

1. 基于故障现象分析结论，实施诊断，确定故障范围			
测试对象			
测试条件		使用设备	
电路参数、数据流或执行元件驱动测试结果；若为波形信号，左侧画正常，右侧画异常			
测试参数		测试结果	
标准描述		测试结论	
分析测试结果，得出故障可能原因；简单修复，实施验证；做下一步诊断的思路说明			
		与本步测量相关的控制原理图或波形图	
2. 基于以上诊断结论，实施诊断，确定故障范围			
测试对象			
测试条件		使用设备	
电路参数、数据流或执行元件驱动测试结果；若为波形信号，左侧画正常，右侧画异常			
测试参数		测试结果	

2. 基于以上诊断结论，实施诊断，确定故障范围		
标准描述		测试结论
分析测试结果，得出故障可能原因；简单修复，实施验证；做下一步诊断的思路说明		
	与本步测量相关的控制原理图或波形图	

3. 基于以上诊断结论，实施诊断，确定故障范围		
测试对象		
测试条件		使用设备
电路参数、数据流或执行元件驱动测试结果；若为波形信号，则左侧画正常，右侧画异常		
测试参数		测试结果
标准描述		测试结论
分析测试结果，得出故障可能原因；简单修复，实施验证；做下一步诊断的思路说明		
	与本步测量相关的控制原理图或波形图	

三、检查与评价

（一）自检

本组学生对任务操作过程中任务执行的操作规范性进行检查，检查操作过程中是否存在问题，分析讨论应如何避免并总结规范的操作方法。

（二）互检

组与组之间相互进行任务操作过程及结果检查，检查结果以小组汇报形式进行讨论，互评结果可作为教师评价的依据。

（三）任务评价

任务评价见表3-4-4。

表 3-4-4　任务评价

评分项目	评分标准	自我评价			教师评价		
		优秀 (25分)	良好 (15分)	一般 (10分)	优秀 (25分)	良好 (15分)	一般 (10分)
知识掌握	1. 能够阐述汽车电控座椅控制系统的功用、组成、类型和工作过程； 2. 能够阐述典型车辆电控座椅系统电路的控制原理； 3. 能够通过电路图分辨出汽车电控座椅系统具有的功能						
实践操作	1. 能够对电控座椅系统零部件进行拆装； 2. 能够对电控座椅系统的故障进行排除； 3. 能够熟练使用各种检测设备						
职业素养	1. 能够查阅维修手册或相关资料准确找到所需信息； 2. 能够与他人交流介绍相关内容； 3. 在工作组内服从分配、担当责任并能协同工作						
工作规范	1. 清理及整理工量具、车辆，保持实训场地整洁； 2. 建立安全的操作环境； 3. 废物回收与环保处理； 4. 检查、完善工单						
总评	满分 100 分						

课后测评

一、填空题

1. 电控车门窗装置主要由车窗升降开关、_____、_____和控制电路等组成。
2. 天窗系统主要由滑动机构、_____、_____、_____和开关等组成。
3. 巡航系统按功能可以分为_____、_____、_____三种。
4. 巡航控制系统由_____、_____、_____和执行器等组成。
5. 电控后视镜系统由_____、_____、_____和控制单元等组成。

二、判断题

1. 当车内湿度大时，可以利用天窗对车内进行除雾。　　　　　　　　（　　）
2. 迈腾车窗的升降控制信号是由开关直接传输给升降电动机的。　　（　　）
3. 车辆在定速巡航时通过踩踏制动踏板可以取消定速巡航。　　　　（　　）
4. 迈腾汽车进行后视镜调节时，开关信号通过车门模块后控制后视镜电动机动作。　（　　）
5. 电控座椅使用的电动机都是双向直流电动机。　　　　　　　　　（　　）

三、简答题

1. 汽车天窗有哪些作用？
2. 汽车定速巡航系统有哪些功能？
3. 电控后视镜有哪些功能？

4 项目

汽车安全系统故障诊断与检修

项目导入

一辆迈腾汽车安全系统出现多种故障，车辆发生交通事故后安全气囊未弹出、防盗系统故障造成发动机无法起动、车辆中央门锁控制系统部分功能失效。维修人员需要先通过电路图等维修资料确认车辆各故障系统的控制原理，然后使用诊断仪、示波器、万用表等检测工具对系统故障进行检测，检测过程中需要记录并对故障波形进行分析，同时记录判定故障类型的关键测量数据值，最终使用拆装工具对故障进行修复。

学习目标

【知识目标】

1. 能够阐述安全气囊系统与防盗系统的组成和工作原理；

2. 能够阐述解除迈腾汽车防盗系统的步骤及方法；

3. 能够画出中控门锁系统控制原理图并阐述工作原理。

【能力目标】

1. 能够充分利用维修资料，对安全气囊系统故障进行诊断和排除；

2. 能够熟练使用检测仪器对安全气囊系统和防盗系统故障进行检测；

3. 能够独立对中控门锁系统故障进行排除。

【素质目标】

1. 引导学生按照 5S 管理细则整理场地，培养学生的规范意识；

2. 提高个人安全意识，建立保护国家的意识；

3. 养成学生团结同学、互帮互助的意识。

项目实施

任务 1　安全气囊系统故障检修

🌀 任务描述

车主刚刚买了一辆迈腾汽车，没开多久发生交通事故，前保险杠被刮掉了，安全气囊没有爆，现在车主怀疑车辆安全气囊系统有问题或者车辆就没有安全气囊。现需要同学们对车辆安全气囊系统进行检查，并找到气囊和碰撞传感器的安装位置。

🌀 任务解析

该任务主要考查学生是否会利用诊断设备对车辆安全气囊系统进行检测，同时通过查询维修手册与电路图记录下安全气囊位置和气囊碰撞传感器位置，考查其是否可以使用拆装工具对安全气囊系统零部件进行正确拆装和更换。教师在实施过程中要注重培养学生的标准化操作意识及规范化和科学化的职业素养。

🌀 知识链接

一、安全气囊的功用

安全气囊系统（Supplement Restranint System，SRS）是一种车辆被动安全性的保护系统，它与座椅安全带配合使用，出现交通事故时可以对乘员提供有效的防撞保护。汽车安全气囊可使头部受伤率减少 25%、面部受伤率减少 80% 左右。

当汽车遭受碰撞导致减速度急剧变化时，气囊迅速膨胀，在驾驶员或乘员与车内构件之间铺垫一个气垫，利用气囊排气节流的阻尼作用来吸收人体惯性力产生的动能，进而减轻人体遭受伤害的程度。汽车安全气囊是当车辆发生碰撞事故时保护乘员的安全辅助装置，如图4-1-1所示。安全气囊作为一个电子控制系统，能够在汽车发生正面或侧面碰撞事故时根据所检测到的汽车冲击力（减速度）强度，由 ECU 判断，在极短的时间内接通引爆管电路，点燃充气剂，以大量气体瞬间填充气囊，冲破缓冲垫（装饰板），在乘员与车身之间形成一道柔软的弹性保护屏障，避免人与车之间发生剧烈的二次碰撞，使乘员免受伤害。当撞击发生后，气囊随即自动放气，它不会妨碍车内人员出逃，也不会影响他们的视线。

二、气囊的分类

1. 单气囊、双气囊

在国内生产的中低档轿车中标配的气囊个数是 1~2 个，一般都是在车辆的驾驶和副

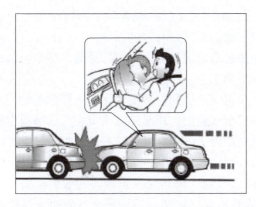
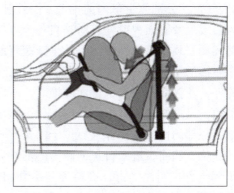

图 4-1-1　安全气囊的作用

驾驶位各一个，作用是在车辆发生猛烈撞击时对前排人员的胸部和脑部进行有效保护，如图 4-1-2 所示。

图 4-1-2　双气囊示意图

2. 四气囊

在一些中档的 B 级车中，一般都会装有四个气囊，除了位于驾驶、副驾驶位的两个，在其侧面车门内也装有两个，如图 4-1-3 所示，有效地缓冲了来自前方和侧面的强大冲击力。

图 4-1-3　四气囊示意图

3. 多气囊

在一些高档车中，像以安全性著称的沃尔沃轿车在它的旗舰车型中全车配备了 6 个气囊和 18 个气帘，分别位于车内前排正、副驾驶位，前、后车门两侧各两个，18 个气帘分布在前后风窗玻璃及侧面视窗处，对来自各个方向的撞击提供最有效的保护。

侧气囊安装于座椅外侧，目的是减缓侧面撞击造成的伤害。很多厂家的车型都会标配前排两个座椅的侧气囊，而装配后排侧气囊的车型则很少。

此外，车辆在真正发生正面碰撞时，下面是更应该受到保护的，下面的膝部与中控台的距离最短，是最易造成骨折损伤的部位。膝部安全气囊的作用是降低乘员在二次碰撞中车内饰对乘员膝部的伤害。膝部气囊位于前排驾驶座椅内，一旦打开能够有效保护后排乘客的腰下肢体部位，从而缓解来自正面碰撞的前冲力。

头部气囊也叫侧气帘，在碰撞时会弹出遮盖车窗，以达到保护乘客的效果。头部气囊主要针对侧撞时乘车人的头部进行保护。B 柱侧、车窗玻璃，甚至安全带侧面支撑扣都有可能成为车祸中的"杀手"，那么头部气囊就会把成员与这些东西隔开。头部气囊安装在车顶弧形钢梁内，通常贯穿前后，受车身内横向加速度传感器控制。当横向加速度大于正常值，且达到危险值时就会控制起爆，对于侧撞、翻车等严重事故，具有很好的人员保护功能。图 4-1-4 所示为多气囊分布示意图。

图 4-1-4　多气囊分布示意图

三、安全气囊系统的组成及工作原理

（一）安全气囊系统的组成

目前，汽车安全气囊系统普遍都是电子式。电子式安全气囊系统的组成部件分布在汽车不同位置。虽然各型汽车安全气囊系统采用部件的结构和数量有所差异，但是其基本组成和工作原理都大致相同。

1. 安全气囊系统的基本组成

汽车安全气囊系统主要由若干加速度传感器、碰撞传感器（集中式系统安置于 ECU 内部，分散式系统安置于 ECU 外部）、ECU、气囊组件（含气体发生器）、系统指示灯、螺旋电缆线盘、安全气囊系统接插件插头和线束等组成，如图 4-1-5 所示。

安全气囊系统利用传感器检测碰撞信号并送往安全气囊系统 ECU，ECU 根据传感器信号并利用内部预先设置的程序不断进行数学计算和逻辑判断。当判断结果为发生碰撞时，ECU 立即发出点火指令引爆点火剂，点火剂引爆时产生大量热量，使充气剂——叠氮化钠药片受热分解，并产生大量氮气向气囊充气。

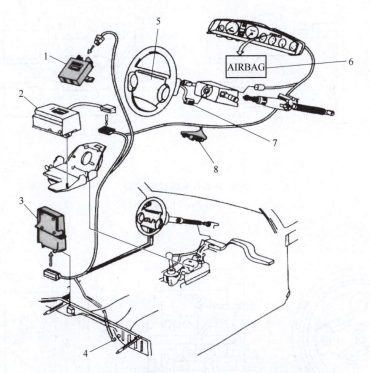

图 4-1-5　安全气囊系统基本组成和安装位置示意图

1—备用电源；2—SRS 控制单元；3—电压转换器；4—搭铁端子；

5—气囊组件；6—SRS 警告灯；7—连接器；8—熔断器

2. 安全气囊系统的主要元件

1）碰撞传感器

碰撞传感器有机械式、机电式和电子式三种，目前车辆上广泛采用机电式和电子式碰撞传感器。

（1）机电式传感器。

①滚球式传感器。

如图 4-1-6 所示滚球式传感器，平时小钢球被磁场吸力约束，当碰撞时，在圆柱形钢套内小钢球向前运动，一旦接触到前面的触点，则将局部电路接通。这种传感器的灵敏度由三个参数确定，即磁场大小、小钢球和圆柱形钢套之间的间隙以及小钢球与触点间的距离。这种传感器目前应用很广，可以检测各种撞击信号。

②偏心式传感器。

偏心式传感器为具有偏心转动质量的机电式加速度传感器，它是由壳体、偏心转子、偏心重块、旋转触点、固定触点和螺旋弹簧等构成的，如图 4-1-7 所示。偏心式传感器的外侧装有一个电阻，作为自检之用，用于检测中央气囊传感器总成与其之间的线路是否有断路或短路故障。

当汽车正常行驶时，偏心转子和偏心重块被螺旋弹簧拉回，处于平衡状态，此时转子上安装的旋转触点与固定触点不接触；当车辆受到正面碰撞且速度达到设定值时，由于偏心重块的惯性作用，使偏心重块连同偏心转子和旋转触点一起转动，旋转触点与固定触点发生接

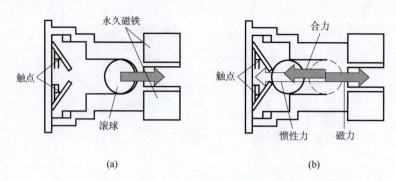

(a)　　　　　　　　　　　　　　(b)

图 4-1-6　滚球式传感器

（a）静止状态；（b）碰撞状态

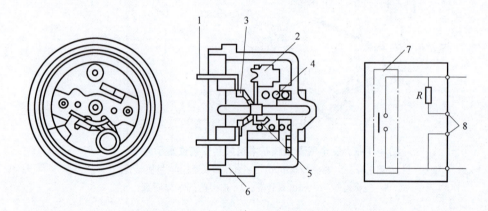

图 4-1-7　偏心式传感器

1—固定触点；2—偏心重块；3—旋转触点；4—游丝；

5—偏心转子；6—壳体；7—传感器触点；8—活动触点

触，从而向 ECU 发出闭合电路信号。

③水银开关式传感器。

水银开关式传感器也称为安全传感器，如图 4-1-8 所示，安全传感器是为防止碰撞传感器因短路故障以致引爆点火器而设置的。当汽车发生碰撞时，水银产生惯性力，上移而使两极接通，使点火器接通。安全传感器一般比碰撞传感器所需的惯性力或减速度小，以保证碰撞传感器可靠工作。

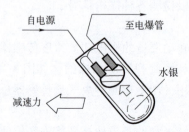

图 4-1-8　水银开关式传感器

（2）电子式传感器（中央安全辅助气囊传感器）。

电子式传感器装在中央控制器内，用来测量汽车碰撞时的急减速信号，并将其输送到微处理器，引爆气囊传爆管，使气囊打开。同时前方另一个传感器也引爆了预紧器的传爆管，即安全带预紧器同气囊一起起作用。有的前方传感器具有两对动、静触头，在低速碰撞时，第一对触头接通引爆安全带预紧器；在高速碰撞时，第二对触头接通，使安全带预紧器及气囊同时动作。电子式传感器的作用是增加可靠性，其结构如图4-1-9所示。电子式加速度传感器对汽车正向加速度进行连续测量，并将测量结果输送给微处理器。微处理器内有一套复杂碰撞信号处理程序，能够判定气囊是否需要打开。如果需要，微处理器便会接通点火电路，如果机电式传感器与之同时接通，则将引发传感器被触发引爆气囊。

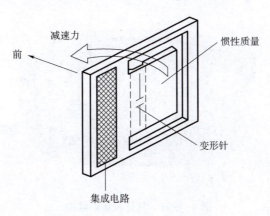

图4-1-9　电子式传感器的结构

2）安全气囊组件

安全气囊组件主要由气体发生器、点火器、气囊、盖板和底板组成，图4-1-10所示为驾驶员侧转向盘中央气囊，金属滤网用以过滤充气剂和点火剂燃烧后的渣粒。典型的驾驶员侧安全气囊组件由安全气囊饰罩、带涂敷层或不带涂敷层的织物折囊垫、充气器（即气体发生器，含引爆剂、扩爆剂和主推进剂）和将安全气囊组件安装在转向盘的连接组件等组成。

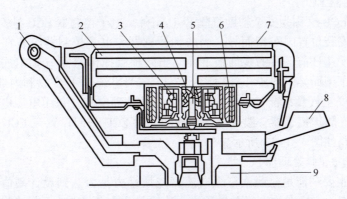

图4-1-10　驾驶员侧转向盘中央气囊

1—转向盘；2—气囊；3—气体发生物质；4—点火药粉；5—引爆器；
6—滤网；7—转向盘盖板；8—巡航控制开关；9—螺旋电缆

在气体发生器中，气袋位于转向盘中央部位，不可拆开。气体发生器内有一个发火极，其外围是点火剂，再外面布置的是气体发生剂。通过两层隔离板，最外侧和气体发生器上部为一折叠着的气袋，气袋由尼龙材料制成。气囊传感器在撞击的减速力作用下接通电源，电流流入传爆管，使之迅速升温，并点燃点火剂及气体发生剂，使得大量氮气冲破隔离层，穿过过滤屏。被冷却后的气体全部进入气囊，气囊冲破转向盘中央盖板，在转向盘和驾驶人之间形成一个大气囊。由于传爆管会因流入很弱的电流而被点燃，因此不可用电流表来测量其电阻和电压，以免由于测量电流流入，引发气囊爆出。气体发生器的功能是使气囊在瞬间膨胀，通常它需在 $1/100 \sim 1/20\ \text{s}$ 内产生气体，并向气囊供气。

气体发生器结构如图 4-1-11 所示。

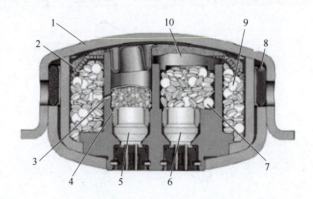

图 4-1-11　气体发生器结构

1—壳体；2—药舱 1；3—喷射口；4—炸药；5—起爆装置 1；
6—起爆装置 2；7—药舱 2；8—金属过滤器；9—药舱 3；10—罩盖

点火器外包铝箔，安装在气体发生器内部中央位置。其功能是在前碰撞传感器和安全传感器将气囊电路接通时，引爆点火剂，产生热量使充气剂分解。点火器的所有部件均安装在药筒内。点火剂包括引爆炸药和引药，引出导线与气囊插接器插头连接，插接器（一般多为黄色）中设有短路片（铜质弹簧片）。当插接器插头被拔下或插头与插座未完全接合时，短路片将两根引线短接，防止静电或误通电将电热丝电路接通而造成气囊误胀开。

3）电子控制器 ECU

电子控制器 ECU 又称为安全辅助气囊 ECU 组件。电子控制器 ECU 是安全辅助气囊系统的核心部件，其安装位置因车型而异。当防护传感器与电子控制器组装在一起时，ECU 通常安装在驾驶室变速杆前、后的装饰板下面。当防护碰撞传感器与 ECU 分开安装时，ECU 的安装位置则因车型而异。图 4-1-12 所示为安全气囊系统 ECU 实物和内部结构。

ECU 主要由安全气囊系统 ECU 逻辑模块、信号处理电路、备用电源电路、保护电路和稳压电路等组成。防护传感器一般也与安全辅助气囊 ECU 一起设置在 ECU 中，安全辅助气囊电子控制器电路如图 4-1-13 所示。

（1）ECU 模块（微处理器）。

ECU 模块的主要功能是监测汽车纵向速度或惯性力是否达到设计阈值，控制气囊组件中的点火器引爆点火剂。在汽车行驶过程中，安全辅助气囊 ECU 不断接收前碰撞传感器和安全传感器传来的车速变化信号，经过数学计算和逻辑判断后，确定是否发生碰撞。

当判断结果为发生碰撞时，立即运行控制点火的程序，并向点火电路发出指令引爆点火剂，点火剂引爆时产生大量热量，使充气剂受热分解释放气体给安全辅助气囊充气。

除此之外，安全辅助气囊ECU还要对控制组件中关键部件的电路（如传感器电路、备用电源电路、点火电路、安全辅助气囊指示灯及其驱动电路）不断进行诊断测试，并通过安全辅助气囊指示灯和储存在存储器中的故障码来显示测试结果。仪表板上的安全辅助气囊指示灯可直接向驾驶人提供安全辅助气囊系统的状态信息。

图 4-1-12　安全气囊系统 ECU 实物和内部结构

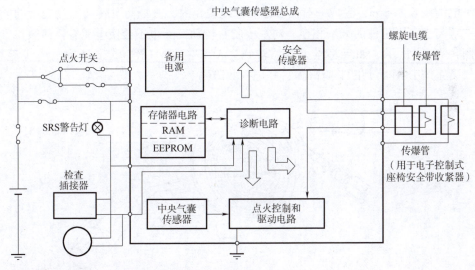

注：1.安全传感器、传爆管和中央气囊传感器是串联的；
2.前气囊传感器和中央气囊传感器是并联的（仅限某些型号）；
3.传爆管是并联的

图 4-1-13　安全辅助气囊电子控制器电路

（2）信号处理电路。

信号处理电路的作用是对传感器检测的信号进行整形、放大和滤波，以便能够被安全辅助气囊 ECU 接收、识别和处理。

（3）备用电源电路。

备用电源电路由电源控制电路和若干个电容器组成。在单个安全辅助气囊系统的控制组件中，设有一个 ECU 备用电源和一个点火备用电源；在双安全辅助气囊的控制模块中，设有一个 ECU 备用电源和两个点火备用电源，即两条点火电路各设一个备用电源。在点火开关接通后，如果汽车电源电压高于安全辅助气囊 ECU 的最低工作电压，那么 ECU 备用电源和点火备用电源即可完成储能任务。

备用电源的作用是：在碰撞过程中，一旦蓄电池连接松脱，当汽车电源与安全辅助气囊 ECU 之间的电路被切断后，可在一定时间（一般为 6 s）内为安全辅助气囊系统供电，保持安全辅助气囊系统的正常功能。当汽车遭受碰撞而导致蓄电池和交流发电机与安全辅助气囊 ECU 之间的电路被切断时，ECU 备用电源能在 6 s 之内向 ECU 供给电能，使 ECU 能够实现测出碰撞、发出点火指令等正常功能；点火备用电源能在 6 s 之内向点火器供给足够的点火能量引爆点火剂，使充气剂受热分解给气囊充气。时间超过 6 s 之后，则丧失上述功能。

（4）保护电路和稳压电路。

为了防止安全气囊系统元件遭受过电压损害，安全辅助气囊控制模块中必须设置保护电路。同时为了保证汽车电源电压变化时，安全辅助气囊系统能够正常工作，还必须设置稳压电路。

4）螺旋电缆线盘

螺旋电缆线盘用于转向盘上的电气开关到转向柱及车身侧的电气连接，它由旋转接线、螺旋电缆线盘壳、扁平电缆线盘和复位凸轮等构成。复位凸轮和螺旋线盘壳凹凸相嵌为一体。扁平电缆线长 4.8 m，卷成一盘置于螺旋电缆盘壳内，一端与可转动的盘壳上的插头相连，另一端与盘壳固定件的插头相连，向左或向右转动三圈也不会使电缆有任何被拉紧的现象，如图 4-1-14 所示。如果将点火开关转到"ACC"或"ON"位，螺旋电缆线盘断开，则安全气囊系统 ECU 将判断其有故障，并记入故障码。

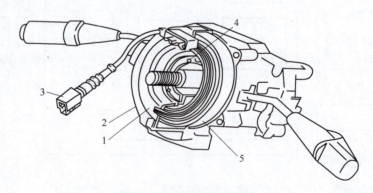

图 4-1-14　螺旋插接器
1—旋转体；2—壳体；3—引爆管接口；4—凸轮；5—电缆

5）安全气囊系统线路插接件

许多轿车的安全气囊系统插接件及连线都为黄色且成单股，以示与其他电气系统区别，且所有插接件均使用耐用的铂金作为接触端子，以保证安全气囊系统的高度可靠性。插接件分为气囊控制 ECU 插接件、熔断器盒插接件、互连插接件、气囊插接件和前传感器插接件。

控制 ECU 插接件和前传感器插接件内有电气检测功能的机械结构，互连插接件和气囊插接件内有防止气囊意外引爆的机械结构，熔断器盒插接件、互连插接件和气囊插接件内具有双重锁定的机械结构。

6）安全气囊系统警告灯

安全气囊系统警告灯位于仪表板上，如图 4-1-15 所示。当点火开关接通"ON"或"ACC"位后，如安全气囊系统指示灯发亮或闪亮约 6 s 后（闪 6 下）自动熄灭，表示安全气囊系统功能正常；如安全气囊系统指示灯不亮、一直发亮或在汽车行驶中突然发亮或闪亮，则表示自诊断系统发现安全气囊系统有故障，提示应进行检修。

若 ECU 出现异常，不能控制安全气囊系统警告灯，安全气囊系统警告灯便在其他电路的直接控制下做出异常显示。如 ECU 无点火电压，警告灯常亮；ECU 无内部工作电压，警告灯常亮；ECU 不工作，警告灯在看门狗电路的控制下，以 3 次/s 的频率闪烁；ECU 未接通，警告灯经线束插接器的短接条接通。

图 4-1-15　安全气囊故障指示灯

（二）安全气囊点火的判定条件

汽车安全气囊系统并非在所有碰撞情况下都能起作用，它是通过传感器感受车辆各个方向上的加速度，以逻辑方法可靠判别气囊打开的时机，这是安全气囊工作的前提条件。如图 4-1-16 所示，汽车在正前方或斜前方±30°角范围内发生碰撞且其纵向减速度达到某一值（通常称为减速率）时，才能引爆点火剂使充气剂受热分解给正面安全气囊充气。安全气囊触发与否取决于撞车时轿车的减速率（减速度）与控制单元设定的减速率。若撞车时轿车的减速率小于控制单元设定的基准值，则即使碰撞严重损坏轿车，系统也不会触发安全气囊。减速率由设计人员根据安全气囊系统的性能设定，不同车型安全气囊系统的减速率值有所不同。当汽车遭受侧面碰撞超过斜前方±30°时，安全气囊不展开。

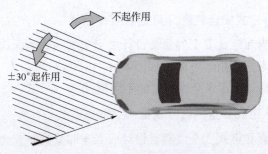

图 4-1-16　正向引爆的安全气囊有效范围

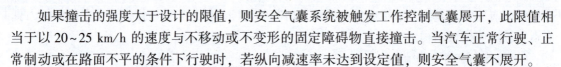

如果撞击的强度大于设计的限值，则安全气囊系统被触发工作控制气囊展开，此限值相当于以 20~25 km/h 的速度与不移动或不变形的固定障碍物直接撞击。当汽车正常行驶、正常制动或在路面不平的条件下行驶时，若纵向减速率未达到设定值，则安全气囊不展开。

如果车辆发生侧面或后面碰撞、翻转或发生低速正面碰撞，则安全气囊系统不触发气囊，不展开；如果对车辆底部发生严重的撞击，则安全气囊系统触发气囊，可能展开。

（三）安全气囊系统的动作过程

在汽车正常工作过程中，驾驶位气囊的动作过程如图 4-1-17 所示。

（1）碰撞约 10 ms 后，安全气囊达到引爆极限，气囊组件中的电雷管引爆点火剂并产生大量热量，使充气剂——叠氮化钠药片受热分解，驾驶人由于惯性未动作，如图 4-1-17 （a）所示。

（2）碰撞约 20 ms 后驾驶人开始移动，但还没有到达气囊。

（3）碰撞约 40 ms 后，气囊完全充满胀起，体积最大；驾驶人逐渐向前移动，安全带斜系在驾驶人身上并收紧，部分冲击能量已被吸收，如图 4-1-17 （b）所示。

（4）碰撞约 60 ms 后，驾驶人头部及身体上部压向气囊，气囊背面的排气孔在气体和人体压力的作用下排气，利用排气节流的作用吸收人体与气囊之间弹性碰撞产生的动能，如图 4-1-17 （c）所示。

（5）碰撞约 80 ms 后，驾驶人的头和身体上部沉向气囊，气囊的排气口打开，其中的气体在高压下匀速逸出，以吸收能量。

（6）碰撞约 100 ms 后车速已降为零，这时对车内乘员来讲事故的危险期已经结束。

（7）碰撞约 110 ms 后，大部分气体已从气囊逸出，驾驶人向前移动达到最大距离，且身体开始后移，驾驶人身体上部回到座椅靠背上，这时大部分气体已从气囊中逸出，汽车前方恢复视野，如图 4-1-17 （d）所示。

（8）碰撞约 120 ms 后，碰撞危害解除，如图 4-1-17 （e）所示。

由此可见，在安全气囊动作过程中动作时间极短，从开始充气到完全充满的时间约为 30 ms；从汽车遭受碰撞开始，到安全气囊收缩为止，所用的时间极为短暂，仅为 120 ms 左右，而人的眼皮眨一下所用的时间约为 200 ms。因此安全气囊动作的状态和经历的时间无法用肉眼来确认。目前，世界上广泛采用模拟人体来进行碰撞试验，各汽车制造公司都用计算机模拟汽车遭受碰撞时，驾驶位安全气囊的动作过程。

（四）侧面安全气囊和帘式安全气囊展开条件

1. 侧面安全气囊+帘式安全气囊（只是前面有）

（1）侧面安全气囊和帘式安全气囊被设计成当车辆受到侧面碰撞时能展开。

（2）当车辆受到来自对角线方向或如图 4-1-18 （a）所示右方的侧面碰撞，但不是车厢处时，侧面安全气囊和帘式安全气囊可能不会展开。

2. 侧面安全气囊+帘式安全气囊（前面+后面）

（1）侧面安全气囊和帘式安全气囊被设计成当车厢受到侧面碰撞或后侧碰撞时能展开。

（2）当车辆受到来自对角线方向或如图 4-1-18 （b）所示右方的侧面碰撞，但不是车厢处时，侧面安全气囊和帘式安全气囊可能不会展开。

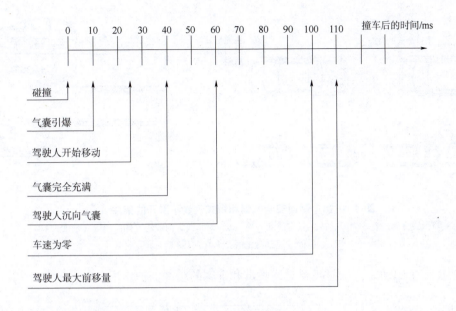

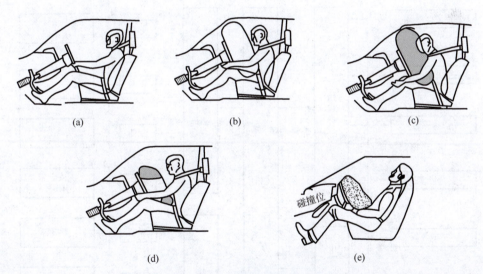

图 4-1-17　驾驶位气囊动作过程

（3）当撞击发生在前面或尾部，或发生翻车、侧面低速碰撞时，侧面安全气囊和帘式安全气囊不展开，如图 4-1-18（c）所示。

（五）安全气囊系统的工作原理

安全气囊系统的工作原理框图如图 4-1-19 所示。当汽车行驶车速超过 30 km/h，车辆前部发生碰撞事故时，装在汽车前端的碰撞传感器和装在汽车中部的安全传感器可检测到车速突然减速的信号，由碰撞传感器将撞击信息传给 ECU，安全气囊系统 ECU 中预先设置的程序经过数学计算和逻辑判断撞击的严重程度，并在几毫秒内决定是否启动气囊。若需要触发，则发出点火信号，立即向安全气囊组件内的电热点火器（电雷管）发出点火指令，引爆电雷管，点火剂受热爆炸，使气体发生器在极短的时间内向气囊充气，当人体脸部一接触气囊时，气囊的泄气孔就逐渐泄气，这样把硬性碰撞变为弹性碰撞，通过气囊产生的变形来

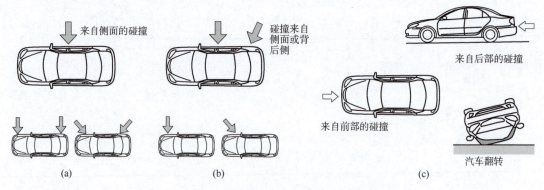

图 4-1-18　侧面安全气囊和帘式气囊不展开的条件

（a）对角线方向或右方侧面碰撞（只有前面有）；（b）对角线方向或右方侧面碰撞（前面+后面）；

（c）前面或尾部撞击或翻车（前面+后面）

吸收人体碰撞产生的动能，从而起到对驾驶员和乘客的缓冲保护作用。

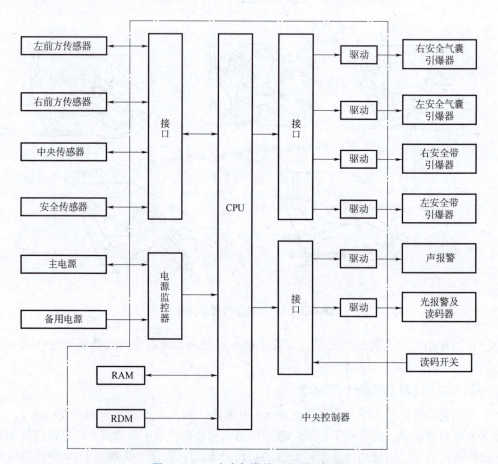

图 4-1-19　安全气囊的工作原理框图

　　汽车发生正面碰撞时安全气囊系统工作原理图如图 4-1-20 所示。当点火剂被引爆时，迅速产生大量热量，充气剂——叠氮化钠固体药片受热分解释放大量氮气充入气囊，气囊便冲开气囊组件的装饰盖板鼓向驾驶人，使驾驶人头部和胸部压在充满气体的气囊上，在人体与车内构件之间铺垫一个气垫，由于从传感器接收信号到气囊张开仅需 50 ms，而驾驶人撞向转向盘的时间约为 60 ms，故在发生碰撞时，能有效地保护驾驶人，避免了驾驶人直接撞击转向盘的危险。安全气囊从触发，到充气膨胀，再到驾驶人头部陷入气囊，直至气囊被压扁的全过程不超过 110 ms。

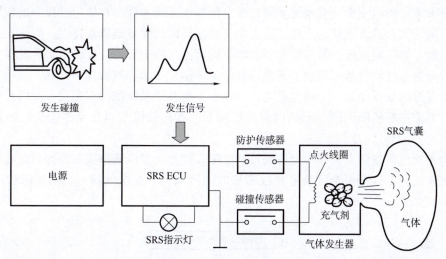

图 4-1-20　安全气囊正面碰撞工作原理图

当汽车遭受侧面碰撞时，安全气囊系统工作原理与遭受正面碰撞基本相同，如图 4-1-21 所示。

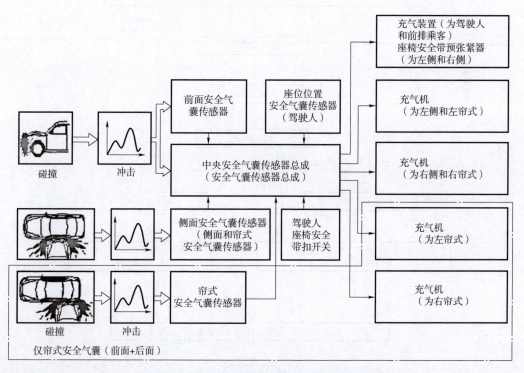

图 4-1-21　侧面碰撞安全气囊系统工作原理

四、安全气囊系统诊断方法

安全气囊系统的传感器、充气装置和中央气囊传感器等元件均不能分解修理，所以安全气囊系统的故障诊断主要是电气方面的故障诊断。由于安全气囊系统平时不不使用，一旦使用之后便报废，所以安全气囊系统不像汽车上的其他系统那样，在使用过程中出现故障会表现出来。因为没有异常现象的出现，故安全气囊系统的故障就难以被发现。为此安全气囊系统本身设置了自诊断系统，若系统出现故障，即可通过故障警告灯反映出来。这样安全气囊系统的故障警告灯和故障码就成了其最重要的故障信息来源和故障诊断依据。

由于安全气囊系统是一个独立系统，与汽车上的其他系统都没有关系，所以若系统中存在故障，只需按照故障码所指示的内容进行诊断，找出故障是出在元件还是在导线或插接器上。

因为各充气装置的点火器不允许测量其电阻，故点火器的断路或短路的判断必须利用自诊断系统来进行，这是安全气囊系统故障诊断的特殊性。安全气囊系统的故障诊断流程如图 4-1-22 所示。

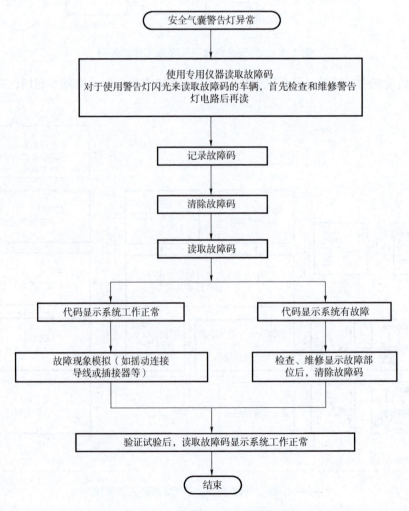

图 4-1-22　安全气囊系统的故障诊断流程

五、安全气囊系统的检修

安全气囊系统的故障检测一般有三种方法，即保养指示灯法、参数测量法和诊断仪扫描法，现在车辆多采用诊断仪扫描法。诊断仪扫描法的一般程序是当故障警告灯亮起后，先用诊断仪扫描读取出故障码，再根据手册的指导进行具体的检查。开机时，故障警告灯如果闪6 s后不熄灭，说明有故障存在；如果故障警告灯根本不亮，则说明故障警告灯线路有故障。

诊断仪扫描法检查程序如下：

（1）将点火开关置于"OFF"位。

（2）将诊断仪电源线插到点烟器插座上。

（3）将诊断仪接到熔断器盒中的诊断插口上。

（4）接通点火开关。

（5）用诊断仪检查自诊断故障码。

（6）断开点火开关排除故障，然后接通点火开关，用诊断仪清除所存的故障码。

（7）摘下诊断仪。

🌀 任 务 实 施

由教师根据班级情况分组进行任务实施，请各组同学根据本任务学习内容，利用所提供车辆和相应的技术资料完成任务，并按要求将表4-1-1所示操作步骤记录表填写完整。

一、操作步骤

表 4-1-1　操作步骤记录表

步骤	工作项目	工作内容
1	准备工作	□ 正确安装挡块 □ 正确安装翼子板布、座套、转向盘套 □ 降落驾驶员侧车窗玻璃 □ 正确进行蓄电池检查 □ 正确进行机油液位检查 □ 正确进行冷却液液位检查
2	人员安全	□ 不要佩戴尖锐饰物 □ 要穿安全鞋 □ 发动机盖打开后支撑正确 □ 测试过程中，不要误操作造成发动机起动 □ 测试过程中，不要对线束造成损伤
3	设备的使用	□ 要正确操作车辆，达到测试条件后才可以进行测试 □ 拆装工具、仪器、仪表和测试设备选择要合理 □ 要做好工具、仪器、仪表和测试设备准备工作后再进行测试 □ 要正确连接仪器、仪表和测试设备到车辆 □ 测试设备操作正确，读取测量值要准确 □ 每次测试完成后，测试设备要合理归位

续表

步骤	工作项目	工作内容
4	安全气囊安装位置	
5	碰撞传感器安装位置	
9	5S 规范	□ 地面和工作台要干净、整洁 □ 工具、设备擦拭干净后回收并摆放整齐 □ 起动车辆前要连接尾气排放装置 □ 同学之间不要出现肢体碰撞 □ 排故时不要出现现场组织混乱的情况

二、检查与评价

（一）自检

本组学生对任务操作过程中任务执行的操作规范性进行检查，检查操作过程中是否存在问题，分析讨论应如何避免并总结规范的操作方法。

（二）互检

组与组之间相互进行任务操作过程及结果检查，检查结果以小组汇报形式进行讨论，互评结果可作为教师评价的依据。

（三）任务评价

任务评价见表4-1-2。

表4-1-2　任务评价

评分项目	评分标准	自我评价			教师评价		
		优秀 (25分)	良好 (15分)	一般 (10分)	优秀 (25分)	良好 (15分)	一般 (10分)
知识掌握	1. 能够阐述汽车安全气囊系统的功用、组成、类型和触发过程； 2. 能够阐述典型车辆安全气囊系统的电路控制原理						
实践操作	1. 能够在不同车辆上找到安全气囊和碰撞传感器的安装位置； 2. 能够使用检测工具对安全气囊系统进行检修						

评分项目	评分标准	自我评价			教师评价		
		优秀(25分)	良好(15分)	一般(10分)	优秀(25分)	良好(15分)	一般(10分)
职业素养	1. 能够查阅维修手册或相关资料准确找到所需信息; 2. 能够与他人交流介绍相关内容; 3. 在工作组内服从分配、担当责任并能协同工作						
工作规范	1. 清理及整理工量具、车辆,保持实训场地整洁; 2. 建立安全的操作环境; 3. 检查、完善工单						
总评	满分100分						

任务2　汽车防盗系统故障检修

任务描述

一辆行驶里程约13.2万km,搭载BYJ汽油缸内直喷发动机,配备了第4代防盗系统的大众迈腾1.8轿车。用户反映车辆锁车2 h后出现发动机无法起动的故障,仪表防盗系统故障灯点亮。现需要同学们对该故障进行维修。

任务解析

本任务主要考查学生是否会使用检测设备对车辆防盗系统故障进行检测,并且利用专用设备对系统进行修复;是否能使用拆装工具对车辆防盗系统零部件进行正确更换。教师在实施过程中要注重培养学生的标准化操作意识及规范化和科学化的职业素养。

知识链接

一、防盗系统的基础知识

汽车防盗系统是为防止汽车本身或车上的物品被盗所设置的系统,它由电子控制的遥控器或钥匙、电子控制电路、报警装置和执行机构等组成。电子防盗控制系统使盗车人无法用常用的机械或电起动方法起动发动机,需要通过钥匙与车辆防盗系统认证通过后才可解除防盗,防盗验证码都是随机产生的。

轿车防盗系统的组成及安装位置如图4-2-1所示。钥匙防盗系统又称为发动机电子防盗系统,可以起到很好的防盗作用。除非使用车辆的合法钥匙起动车辆,否则车辆防盗系统会控制车辆不能起动。除了当前配备的遥控防盗系统外,钥匙防盗系统在更大程度上降低了汽车被偷窃的风险。

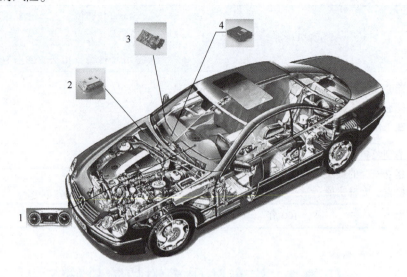

图 4-2-1　轿车防盗系统的组成及安装位置

1—仪表控制单元；2—发动机控制单元；3—无钥匙起动系统控制单元；4—整车控制单元

1. 钥匙防盗系统的工作原理

　　点火钥匙内部拥有特定的防盗芯片，点火锁芯周围含有识读线圈，当钥匙与识读线圈相靠近，且点火钥匙处于"ON"位时，识读线圈就会读取钥匙的信息，车身控制模块便向检测电路提供 5 V 参考电压，车身控制模块通过识读钥匙防盗芯片库的防盗码，并将其与所保存的代码比较，检查是否一致。如果两个代码一致，车辆便能顺利起动，否则车身控制模块便通过二级数据串行线与动力系统控制模块通信，发动机控制单元控制停止向发动机供油，使发动机不能起动，从而起到车辆防盗的作用。

　　高级钥匙第一次作为可选设备出现在新款奥迪 A5 中，在车门外把手上不再配备任何中控锁按键，触摸外把手上的电容传感器即可打开和关闭车门，如图 4-2-2 所示，其通过车主随身携带的智能卡里的芯片感应自动开关门锁，当车主走近车辆一定距离时，门锁会自动打开并解除防盗，当车主离开车辆时，门锁会自动锁上并进入防盗状态。一般装备有遥控门锁系统的车辆，其车门把手上有感应按钮和接近传感器，同时也有钥匙孔，以便在智能卡损坏或没电时，车主仍能用普通方式开启车门。每把钥匙内嵌有一个防盗转换器（发射器），将钥匙插入点火开关锁芯并将其旋转至"ON"位时，电子防盗 ECU 与钥匙之间通过无线射频的方式进行通信。如果钥匙被认为是合法的，则防盗 ECU 与发动机 ECU 进行密码验证，如果密码验证正确，则允许发动机起动，即点火和喷油。

　　这种无钥匙进入系统现在已经被广泛使用，不再是高端车才拥有的技术。一般无钥匙进入系统会与一键起动功能相匹配。当按下一键起动按键后，车内会有两个天线开始寻找钥匙，智能钥匙会和车上的模块采用无线传输技术进行防盗验证，验证通过后车身模块会控制车辆上电，同时转向盘锁也会解除，此刻正面车辆防盗系统已经解除。

2. 钥匙防盗系统的部件

　　钥匙防盗系统包括位于点火钥匙内的发射器、点火开关内的天线线圈、编码的钥匙防盗

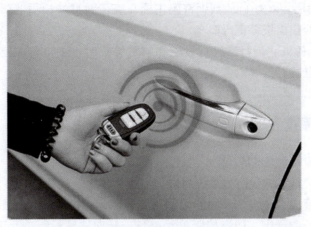

图 4-2-2　无钥匙进入门把手

模块（电子防盗 ECU）、指示灯和发动机 ECU。

1）发射器

发射器有一个高级加密法则。当注册钥匙时，需在发射器内进行编程，即设定车辆特定信息代码，车辆特定信息代码记录在发射器的永久存储器中。

2）天线线圈

天线线圈具有提供电源至发射器、接收来自发射器的信号、传送发射器信号至钥匙防盗模块等功能。

3）钥匙防盗模块

钥匙防盗模块与点火钥匙内的发射器之间进行无线射频通信，把来自发射器的由天线线圈捕捉的无线射频信号转换为串行通信信号。

4）发动机 ECU

发动机 ECU 利用指定的加密法则进行点火开关钥匙的认证。在发射器进行编程时，ECU 同时也进行相同的编码，只有结果相等时，发动机才能起动。所有对车辆有效的发射器数据都储存在 ECU 中。

3. 汽车防盗报警器的功能

汽车防盗报警器的主要功能如下：

（1）防盗设定与解除。其主要作用是警戒车辆，以防被盗或受侵害。

（2）全自动设防。若车主忘记设防，报警器将自动进入防盗警戒状态。

（3）静音设置与静音解除。其适合夜间、医院等特殊环境下使用。

（4）二次设防。设防解除后，若 30 s 内车主未打开车门，则主机自动进入防盗状态。

（5）寻找车辆功能。在停车场内帮助车主寻找车辆。

（6）求救。在紧急事态发生时，能设定紧急呼救。

（7）振动感应器暂时关闭。遇到恶劣天气，但车辆处于安全环境下，使用此功能可减少误报警和噪声。

（8）进厂维修模式。其适用于车辆进厂维修，遥控器无须交给维修厂，安全、方便。

（9）行车时控制功能。点火后车门自动落锁，熄火后车门自动开锁，车辆使用安全方便。

（10）密码抗扫描。ECU 自动判别密码正确与否，并过滤扫描器信号，杜绝扫描密码，故可防止使用扫描器扫描报警密码盗车。

（11）跳码防止拷贝。当每次进行设防和解除警戒时，主机及遥控器都同时更改密码，防止盗贼使用无线电解码器解码盗车。

（12）遥控功能。其可提高效率，节省暖车时间。

二、大众防盗系统

（一）第四代防盗系统的组成

第四代防盗系统与第三代防盗系统功能、形式上基本一致，只是部件的匹配需要在线进行，第四代防盗报警器不是一个单独的控制单元，而是一项功能。如图 4-2-3 所示，该防盗系统由 FAZIT 中心数据库、防盗控制单元 J518、转向柱锁控制单元 J764、数据总线诊断接口 J533、进入起动授权开关 E415、芯片钥匙识别线圈、发动机控制单元 J623 组成。钥匙码的发射和接收过程如图 4-2-4 所示。防盗控制单元内集成有电子式转向柱锁止控制机构。

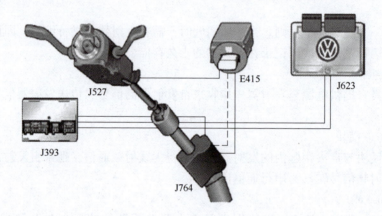

图 4-2-3 大众第四代防盗系统

J623—发动机控制单元；J764—转向柱锁控制单元；

J393—舒适系统中央控制单元；J527—转向柱控制单元；E415—进入起动授权开关

1. 接线柱控制

使用和起动授权控制单元将接线柱 15/75X、50、S 和 P 的信息发送到 CAN 舒适总线上，然后控制单元操纵接线柱 15 和 75X 的继电器，并将起动请求信号发送给发动机控制单元。

2. 锁止转向柱

在使用和起动授权控制单元内集成有用于锁止转向柱的电动机和传动机构，有两个集成的微开关用于检查锁止位置，只有当转向系统完全开锁时，15 号接线柱才接通。

3. 防盗锁和元件保护

控制单元 J518 是上述这些功能的主控单元，包括"部件保护功能"。"部件保护功能"需要上网在线进行解除，不再是简单的密码解除了。

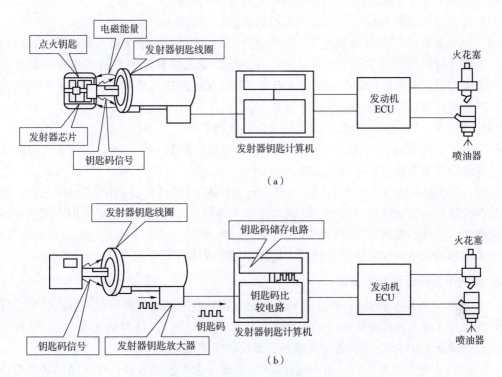

图 4-2-4 钥匙码发射和接收过程
（a）钥匙码的发射过程；（b）钥匙码的接收过程

（二）第四代防盗系统的特点

（1）第四代防盗系统与发动机控制模块之间的数据通过动力 CAN 总线进行传输，数据传输的安全性得到提高。

（2）由于每一辆车的防盗数据储存在大众总部的 FAZIT 中央数据库，而不是储存在车辆上的防盗控制单元内，并且经 FAZIT 数据库只能通过大众专用的测试仪，所以钥匙供应/更换过程中的安全性得到提高。

（三）第四代防盗系统匹配

1. 防盗器部件在线匹配准备

（1）确保 Geko 账号目前处于激活状态。

（2）连接 VAS505X 到车间的宽带网络上。

（3）连接 VAS505X 到车辆的诊断接口上。

（4）连接蓄电池充电器到车辆主蓄电池上。

（5）选择相关的汽车型号数据。

（6）在 VAS5052 上选择合适的对准选项。

必须注意的是，每次进行在线匹配之前，必须完成"FAZIT 在线连接测试"。如果第四代防盗器的一个或一个以上的部件已经完成在线匹配，那么发动机起动时间不能超过 5 min。

2. 防盗控制单元进行匹配

（1）在整个匹配过程中，保持钥匙位于点火挡位，如 15 号正电不能接通，则可通过操作不停地旋转大灯开关激活网关，使 VAS5052 能连接到车辆。

（2）正式匹配进程开始后，系统会进行登录锁止状态查询。

（3）如屏幕显示"无登录锁止"，则进行下一步，按照提示依次输入客户姓名、用户识别号、国籍（建议使用真实的用户信息输入），然后输入服务站用户名及相应密码登录系统，登录成功后，中央数据库会返回有关查询数据，VAS5052 接收和分析相关数据并进行验证，此时系统提示已写入配置信息指令字节。

（4）接下来，VAS5052 会将下载包写入防盗控制单元。

（5）由于程序设备的原因，一般情况下，VAS5052 无法一次性将下载包写入防盗控制单元，这时会显示更换防盗控制单元时匹配失败。

注意：若匹配不成功，一定不要关闭点火开关、拔下诊断插头、断电或退出系统，因为此时第四代防盗器已进行部分匹配，任何非正常中断都会造成防盗控制单元因不能完成匹配而永久损坏。正确的做法是按继续箭头再次运行匹配程序，继续防盗控制单元匹配的进程，在系统读取和验证第四代防盗器数据后，最终将显示成功的下载包写入防盗控制单元。

3. 激活防盗进行信息的交换

（1）选择"查询 S 触点"，将点火钥匙暂时从钥匙座内抽出再推回至 S 触点位置。目的是进行断电及 S 触点的识别工作，并根据屏幕提示选择"是"，此时如选择"否"，舒适系统中央控制单元 J393 就会处于未定义状态，无法继续使用。

（2）通过 S 触点正常识别，由 50 通道适配功能传递车辆底盘号，在车辆底盘号成功传递后，VAS505X 显示成功地进行了舒适系统中央控制单元的匹配，并提示打开点火开关，以对系统进行确认。

4. 匹配成功后，系统自动进入钥匙匹配程序

（1）所有车辆钥匙出厂时均进行了预设码，只能在相应车辆上使用，因为防盗信息的更新，原钥匙必须与舒适系统中央控制单元 J393 进行匹配。

（2）按照提示步骤，输入服务站用户信息和 GEKO 密码登录进行在线匹配。

（3）匹配钥匙时为避免干扰，每把钥匙应放在距点火开关足够远的地方，通过屏幕上的加或减按钮，来确定所配钥匙的总数。在确定需匹配钥匙总数后，多功能仪表盘的日里程表处会显示所要匹配钥匙数的目标值和匹配成功的数值，按照引导程序打开、关闭点火钥匙，直到匹配钥匙总数达到目标值。

至此，通过在线连接对防盗锁止系统各部件之间的大数据进行了匹配，实现了各系统部件的相互识别。

（四）第四代防盗系统遥控器的匹配

（1）将相应的带遥控器的车辆钥匙插入点火开关，通过系统键盘输入带遥控器功能钥匙的数据。

（2）在系统激活适配功能时，依次按一下待匹配钥匙的开锁或闭锁键至少 1 s 以上，随着 15 s 的适配时间上限截止，钥匙的匹配过程自动结束。

（3）尽管显示遥控器已经成功匹配，但如果出现操作遥控器不能开、闭锁的现象，则进入舒适系统中央控制单元数据模块，读取开锁、闭锁遥控信号是否处于正常接收状态。

（4）此时如操作左前门的车内中控键也同样失效，则说明新更换的舒适系统中央控

制单元处于工厂模式。

（5）通过 VASS05X 功能引导关闭工厂模式，完成后车辆开/闭锁功能恢复正常。

（6）至此工作并没有结束，因为此时进入 J393 查询故障码，通常会有左、右后门 ECU 无信号/通信的故障储存，且无法清除，这是因为新的舒适系统中央控制单元预置的长编码与本车实际配置不符，需要按原来记录的长编码重新更改，改写编码后故障码自动变为偶发故障，可以清除。

（7）退出功能引导，进入系统收集服务功能，清除所有 ECU 的故障码，确认无故障码储存后，起动车辆，确认是否正常，此时利用引导功能中的测量数据功能再读取舒适系统中央控制单元内防盗模块数据流。

①显示防盗锁止系统使用状态为正常值"6"。

②防盗锁止系统状态为正常值"0"。

③授权钥匙为"是"。

④已配的钥匙为"1"。

⑤发动机控制单元应答为"是"。

⑥许可起动过程为"是"。

至此，完成更换舒适系统中央控制单元，结束防盗匹配，恢复车辆运行。

三、第五代防盗系统

（一）第五代防盗系统的组成

大众第五代防盗报警器主要由舒适系统控制单元、转向柱锁控制单元、遥控钥匙、发动机控制单元、变速器控制单元和 FAZIT 中心数据库组成。

（二）第五代防盗系统的特点

作为第四代防盗报警器的升级版，第五代防盗报警器在维修服务上与第四代基本保持一致，只是在使用诊断仪进行有关防盗报警器方面的工作程序得到了极大简化。防盗控制单元集成在舒适系统控制单元 J393 内，取消了车门外把手上的中控门锁按钮，车门的闭锁过程和解锁过程通过触摸车门外把手上的电容传感器激活。与第四代防盗报警器相比，第五代防盗报警器有以下特点：

（1）第五代防盗报警器内的部件，除了钥匙外，可以在不同车辆之间互换。

（2）刚刚订购的新钥匙在没有匹配前，插入点火开关，按下一键起动按钮也可以起动车辆。

（3）如果钥匙丢失，仍然可以通过诊断仪连接到数据库 FAZIT，打开点火开关。

（4）没有使用过的新部件是可以在大众所有品牌适用车型之间互换的。但如果完成了匹配，则只能在该品牌的车辆之间互换。

（5）在第五代防盗报警器中，执行在线部件匹配时，中心数据库 FAZIT 会等待匹配是否成功的反馈信息，所以与第四代防盗报警器相比，匹配成功的可信度更高。

（三）如何进行第五代车辆锁定及解锁

（1）驾驶人将手放入车门把手的凹槽内，车门外把手接触传感器 G605 就会将"手指已放入把手凹槽"这个信息发送给舒适系统中央控制单元 J393，如图 4-2-5 所示。

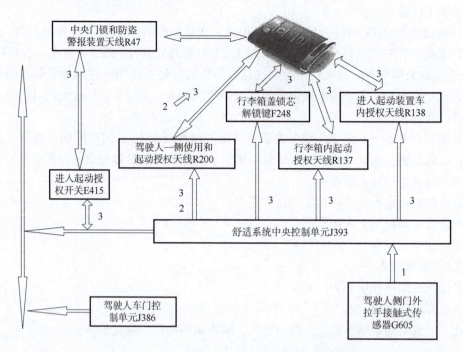

图 4-2-5　第五代防盗系统车辆锁定及解锁过程

（2）J393 控制进入起动装置车内授权天线 R138 向车钥匙上发送一个唤醒信号。

（3）车钥匙根据这些信号确定钥匙在车上的位置，并将这个信息发送到中控门锁和防盗警报装置天线 R47。

（4）中控门锁和防盗警报装置天线接收到信息，然后把这个信息传送给舒适系统中央控制单元 J393。

（5）收到舒适系统中央控制单元 J393 命令的车门控制单元再授权相应的锁芯，这样就打开了该车门。

（6）舒适系统中央控制单元 J393 将"打开车门"信息发送到舒适 CAN 总线上。

四、电子防盗系统的检修

在正常情况下，如果有人尝试采取非法手段起动进入防盗状态的发动机，防盗控制模块将采取干扰措施，关闭发动机的点火电路或喷油器电路，并设置故障码。

（一）电子防盗系统被触发的特征

当配置电子防盗系统的汽车出现无法起动的故障时，首先需要判断是电子防盗系统锁死，还是发动机本身存在故障。如果发动机起动 2 s 后熄火，就要考虑电子防盗系统是否被触发，不要匆忙拆卸无关部位。

判断电子防盗系统是否锁死的简便方法如下：

（1）看发动机是否一会儿容易起动，一会儿又不容易起动。如果是这样，说明不是防盗系统锁死。电子防盗系统锁死的特征是发动机能够起动，但 2～10 s 后自动熄火，且不能再起动。

（2）看组合仪表上的防盗指示灯是否点亮。如果该指示灯点亮，则说明防盗系统已经锁死；如果该指示灯不亮，有喷油信号但较弱，则不是电子防盗系统锁死。

（3）检测组合仪表控制单元，如果有相关的故障码储存，则说明电子防盗系统已经锁死。电子防盗系统锁死后，一般需要采用故障诊断仪并输入特定的密码才能解锁。

（二）防盗密码的获取途径

防盗密码是防盗控制模块识别是否属于合法用户的主要依据，其功能是用于解密和重新配置钥匙。在许多情况下，所谓"防盗密码"，其实就是钥匙的电阻值。

防盗密码的获取途径有以下几种：

（1）在防盗控制模块上贴有 14 位识别码和 4 位数密码。

（2）从钥匙牌上找。新车的防盗密码隐含在汽车的钥匙牌上，刮去钥匙牌上的黑胶会显示 4 位数防盗密码。

（3）从杂物箱内寻找。有的轿车的防盗密码粘贴在前排乘员座前面的杂物箱左侧。

（4）有的轿车的防盗密码夹在用户手册中。

（5）有的轿车的防盗密码粘贴在新车的行李箱内。

（6）如果以上位置都找不到防盗密码，则可以直接连接故障诊断仪，进入"防盗系统"，几秒后就会显示防盗控制模块的 14 位识别码，然后据此通过销售商服务热线查询防盗密码。

（三）防盗系统失常的解决办法

1. 报警喇叭经常鸣叫

有的轿车停放在路边并设定防盗状态后，当大型车辆或重型车辆经过时，就会引起报警喇叭鸣叫，这是由于振动感应器太灵敏的缘故。在电子防盗系统中安装了一个振动感应器，用于感测车身振动的强度，如果它的灵敏度过高，一旦有动静就会引起鸣叫报警，可以通过调整旋钮来调整其灵敏度。调整旋钮安装在振动感应器上或主机盒内，可以取下防盗系统的感应器，或将防盗报警器主机插扣板连线取下（一般都留有调整孔，当调整安装在主机盒内的调整旋钮时，不必拆开主机）。

如果车辆没有明显振动，过一段时间报警喇叭自动鸣叫，这种现象往往是因为车门没有关闭好、车灯开关不良和连接线短路造成的。

2. 防盗状态无法解除

在冬季的早晨，用遥控器发出解锁信号时，系统没有正常的反应，车门无法打开，车辆无法起动，产生这种现象的可能原因是蓄电池的电压达不到防盗报警器的启动电压。处理方法是，确认蓄电池的存电量，检查接线柱是否松动和被腐蚀、电解液是否缺失，必要时更换蓄电池。如果遥控器上的电池亏电、信号弱，也会造成防盗状态无法解除，此种情况应更换纽扣电池。

（四）电子防盗指示灯识读要领

在轿车仪表板上安装有防盗指示灯，当电子防盗系统出现故障时，利用防盗指示灯的不同显示可以初步判断故障原因。

（1）将点火开关转到"ON"位，如果防盗指示灯点亮 3 s 后熄灭，则说明电子防盗系统正常。

（2）将点火开关转到"ON"位，如果防盗指示灯持续点亮 60 s，则说明点火钥匙的匹配过程有误。

（3）将点火开关转到"ON"位 2.5 s 后，如果防盗指示灯开始闪烁并持续 60 s，则说明点火钥匙中没有密码芯片，或者使用了没有授权的钥匙。

（4）将点火开关转到"ON"位，如果防盗指示灯立即闪烁并持续 60 s，则说明识读线圈或数据线出现功能性故障。

（五）电子防盗系统锁死后的匹配

所谓匹配，是指 ECU 与电子元件之间的相互适应和确认，即在发动机 ECU、防盗控制模块和钥匙之间相互移除旧代码，并写入新的代码。防盗控制模块与发动机 ECU 匹配后，即纳入发动机电子管理系统范围内。

在下列情况下，电子防盗系统需要进行匹配：

（1）更换蓄电池。

（2）更换发动机 ECU。

（3）更换新的防盗控制模块（包括第三代电子防盗系统的组合仪表）、更换从其他汽车上拆下的防盗控制模块。

（4）更换、增加或者丢失汽车点火钥匙。

（5）使用不当方式打开车门，包括在车内用手打开门锁，再打开车门，以及在车外打碎车窗玻璃等。

（6）使用未经注册的钥匙进行五次以上的起动操作。

（六）电子防盗系统检修注意事项

（1）由于防盗起动信息传输的缘故，与没有安装电子防盗系统的汽车相比，发动机起动的时间可能稍微长一点。

（2）对于电子防盗系统的故障，采用换件修理的方法往往是无效的。

（3）当汽车需要较长时间停放时，应当进入防盗状态，其操作方法是按下遥控器的闭锁按钮。此操作会产生三个效果：锁闭车门，转向信号灯闪烁一次，启用防盗功能。如果车辆已处于防盗状态，左前车门的小红灯（LED 灯）会定期闪烁。停放后，如果不让车辆进入防盗状态，不但不安全，而且整车的电气系统一直处于待命状态，当时间过长时会造成蓄电池电量被大量消耗（即漏电），如有的汽车停放数天后发现没电了，维修人员检查可能无故障，往往就是这种原因造成的。

（4）轿车不要随意加装防盗报警器，理由如下：

①加装防盗报警器必须改动门锁的控制电路，而门锁控制电路的好坏直接影响防盗报警器的工作，并间接影响发动机的正常工作。具体地说，如果车门已经打开但是门锁开关失常，防盗控制模块接收不到门锁开关的搭铁信号，则防盗控制模块会认定车门没有打开，驾驶人没有进入车内，大约 25 s 后又自动进入防盗警戒状态，使 4 个车门锁重新锁定，并锁定发动机，使发动机无法起动。

②额外加装的防盗报警器容易与车上的控制系统发生冲突，导致发动机无法起动，因为这种加装操作往往不规范，造成电流过大，对原车的控制系统产生干扰。如果一定要加装防盗报警器，则要与点火系统分离，否则容易造成发动机无法起动的现象。

任务实施

由教师根据班级情况分组进行任务实施。请各组同学根据本任务学习内容，检查故障车辆防盗系统功能，根据故障现象，利用所提供技术资料和诊断工具完成故障修复，并将表 4-2-1 所示操作步骤记录表和表 4-2-2 所示故障排除测量数据记录单填写完整。

一、操作步骤

表 4-2-1　操作步骤记录表

步骤	工作项目	工作内容
1	准备工作	☐ 正确安装挡块 ☐ 正确安装翼子板布、座套、转向盘套 ☐ 正确进行蓄电池检查 ☐ 正确进行机油液位检查 ☐ 正确进行冷却液液位检查 ☐ 降下驾驶员侧车窗玻璃
2	人员安全	☐ 测试过程中，不要误操作造成发动机起动 ☐ 不要佩戴尖锐饰物 ☐ 要穿安全鞋 ☐ 操作过程中，不要对测试设备和车辆造成损坏 ☐ 测试过程中，不要对线束造成损伤
3	设备的使用	☐ 要做好工具、仪器、仪表和测试设备准备工作后再进行测试 ☐ 工具、仪器、仪表和测试设备选择要合理 ☐ 要正确连接仪器、仪表和测试设备到车辆 ☐ 要正确操作车辆，达到测试条件后才可以进行测试 ☐ 测试设备操作正确，读取测量值要准确 ☐ 每次测试完成后，测试设备要合理归位
4	故障现象确认	对车辆防盗系统功能进行检查，确认故障现象 故障现象：
5	故障分析	推断故障可能范围： 　（1）点火钥匙插入 1 挡后，转向柱锁无解锁动作，此时仪表显示屏上出现"转向系统锁紧故障"的字样。正常车辆点火钥匙插入 1 挡后，可听见转向柱锁发出解锁声。 　（2）点火钥匙插入 2 挡后，仪表上的指示灯全无，应为 15 号电源没有接通所致，正常车辆在点火钥匙插入 2 挡后，15 号电源接通，仪表上各类警告灯应全部点亮。 　（3）尝试按下点火钥匙起动车辆，起动机无任何反应
6	故障检测	正确填写"二、实施记录"

续表

步骤	工作项目	工作内容
7	故障排除	故障点： （1） （2） 维修意见： （1） （2）
8	5S 规范	☐ 地面和工作台要干净、整洁 ☐ 工具、设备擦拭干净后回收并摆放整齐 ☐ 起动车辆前要连接尾气排放装置 ☐ 同学之间不要出现肢体碰撞 ☐ 排故时不要出现现场组织混乱的情况

二、实施记录

表 4-2-2　故障排除测量数据记录单

1. 基于故障现象分析结论，实施诊断，确定故障范围			
测试对象			
测试条件		使用设备	
电路参数、数据流或执行元件驱动测试结果；若为波形信号，左侧画正常，右侧画异常			
测试参数		测试结果	
标准描述		测试结论	
分析测试结果，得出故障可能原因；简单修复，实施验证；做下一步诊断的思路说明		与本步测量相关的控制原理图或波形图	
2. 基于以上诊断结论，实施诊断，确定故障范围			
测试对象			
测试条件		使用设备	
电路参数、数据流或执行元件驱动测试结果；若为波形信号，左侧画正常，右侧画异常			
测试参数		测试结果	
标准描述		测试结论	
分析测试结果，得出故障可能原因；简单修复，实施验证；做下一步诊断的思路说明			

2. 基于以上诊断结论，实施诊断，确定故障范围	
	与本步测量相关的控制原理图或波形图

三、检查与评价

（一）自检

本组学生对任务操作过程中任务执行的操作规范性进行检查，检查操作过程中是否存在问题，分析讨论应如何避免并总结规范的操作方法。

（二）互检

组与组之间相互进行任务操作过程及结果检查，检查结果以小组汇报形式进行讨论，互评结果可作为教师评价的依据。

（三）任务评价

任务评价见表4-2-3。

表4-2-3　任务评价

评分项目	评分标准	自我评价			教师评价		
		优秀(25分)	良好(15分)	一般(10分)	优秀(25分)	良好(15分)	一般(10分)
知识掌握	1. 能够阐述汽车防盗系统的功用、组成、种类； 2. 能够阐述典型车辆防盗系统的控制原理						
实践操作	1. 能够利用检测工具对车辆防盗系统进行检修； 2. 能够使用拆装工具对防盗系统零部件进行更换						
职业素养	1. 能够查阅维修手册或相关资料准确找到所需信息； 2. 能够与他人交流介绍相关内容； 3. 在工作组内服从分配，担当责任并能协同工作						
工作规范	1. 清理及整理工量具、车辆，保持实训场地整洁； 2. 建立安全的操作环境； 3. 废物回收与环保处理； 4. 检查、完善工单						
总评	满分100分						

任务3　汽车中控门锁系统故障检修

🌀 任务描述

一辆迈腾B8汽车中控锁控制系统出现故障。车主描述操作驾驶员侧车门内中控锁开关控制全车车门上锁或解锁，中控锁系统均无动作。当下车用遥控器和门把手锁车或开锁时，车辆的中控锁系统正常工作，所有车门锁、行李箱锁、油箱盖锁正常上锁和解锁。现需要同学们对该故障进行维修。

任务解析

本任务主要考查学生是否会使用检测设备对车辆中控锁系统的故障进行检查，对检测数据进行合理分析后排除故障，同时记录下排除故障时主要的测量数据；是否可以使用拆装工具对中控锁系统零部件进行正确更换。教师在实施过程中要注重培养学生的标准化、规范化操作习惯，以及团结同学的意识。

知识链接

一、中控锁系统的功用

中控锁系统即中央控制门锁系统，是由控制单元根据各种开关信号控制门锁的开、闭，可使驾驶人更加安全、方便地使用汽车。通过操作车内中控锁按钮或者遥控钥匙，可对全车车门锁同时进行上锁和解锁操作。现在越来越多的汽车上安装中控门锁，中控锁系统可以实现以下功能。

（一）手动上锁和解锁功能

当门锁控制开关被置于上锁或解锁侧时，所有的车门均被上锁或解锁。

（二）车门钥匙上锁/解锁功能

当钥匙插入到车门锁芯中顺时针或逆时针转动时，所有的车门均被上锁或解锁。

（三）两步解锁功能

在钥匙联动解锁功能中，一级解锁操作只能以机械方式打开当前车门，二级解锁操作则可同时打开其他车门。一般来说，所有车门均可以通过左前或右前侧门上的钥匙来同时上锁和解锁。

（四）防止钥匙遗忘功能

主驾驶侧的车门打开，当钥匙被遗忘在点火开关锁芯中或车内（一键起动车型）时，操作门锁控制开关锁门，由于钥匙遗忘安全电路的存在，故所有的车门先上锁，然后马上解锁。

（五）安全功能

为了防止有人用棒或类似物从车门玻璃和车窗框之间的空隙拨动门锁控制开关来开启车门，可用车钥匙或发射机（无线门锁遥控器）设置门锁安全功能，并且使门锁控制开关的解锁操作无效。

同时为了防止单独进入车内时，车内财物被盗或者人身安全受到威胁，有些车辆中控锁系统可以设置车门遥控开启模式，即按动一下遥控钥匙解锁按键只有主驾驶位车门解锁，其余车门均处于上锁状态；连续按两下遥控钥匙解锁按键，所有车门同时解锁。此项功能可通过车内显示系统进行设置。

另外在有车门没关严情况下按下遥控钥匙锁车按键时，中控锁系统时先执行上锁命令，发现有车门没有关严后马上会执行解锁命令，驾驶员应检查车门后重新对车门进行上锁。

（六）锁车自动升窗的功能

在某些车型门锁控制系统中，如果车辆在锁车时有车窗没有关闭，则集成继电器中的无钥匙继电器将控制电动车窗系统的电源，使电动车窗自动关闭。

（七）车速自动上锁

有些车辆装有利用车速自动上锁的感应开关，当车速大于 10 km/h 时，若车门未上锁，则驾驶员不需要动手，中控门锁控制器会自动将全车车门上锁。

二、中控锁系统的组成

中控锁系统一般由门锁控制开关、门锁控制器和门锁执行机构组成，中控锁系统和汽车防盗系统需要联合使用。中控锁系统零部件的组成如图 4-3-1 所示。

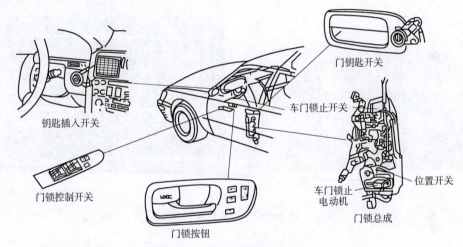

图 4-3-1　中控锁系统零部件组成

（一）中央闭锁装置

中央闭锁装置用于执行中控开关传出的指令，将门锁上锁或解锁。闭锁装置有电磁式、直流电动机式和永磁电动机式 3 种驱动方式，其结构都是通过改变极性转换其运动方向而执行锁门或开门动作的。

1. 电磁式

电磁式闭锁装置内设有 2 个线圈，分别用来上锁和解锁门锁机构，中控锁按钮无操作时处于中间位置；当给上锁线圈通正向电流时，衔铁带动杆左移，全车门锁都被上锁；当给解锁线圈通反向电流时，衔铁带动连杆右移，全车门锁被解锁。

2. 直流电动机式

直流电动机式闭锁装置通过直流电动机转动带动锁块传动装置，最终将动力传递给门锁锁扣，使门锁锁扣进行上锁或解锁。由于直流电动机能双向转动，所以通过控制电动机的正反转可以实现门锁的上锁或解锁。这种执行机构与电磁式执行机构相比，耗电量小。

3. 永磁电动机式

永磁电动机式闭锁装置采用的是步进电动机，它的作用与前两种基本相同，转子带有凸齿，凸齿与定子磁极径向间隙小而磁通量大。定子上带有轴向均布的多个电磁极，而每个电磁线圈按径向布置。定子周围分布铁芯，每个铁芯上绕有线圈，当电流通过某一相位的线圈时，该线圈的铁芯产生吸力吸动转子上的凸齿对准定子线圈的磁极，转子将转动到最小的磁通处，即是一步进位置。要使转子继续转动一个步进角，则根据需要的转动方向向下一个相位的定子线圈输入一脉冲电流，转子即可转动。转子转动时，通过门锁连动机构使门锁上锁或解锁。

（二）门锁控制开关

开关一般装在驾驶位侧前门内的扶手上，高配车型分控开关也可装在其他车门内里板上，通过操作控制开关可以同时上锁和解锁所有的车门，如图4-3-2（a）所示。

钥匙操纵开关安装在两侧前门的钥匙门上，当从外面用钥匙上锁或解锁时，钥匙控制开关便发出上锁或解锁的信号给门锁控制单元，如图4-3-2（b）所示。

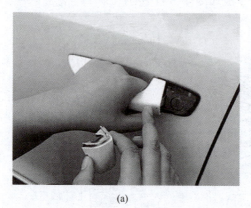
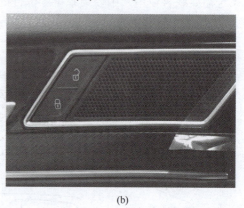

(a)　　　　　　　　　(b)

图4-3-2　门锁控制开关
（a）门锁主控开关；（b）钥匙操纵开关

（三）门锁总成

门锁总成由门锁传动机构（主要由门锁电动机、蜗轮蜗杆机构等组成）、门锁位置开关和外壳等组成。门锁总成内部设有门锁位置开关，其作用是通过门锁的工作状态去检测车门的开关状态，并且将检测结果传递到控制单元，最终在仪表上显示出车门的开闭状态。

（四）门锁控制单元及继电器

门锁控制单元及继电器是中控门锁系统的控制中枢，用于接收门锁控制开关及钥匙操纵开关的信号，控制门锁电动机、行李箱门锁电动机、油箱盖锁等动作，以实现上锁和解锁等动作。

三、中控锁系统的电路图识读

中控锁的控制方式现在多数车辆采用控制单元控制，下面分别以别克威朗和大众迈腾两种车型进行中控锁系统的控制电路分析。

（一）别克威朗中控锁控制系统电路原理图识读

图4-3-3所示为别克威朗中控锁控制系统电路原理图，中控锁控制开关和每个车门锁总成控制电动机都连接到K9车身控制模块。车身控制模块K9的X6/6和X6/13内部都有上

拉电阻，所以都是高电位。

1. 上锁

通过操作驾驶员侧车门上中控锁开关的上锁按钮，车身控制模块 K9 的 X6/13 变成低电位，即 K9 的 X6/13→S13D 车门锁止开关—驾驶员侧 2→S13D 车门锁止开关—驾驶员侧 4→G201 接地。车身控制模块 K9 接到上锁信号后会改变 K9 内部电路，控制 K9 的 X6/1 和 X6/2 接到 F11DA，电流都从各车门锁闩总成电动机的下方进入而从上方流出，实现所有车门的上锁。

2. 解锁

通过操作驾驶员侧车门上中控锁开关的解锁按钮，车身控制模块 K9 的 X6/6 变成低电位，即 K9 的 X6/6→S13D 车门锁止开关—驾驶员侧 3→S13D 车门锁止开关—驾驶员侧 4→G201 接地。车身控制模块 K9 接到上锁信号后会改变 K9 内部电路，控制 K9 的 X6/4 接到 F11DA，电流都从各车门锁闩总成电动机的上方进入而从下方流出，实现所有车门的解锁。

（二）大众迈腾中控锁控制系统电路图识读

大众迈腾的中控锁系统控制方式也是通过控制单元控制门锁模块实现全车车门的上锁和解锁的，中控锁开关将信号传入相应车门的控制单元，车门控制单元通过网络总线将开关信号传递到其他几个车门、油箱盖和行李箱，从而实现同时控制上锁和解锁。下面让我们来看一下迈腾是怎么利用其他方式进行上锁和解锁控制的。

1. 遥控钥匙控制原理

如图 4-3-4 所示，可以在钥匙距车辆 30~50 m 操作遥控钥匙。按下遥控钥匙上锁或者解锁按钮，遥控钥匙发出 433 MHz 的高频信号，车载电网控制单元 J519 内的中央门锁内部天线接收到信息后开始进行信息匹配，如果钥匙发出的信息匹配成功，那么车载电网控制单元 J519 被激活，车辆的车身防盗系统解除，车载电网控制单元 J519 会通过舒适 CAN 网络控制全车车门锁、油箱盖锁、行李箱锁进行上锁或解锁动作。

1）解锁操作

解锁控制执行如下操作：车载电网控制单元 J519 发出车门解锁指令，通过舒适 CAN 发布指令，驾驶员侧车门控制单元 J386 根据此信号，控制驾驶员车门中央门锁电动机 V56 解锁左前门锁、闪烁驾驶员侧外后视镜警告灯 L131、驱动驾驶员侧后视镜内折电动机 V121 展开左侧后视镜；J386 通过 LIN 总线给左后侧车门控制单元 J388 发出解锁指令，J388 控制左后车门中央门锁电动机 V214 解锁左后车门锁；副驾驶员侧车门控制单元 J387 根据车载电网控制单元 J519 的解锁指令，控制 V57 解锁右前门锁、闪烁 L132 副驾驶员侧外后视镜警告灯、驱动副驾驶员侧后视镜内折电动机 V122 展开右侧后视镜；J387 通过 LIN 线给右后侧车门控制单元 J389 发出解锁指令，J389 控制 V215 解锁右后门锁。

2）上锁操作

上锁控制执行如下操作：车载电网控制单元 J519 发出车门解锁指令，通过舒适 CAN 发布指令，驾驶员侧车门控制单元 J386 根据此信号，控制驾驶员车门中央门锁电动机 V56 解锁左前门锁、闪烁驾驶员侧外后视镜警告灯 L131、驱动驾驶员侧后视镜内折电动机 V121 展开左侧后视镜；J386 通过 LIN 总线给左后侧车门控制单元 J388 发出解锁指令，J388 控制左后车门中央门锁电动机 V214 解锁左后车门锁；副驾驶员侧车门控制单元 J387 根据车载电网控制单元 J519 的解锁指令，控制 V57 解锁右前门锁、闪烁 L132 副驾驶员侧外后视镜警告灯、驱动副驾驶员侧后视镜内折电机 V122 展开右侧后视镜；J387 通过 LIN 线给右后侧车门控制单元 J389 发出解锁指令，J389 控制 V215 解锁右后门锁。

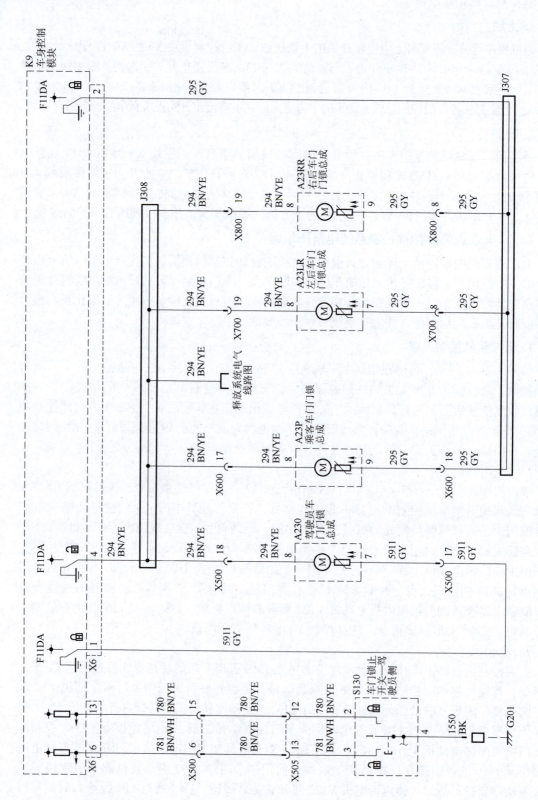

图 4-3-3 别克威朗中控锁控制系统电路原理图

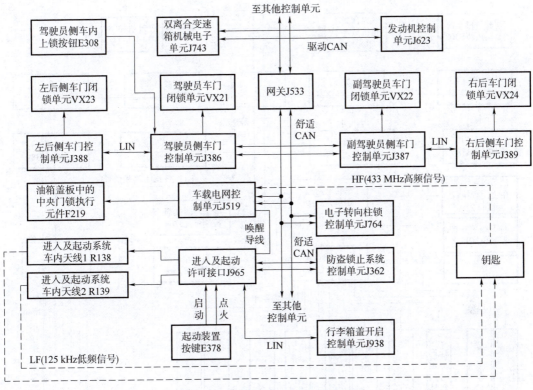

图 4-3-4　迈腾遥控钥匙控制原理图

2. 无钥匙进入控制原理

迈腾车辆有无钥匙进入功能，采用无钥匙进入的前提条件是车钥匙必须在车辆的 1.5 m 范围内。如图 4-3-5 所示，当拉动驾驶员侧车门把手时，车门把手内的接触传感器 G415 被激活，就会向进入及起动许可接口 J965 传送拉动车门把手的信号，进入及起动许可接口 J965 通过车上天线如 R134、R135、R165、R166、R136 进行钥匙搜索，检测 1.5 m 范围内是否有合法的钥匙，钥匙收到车上天线发出的寻找钥匙的低频信号后，先判断接受的低频信号是否正确，正确后钥匙上的指示灯会短闪一下发送位置信息（低频信号），进入及起动许可接口 J965 收到钥匙信号，进行定位，判断钥匙距车门是否小于 1.5 m，如果满足要求，则进入及起动许可接口 J965 会唤醒车载电网控制单元 J519。

车载电网控制单元 J519 内的中央门锁内部天线 R47 发出高频信号询问信息，钥匙收到高频信号询问信息后会长闪一次指示灯，发送解锁信号（高频信号，相当于按下了解锁按钮），车载电网控制单元 J519 判断钥匙信息是否正确，如果正确就解除车身防盗系统，进行如下操作：车载电网控制单元 J519 发出车门解锁指令，通过舒适 CAN 发布指令，驾驶员侧车门控制单元 J386 根据此信号，控制驾驶员车门中央门锁电动机 V56 解锁左前门锁、闪烁驾驶员侧外后视镜警告灯 L131、驱动驾驶员侧后视镜内折电动机 V121 展开左侧后视镜；J386 通过 LIN 线给左后侧车门控制单元 J388 发出解锁指令，J388 控制左后车门中央门锁电动机 V214 解锁左后车门锁；副驾驶员侧车门控制单元 J387 根据 J519 的解锁指令，控制 V57 解锁右前门锁、闪烁 L132 副驾驶员侧外后视镜警告灯、驱动副驾驶员侧后视镜内折电

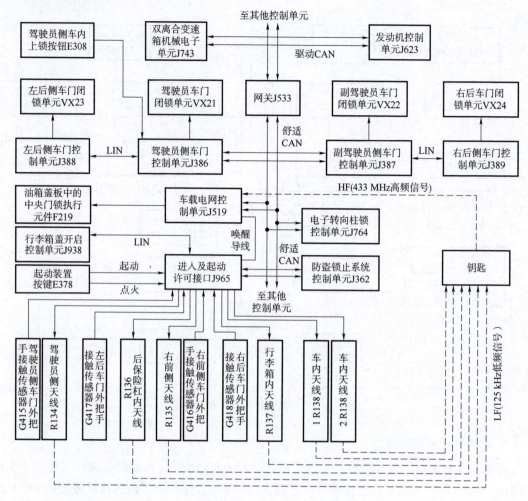

图 4-3-5　迈腾无钥匙进入控制原理图

动机 V122 展开右侧后视镜；J387 通过 LIN 线给右后侧车门控制单元 J389 发出解锁指令，J389 控制 V215 解锁右后门锁。

在车辆解除车身防盗系统后，解锁和上锁中控系统的控制过程与遥控钥匙控制执行过程是相同的。

四、中控锁系统典型故障案例的诊断与分析

（一）故障现象

有一辆迈腾 B8 车出现中控锁系统故障，用遥控钥匙控制与采用无钥匙进入方式控制锁车和解锁功能均正常，当操作主驾驶车门处中控锁开关进行控制时，所有车门锁均无动作。

（二）故障分析

由于利用遥控钥匙和无钥匙方式控制车门锁均正常，证明各车门锁至车门控制单元线路无故障，各车门锁无故障。由于只有主驾驶门中控锁开关控制失效，故可能的故障点如下：

（1）主驾驶门中控锁开关故障。

（2）主驾驶门中控锁开关电路故障。

（3）主驾驶门中控锁开关至 J386 之间线路故障。

（4）J386 部分故障。

（三）故障排除

如图 4-3-6 所示，联锁开关内部有两个按键背光灯，我们可以利用背光灯来检测联锁开关的接地是否正常。操作灯光开关，打开行车灯后观察联动开关背光灯是否点亮，如果不亮，则需要对联动按钮 T4n/1 进行修复；如果联动开关背光灯点亮，则证明开关接地正常，需要对开关电路进行进一步检测。将点火开关打至"ON"挡，万用表调制电压挡，黑表笔接 T4n/1，红表笔接 T4n/3，此时应该显示 4.4 V。如果显示 4.4 V 电压，那么证明线路正常，然后操作联动开关至锁车位时，万用表电压应显示 0.6 V，至解锁位时电压应显示 0 V，如有不一致的情况，则均是联动开关损坏。如果没有 4.4 V 电压，那么把红表笔接到 J386 T32/13，观察万用表是否出现 4.4 V，若显示 4.4 V，证明 J386 T32/13 至联动开关 T4n/3 之间线路断路；如果没显示 4.4 V，则证明 J386 内部故障。

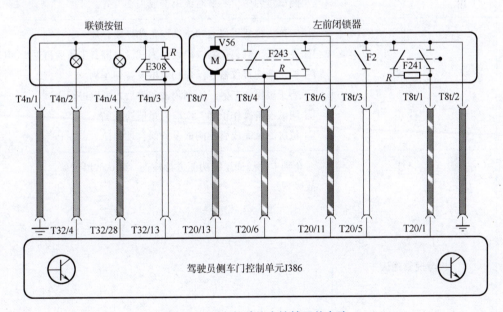

图 4-3-6　主驾驶位中控锁开关电路

🌀 任务实施

由教师根据班级情况分组进行任务实施，请各组同学根据本任务学习内容，检查故障车辆中控锁系统功能，根据故障现象，利用所提供技术资料和诊断工具完成故障修复，并将表 4-3-1 所示操作步骤记录表和表 4-3-2 所示故障排除测量数据记录单填写完整。

一、操作步骤

表 4-3-1 操作步骤记录表

步骤	工作项目	工作内容
1	准备工作	☐ 正确安装挡块 ☐ 正确安装翼子板布、座套、转向盘套 ☐ 正确进行蓄电池检查 ☐ 正确进行机油液位检查 ☐ 正确进行冷却液液位检查 ☐ 降下驾驶员侧车窗玻璃
2	人员安全	☐ 测试过程中，不要误操作造成发动机起动 ☐ 不要佩戴尖锐饰物 ☐ 要穿安全鞋 ☐ 操作过程中，不要对测试设备和车辆造成损坏 ☐ 测试过程中，不要对线束造成损伤
3	设备的使用	☐ 工具、仪器、仪表和测试设备选择要合理 ☐ 要做好工具、仪器、仪表和测试设备准备工作后再进行测试 ☐ 要正确连接仪器、仪表和测试设备到车辆 ☐ 要正确操作车辆，达到测试条件后才可以进行测试 ☐ 测试设备操作正确，读取测量值要准确 ☐ 每次测试完成后，测试设备要合理归位
4	故障现象确认	对车辆中控门锁系统功能进行检查，确认故障现象 故障现象：
5	故障分析	推断故障可能范围： （1） （2） （3）

步骤	工作项目	工作内容
6	绘制相关电路图	查阅电路图，绘制与故障系统相关的控制原理图：
7	故障检测	正确填写"二、实施记录"
8	故障排除	故障点： （1） （2） （3） 维修意见： （1） （2） （3）
9	5S 规范	□ 地面和工作台要干净、整洁 □ 工具、设备擦拭干净后回收并摆放整齐 □ 同学之间不要出现肢体碰撞 □ 排故时不要出现现场组织混乱的情况

二、实施记录

表 4-3-2　故障排除测量数据记录单

1. 基于故障现象分析结论，实施诊断，确定故障范围			
测试对象			
测试条件		使用设备	
电路参数、数据流或执行元件驱动测试结果；若为波形信号，左侧画正常，右侧画异常			
测试参数		测试结果	
标准描述		测试结论	
分析测试结果，得出故障可能原因；简单修复，实施验证；做下一步诊断的思路说明			

续表

1. 基于故障现象分析结论，实施诊断，确定故障范围	
	与本步测量相关的控制原理图或波形图

2. 基于以上诊断结论，实施诊断，确定故障范围	
测试对象	
测试条件	使用设备
电路参数、数据流或执行元件驱动测试结果；若为波形信号，左侧画正常，右侧画异常	
测试参数	测试结果
标准描述	测试结论
分析测试结果，得出故障可能原因；简单修复，实施验证；做下一步诊断的思路说明	
	与本步测量相关的控制原理图或波形图

3. 基于以上诊断结论，实施诊断，确定故障范围	
测试对象	
测试条件	使用设备
电路参数、数据流或执行元件驱动测试结果；若为波形信号，则左侧画正常，右侧画异常	
测试参数	测试结果
标准描述	测试结论
分析测试结果，得出故障可能原因；简单修复，实施验证；做下一步诊断的思路说明	
	与本步测量相关的控制原理图或波形图

三、检查与评价

（一）自检

本组学生的任务操作过程中任务执行的操作规范性进行检查，检查操作过程中是否存在问题，分析讨论应如何避免并总结规范的操作方法。

（二）互检

组与组之间相互进行任务操作过程及结果检查，检查结果以小组汇报形式进行讨论，互评结果可作为教师评价的依据。

（三）任务评价

任务评价见表 4-3-3。

表 4-3-3　任务评价

评分项目	评分标准	自我评价			教师评价		
		优秀(25分)	良好(15分)	一般(10分)	优秀(25分)	良好(15分)	一般(10分)
知识掌握	1. 能够阐述汽车中控门锁系统的功用、组成、类型和工作过程； 2. 能够阐述典型车辆中控门锁系统电路的控制原理； 3. 能够通过电路图分辨出汽车中控门锁系统具有的功能						
实践操作	1. 能够对中控门锁系统进行更换； 2. 能够对中控门锁系统故障进行排除； 3. 能够熟练使用各种检测设备						
职业素养	1. 能够查阅维修手册或相关资料准确找到所需信息； 2. 能够与他人交流或分享相关内容； 3. 在工作组内服从分配、担当责任并能协同工作						
工作规范	1. 清理及整理工量具、车辆，保持实训场地整洁； 2. 建立安全的操作环境； 3. 废物回收与环保处理； 4. 检查、完善工单						
总评	满分 100 分						

课后测评

一、填空题

1. 汽车安全气囊系统主要由加速度传感器、碰撞传感器、螺旋电缆线盘、安全气囊系统插件、_____、_____、_____、_____等组成。

2. 偏心式传感器由外壳、_____、_____、_____和螺旋弹簧等构成。

3. 汽车防盗系统由电子控制遥控器、_____、_____和执行机构等组成。

4. 中控锁系统一般由_____、_____和_____三部分组成。

5. 中控锁系统中闭锁装置有_____、_____和_____三种驱动方式。

二、判断题

1. 汽车在正前方或斜前方±30°范围内发生碰撞时就能引爆气囊。   （   ）

2. 如果安全气囊指示灯不亮，则说明故障警告灯线路有故障。   （   ）

3. 汽车钥匙内有发射器和天线线圈，并且还装有防盗模块。   （   ）

4. 汽车仪表损坏，可以在更换仪表后直接正常使用。   （   ）

5. 一键起动车辆，如果遥控钥匙没电，那么发动机无法起动。   （   ）

三、简答题

1. 汽车钥匙防盗系统的工作原理是什么？

2. 汽车中控锁系统可以实现哪些功能？

参考文献

［1］张秋华. 汽车舒适域安全系统检修［M］. 北京：机械工业出版社，2018.

［2］张军. 汽车总线系统检修［M］. 北京：北京理工大学出版社，2022.

［3］吴海东. 汽车车载网络技术与检修［M］. 北京：机械工业出版社，2019.

［4］朱军，弋国鹏. 汽车安全与舒适系统检测诊断与修复［M］. 北京：北京出版社，2020.

［5］李雷. 汽车车载网络系统检修［M］. 北京：人民邮电出版社，2009.

［6］弋国鹏，魏建平，郑世界. 汽车舒适控制系统及检修［M］. 北京：机械工业出版社，2022.